dtv
premium

Veit-Jakobus Dieterich

Martin Luther

Sein Leben und seine Zeit

Deutscher Taschenbuch Verlag

Der Inhalt dieses Buches wurde auf einem nach den Richtlinien des Forest Stewardship Council zertifizierten Papier der Papierfabrik Munkedal gedruckt.

Originalausgabe
Oktober 2008
© Deutscher Taschenbuch Verlag GmbH & Co. KG,
München
www.dtv.de
Das Werk ist urheberrechtlich geschützt.
Sämtliche, auch auszugsweise Verwertungen bleiben vorbehalten.
Umschlagkonzept: Balk & Brumshagen
Umschlaggestaltung: Kathrin Hörmann
Umschlagbilder: »Martin Luther« von Lucas Cranach d. Ä.
(Bridgeman Giraudon), »Wartburg« von Albrecht Bruck und »Luthers Thesenanschlag« von Hugo Vogel (beide akg-images)
Gesetzt aus der Trump Mediäval 9,5/12,5˙
Satz: Greiner & Reichel, Köln
Druck und Bindung: Kösel, Krugzell
Gedruckt auf säurefreiem, chlorfrei gebleichtem Papier
Printed in Germany · ISBN 978-3-423-24701-6

Inhalt

Doktor der Heiligen Schrift, des Papstes Feind
Ein Mensch und sein Werk 9

Ich bin eines Bauern Sohn…
Kindheit und Jugend (1483–1500) 15

Ein sehr gutes Land, hat alles genug…
Deutschland um 1500 21

Ich bin nicht gerne ein Mönch geworden
Universität und Kloster (1501–1517) 39

Wider des Ablasspredigers freche Worte
95 Thesen und ihre Folgen (1517–1520) 53

Hier stehe ich und kann nicht anders…
Worms und Wartburg (1521–1522) 67

Ich habe alle Bauern erschlagen
Reformatoren und Revolutionäre (1522–1525) 79

Was ein jeglicher Christ zur Not wissen soll
Aufbau und Abgrenzung (1525–1529) 97

… dass der Mensch gerecht werde durch den Glauben
Wittenberg und die Welt (1530–1540) 111

Nicht alles frommt es mitzuschreiben!
Bei Luther zu Gast 125

Ein Prediger soll Zähne im Maul haben…
Der Prediger und Professor 139

Wenn ich schreibe, fließt's mir zu
Der Publizist und Programmatiker 153

Dass man Kinder zur Schule halten soll ...
Der Politiker und Pädagoge 167

Den Würmern einen feisten Doktor zum Schmause geben ...
Lebensabend und Tod (1540–1546). 179

...man wolle meines Namens geschweigen
Luther gestern und heute 197

Anhang
Glossar. 215
Personen 221
Zeittafel. 225
Bildquellenverzeichnis 228
Kommentiertes Literaturverzeichnis. 229
Personenregister 232
Ortsregister 235
Stichwortverzeichnis 237

Doktor der Heiligen Schrift, des Papstes Feind
Ein Mensch und sein Werk

Ich bekenne, dass ich Sohn eines Bauern bin, bin dennoch Doktor der Heiligen Schrift, des Papstes Feind.« Mit diesen knappen Worten charakterisiert sich Luther selbst einmal bei Tisch, und er tut dies auf dreierlei Weise: durch Herkunft, Beruf und Lebenswerk. Ich stamme aus einem Bauerngeschlecht, das heißt zugleich: Ich habe einen sozialen Aufstieg, der seinesgleichen sucht, geschafft. Denn als Doktor der Heiligen Schrift bin ich gar Professor der Theologie und gehöre so zur erlesenen Schar der Gelehrten in Deutschland. Als Wissenschaftler und tadelloser Mönch aber habe ich mich mit dem mächtigen Oberhaupt der Christenheit angelegt und den Wahrheitsanspruch der Kirche infrage gestellt. Damit ist alles Wesentliche über mich gesagt.

Und tatsächlich, der Mann hat mit seiner Selbstcharakterisierung recht. Als Feind des Papstes wurde Luther zu einer der zentralen Gestalten des 16. Jahrhunderts, darüber hinaus der deutschen wie der Religions- und Geistesgeschichte überhaupt. Eine ganze Epoche trägt den Namen des von ihm ausgelösten Umbruchs: die Reformationszeit. Eine Zäsur von fundamentalem Ausmaß, mit der die Neuzeit endgültig beginnt. Die Wirkungen dieses Aufbruchs sind bis heute lebendig, nicht nur in den lutherischen Kirchen in Deutschland, Europa, rund um die Welt, sondern in versteckter Form als mächtiges Ferment unserer

Abb. 1: *Luther ist die am häufigsten porträtierte Person der deutschen Geschichte. Bereits zu seinen Lebzeiten schuf der Wittenberger Hofmaler Lucas Cranach d. Ä. eine ganze Reihe von Lutherporträts, von denen viele auf Flugblättern weite Verbreitung fanden und das Bild des Reformators in der Öffentlichkeit prägten. Diese Miniatur aus dem sogenannten Stammbuch des Malers stammt aus dem Jahr 1543.*

westlichen Kultur: Mit der Reformation beginnt ganz offiziell der religiöse Pluralismus im christlichen Europa.

Aus Luthers kurzer »Autobiografie« erfahren wir aber zugleich noch etwas Persönliches: Ein Mann, der seine Identität in Abgrenzung und im Gegensatz zu etwas anderem bestimmt, der muss ein Querdenker und Charakterkopf sein, ein Dickschädel vielleicht, der ein Gegenüber braucht wie das Licht den Schatten, der Tag die Nacht. Als solchen lernten ihn seine Zeitgenossen kennen, so blieb er der Nachwelt im Gedächtnis – etwa als der »stiernackige Gottesbarbar«, wie Thomas Mann kraftvoll formulierte.

Ein solch notorischer Querulant bleibt nicht unumstritten. Und so scheiden sich an diesem Mann, der selbst polarisieren konnte wie kaum ein Zweiter, die Geister. Ja, man verspürt in sich selbst die Neigung, über diese große Persönlichkeit und ihr Lebenswerk ein gespaltenes Urteil zu fällen. Wie etwa Goethe, den Luthers Charakter faszinierte, der sein Werk einerseits als belanglosen, »verworrenen Quark« abqualifizierte, ein andermal aber wieder in den höchsten Tönen als Tat eines Heroen lobte:

Denn, unter uns gesagt, ist an der ganzen Sache nichts interessant als Luthers Charakter, und es ist auch das Einzige, was der Menge eigentlich imponiert. Alles Übrige ist ein verworrener Quark, wie er uns noch täglich zur Last fällt.

Goethe 1817 in einem Brief an Knebel

Wir wissen gar nicht, was wir Luther und der Reformation im Allgemeinen alles zu danken haben. Wir sind frei geworden von den Fesseln geistiger Borniertheit, wir sind infolge unserer fortwachsenden Kultur fähig geworden, zur Quelle zurückzukehren und das Christentum in seiner Reinheit zu fassen. Wir haben wieder den Mut, mit festen Füßen auf Gottes Erde zu stehen und uns in unsere gottbegabte Menschennatur zu fühlen.

Goethe 1832 im Gespräch mit Eckermann

Es sieht so aus, als werde man mit dieser Persönlichkeit nicht so leicht fertig. Ja, Luther selbst scheint mit sich und seiner

Wirkung nicht ganz fertig geworden zu sein und zwischen stolzem Selbstbewusstsein und zagendem Zweifel immer wieder zu schwanken. Das wiederum macht ihn menschlich. »Und wie Paulus wider seine tollen Heiligen sich rühmet (2. Kor 11,22 ff.), so will ich mich auch wider diese meine Esel rühmen. Sie sind Doktoren? Ich auch. Sie sind gelehrt? Ich auch. Sie sind Prediger? Ich auch. Sie sind Theologen? Ich auch. Sie sind Disputatoren? Ich auch. Sie sind Philosophen? Ich auch. Sie sind Dialektiker? Ich auch. Sie halten Vorlesungen? Ich auch. Sie schreiben Bücher? Ich auch. Ich will (mich) weiter rühmen: Ich kann Psalmen und Propheten auslegen; das können sie nicht. Ich kann übersetzen; das können sie nicht. Ich kann die Heilige Schrift lesen; das können sie nicht. Ich kann beten; das können sie nicht. Und dass ich mich zu ihnen herablasse: Ich kann ihre eigene Dialektik und Philosophie besser, als sie selbst allesamt ... In tausend Jahren hat Gott keinem Bischof solche Gaben gegeben wie mir; denn der Gaben Gottes darf man sich rühmen.« So äußert er sich selbstbewusst in seinem »Sendbrief vom Dolmetschen« und in einem Gespräch bei Tisch, um dann wieder ganz andere Töne anzuschlagen: »Doktor Martinus, gelehrter Ausleger der Schrift und dennoch der größte Ignorant: Ich hätte wohl gemeint, ich könnte etwas; aber ich sehe, wie viel mir fehlt ... Ich habe gewiss fleißig studiert und habe dennoch kein Wort aus der ganzen Heiligen Schrift vollständig verstanden. Daher kommt es, dass ich die Kinderlehre noch nicht hinter mir gelassen habe; ja, ich wiederhole im Geist jeden Tag, was ich weiß, und suche die Zehn Gebote und das Glaubensbekenntnis zu verstehen. Das verdrießt mich keineswegs, dass ich, ein so großer Doktor, ob ich will oder nicht, mit all meiner Lehre bleibe bei der Lehre meiner Kinder Hänschen und Magdalenchen. Ich bin in derselben Schule, in der auch sie erzogen werden.«

Sein Leben verlief auf unterschiedlichen Ebenen, einmal in bürgerlicher Behaglichkeit, das andere Mal mit tiefen Krisen und unglaublichen Umbrüchen, mitunter gar wie eine Kriminalgeschichte: Nachdem der Mönch vor dem deutschen

Kaiser und den Großen des Reichs einen zuerst zaghaften, anderntags aber heldenhaften Auftritt gehabt hatte, war er kurze Zeit später von der öffentlichen Bildfläche verschwunden,

Abb. 2a: *Luther wird heilig und andachtsfähig. Holzschnitt von Hans Baldung-Grien aus den Anfangszeiten der Reformation (um 1521). Entsetzt äußerte sich der päpstliche Gesandte Aleander: »So hat man ihn denn auch neuerdings mit dem Sinnbild des Heiligen Geistes über dem Haupte und mit dem Kreuz oder auf einem anderen Blatt mit der Strahlenkrone dargestellt; und das kaufen sie, küssen es und tragen es selbst in die kaiserliche Pfalz.«*

von Unbekannten entführt, sodass ihn ganz Deutschland tot glaubte. Luthers Leben taugt, vor allem in der Anfangszeit, tatsächlich zum Film.

Und es taugt zur Biografie. Erstaunlich reich ist die Quellenlage zur Rekonstruktion seines Lebens und Wirkens. Über den Reformator sind wir so gut informiert wie über keine andere Person seines Zeitalters und auch niemanden vor ihm. Luther selbst hinterlässt ein riesiges Werk an Schriften, Briefen und Notizen. Vor allem in Wittenberg, dem »neuen Rom« des deutschen Protestantismus, scheint sich alles um ihn zu drehen, darüber hinaus auch in ganz Deutschland und im mittleren und nördlichen Europa. Nahezu jeder, der des Schreibens mächtig ist, so scheint es, schreibt von ihm, an ihn, über ihn, die Altgläubigen natürlich auch gegen den Verhassten. Luther mit seiner Person und mit seiner Lehre lädt offensichtlich ein zur Auseinandersetzung: Eine ganze Zeit lang bestimmt sie den Büchermarkt, den öffentlichen

Diskurs bis hinein in die Wirtshausstuben und das Gespräch am privaten Familientisch.
So reichhaltig sind wir mit Nachrichten von und über Mar-

Abb. 2b: *Lutherkarikatur. Auch die Gegenseite blieb auf dem Feld der Propaganda nicht untätig. Sie zeigte den Reformator etwa als siebenköpfige Missgeburt oder – wie hier – als des Teufels Dudelsack (Holzschnitt von 1521).*

tin Luther versorgt, dass wir für die meisten Phasen seines Lebens eine exakte Biografie, auf Tag und Stunde, erstellen könnten. Doch der Überfluss an Informationen bedeutet nicht nur eine schier unerschöpfliche Quelle, vielmehr auch eine Qual. Die notwendige Auswahl und Verkürzung macht eine Biografie über Luther zur Sisyphusarbeit.

Die vorliegende Darstellung versucht, hier einen eigenen Weg zu gehen, der auf zwei Ebenen verläuft. Fakten und historische Ereignisse einerseits werden auf der Grundlage des neuesten Forschungsstandes schlicht dargeboten. Doch darüber, wie die Geschehnisse andererseits zu werten und zu deuten sind, gibt es unterschiedliche, oft auch widersprüchliche Urteile. Von ihnen sollen möglichst viele zu Wort kommen, ohne eine einzige Interpretation zur allgemein gültigen zu erklären.

So entsteht kein Heldenporträt, vielmehr eine vielschichtige Zeichnung dieses vielseitigen, oftmals auch zerrissenen und widersprüchlichen Menschen und seines Lebenswerks.

D · MARTI
NVS
LVTER

Ich bin eines Bauern Sohn...
Kindheit und Jugend (1483–1500)

Am 10. November 1483 wird dem in Eisleben in der Grafschaft Mansfeld ansässigen Hans Luder und seiner Ehefrau Margarete, geb. Lindemann, der erste (oder zweite) Sohn von insgesamt sieben oder gar neun Kindern geboren. Nichts deutet darauf hin, dass aus dem Jungen – unter dem später geänderten Namen Luther – einmal einer der ganz großen Männer der Geistesgeschichte und geradezu ein deutscher Nationalheld werden sollte ...

Am folgenden Tag wird der Säugling auf den Namen des Tagesheiligen Martin getauft. Man taufte rasch in jenen Zeiten, denn nur etwa jedes zweite Kind erreichte das Erwachsenenalter. Vor allem wegen der hohen Kindersterblichkeit lag die durchschnittliche Lebenserwartung bei lediglich 35 bis 38 Jahren. Die Reformation, die Martin Luther einleitete, sollte gar an dieser Statistik etwas ändern: In protestantischen Dörfern wurden die evangelisch getauften Säuglinge länger gestillt, was ihre Widerstandskraft erhöhte und damit ihre Überlebenschancen.

Im folgenden Jahr siedelt die Familie in die Stadt Mansfeld über. Dort arbeitet sich der aus einer Bauernfamilie stammende Vater, der sein Fortkommen im aufblühenden Bergbau gesucht hatte, vom einfachen Hauer zum Hüttenmeister und Teilhaber an mehreren kleinen Bergbaugenossenschaften empor. Zeitweilig ist er sogar einer der Vertreter der Bürgerschaft gegenüber dem Magistrat der Stadt. Bei seinem Tod im Jahr 1530 hinterlässt er den Erben 1250 Gulden, ein Vermögen, das dem Wert zweier größerer Bauernhöfe entspricht. Er ist also ein sozialer Aufsteiger, ein Gewinner der ökono-

Abb. 3: *Martin Luther. Gemälde von Lucas Cranach d. Ä. 1526. Die Bildüberschrift verweist auf Luthers Doktortitel.*

mischen Veränderungen, wir würden sagen: ein Neureicher. Während Martins Kindheit sind die Verhältnisse der Familie Luder allerdings noch recht beengt. Luthers spätere Selbst-

Abb. 4: *Eine weltberühmte Adresse: Lutherstraße 15 in Eisleben. In diesem Haus wurde Martin Luther geboren. In der Kirche St. Petri-Pauli taufte man ihn am Tag nach seiner Geburt. In der Marktkirche St. Andreas hielt er wenige Tage vor seinem Tod seine letzte Predigt. Nur einen kleinen Spaziergang vom Geburtshaus entfernt steht das Haus, in dem Luther starb.*

charakterisierung als einfacher Bauernsohn ist somit eine Stilisierung und doch zugleich wahr: »Ich bin eines Bauern Sohn, mein Vater, Großvater, Ahnherr sind rechte Bauern gewesen. Ich hätte eigentlich ein Vorsteher, ein Schultheiß und was sie sonst noch im Dorf haben, irgendein oberster Knecht über die andern werden müssen.«

Der Mansfelder Bergbau mit silberhaltigem Kupfer bildet den Kern der mitteldeutschen Wirtschaftskraft. Im Bergbau der Zeit herrscht allenthalben Goldgräberstimmung. Gefördert werden Eisenerz, Kupfer und Silber. In den Jahrzehnten vor 1500 steigen die Fördermengen stark an, beim Silber bis aufs Doppelte, um dann ab den dreißiger Jahren wieder deutlich abzufallen. Der Bergbau ist der Motor der einheimischen wirtschaftlichen Entwicklung, mit der es in diesen Jahren steil aufwärtsgeht, wie eben auch in der Familie Luder, die vom Boom profitiert.

Hans Luder betrieb als Hüttenteilhaber Schmelzöfen. Luther konnte sich also ein Urteil über den Bergbau erlauben, wenn er etwa später in einem Gespräch das Bergwerk als einen Ort charakterisierte, »wo der Satan viele Leute durch sein Zauberwerk äffe und sie betöre, dass sie einen großen Haufen Erz und Silber sehen, und ist doch nichts da.«

Wohl seit 1490 besucht Martin die Mansfelder Stadtschule. Sieben Jahre später wechselt er an die Domschule in Magdeburg, wo er in einer Art Schülerheim wohnt, und bereits ein Jahr später an die Pfarrschule in Eisenach, den Herkunftsort seiner Mutter. Dort drückt er für weitere drei Jahre die Schulbank. Auf den höheren Schulen der Zeit lernte man vor allem Latein, die Sprache der Gelehrten und der Geistlichen. Zudem gab es kirchlich-moralische Unterweisung, daneben Unterricht in Rhetorik und Musik, nicht zuletzt wegen der Mitwirkung der Schüler am Gottesdienst.

An Kindheit und Schulzeit bewahrte Martin Luther zwiespältige Erinnerungen. Auf der einen Seite hing er voll Liebe und Verehrung an Mutter und Vater, auf der anderen war die häusliche und schulische Erziehung streng. Schläge, ja Prügel gehörten zur Tagesordnung. In einem Gespräch bei Tisch erinnert er sich: »Meine Eltern haben mich in strengster Ordnung gehalten, bis zur Verschüchterung. Meine Mutter stäupte mich um einer einzigen Nuss willen bis zum Blutver-

LUTHER IN LITERATUR, MUSIK UND FILM

— Hans Sachs: Die Wittenbergisch Nachtigall, Lobgedicht auf Luther (1523)
— Felix Mendelssohn-Bartholdy: Reformationssynfonie (Sinfonie Nr. 5) in d-moll, op. 107 (1832)
— Thomas Mann: letztlich unausgeführt gebliebenes Dramenprojekt »Luthers Hochzeit« bzw. zeitweise Romanprojekt zu Luther
— Dieter Forte: Martin Luther & Thomas Müntzer oder Die Einführung der Buchhaltung (1971) – ein lutherkritisches Theaterstück
— Luther. Spielfilm von Eric Till. BRD 2003 (mit Starbesetzung)

gießen … Mein Vater stäupte mich einmal so sehr, dass ich vor ihm floh und dass ihm bange war, bis er mich wieder zu sich gewöhnt hatte.«

Abb. 5 und 6: *Die beiden Gemälde von Lucas Cranach d. Ä. (um 1527) zeigen Luthers Eltern Hans Luder (gest. 1530) und seine Ehefrau Margarete (gest. 1531). Luthers Beziehung zu seinen Eltern war einerseits geprägt von Liebe und Dankbarkeit, andererseits aber von tief greifenden Spannungen und Auseinandersetzungen, vor allem mit dem Vater.*

Einmal bezog er in der Schule – vollkommen schuldlos – an einem einzigen Vormittag 15 Mal Schläge, weil er deklinieren und konjugieren sollte, doch hatte man es ihm noch gar nicht beigebracht! Manche Lehrer, folgerte er später, sind Einpeitscher und »grausam wie die Henker«. Diese Härte ist ein Zug der Zeit. Ein Schulmeister rühmte sich, im Lauf seines Berufslebens »911 527 Stockhiebe, 124 000 Peitschenhiebe, 136 715 Schläge mit bloßer Hand und 1 115 800 Ohrfeigen« ausgeteilt zu haben … Luther selbst hat später körperliche Züchtigung in der Erziehung einerseits als durchaus angemessen und biblisch begründet propagiert, andererseits jedoch recht kritisch kommentiert. Vor allem zu harte Prügel lehnte er ab.

Typisch für Luther wie für andere Reformatoren ist die kleinstädtische Herkunft. Eisleben hatte etwa 4000 Einwohner, Mansfeld zwar drei Schlösser, doch – ebenso wie Wittenberg – nur 2000 Bewohner, Eisenach immerhin wiederum gut doppelt so viele. Nur in Erfurt mit seinen ungefähr 20 000 Menschen und 36 Kirchen sollte Luther für einige Jahre – während des Studiums und der Klosterzeit – in einer wirklichen Großstadt leben. Alle anderen Stationen seines Lebenswegs waren überschaubar, eine eingegrenzte, wenn auch nicht enge Welt. Dies prägte seinen Horizont.

> Das Beste, das aus meines Vaters Gut geraten, ist, dass er mich erzogen hat. Die Hauswirtschaft kann ja nichts Besseres tun, als Studierende großzuziehen.
>
> Luther im Rückblick in einem Gespräch bei Tisch

Im Jahre 1500 wird Martin Luder siebzehn, er hat die Kindheit längst und die Schulzeit weitgehend hinter sich. Ein halbes Jahr später immatrikuliert er sich an der Universität Erfurt.

Jetzt, an der Schwelle zum Erwachsenenalter, beträgt die durchschnittliche Lebenserwartung für ihn als jungen Mann bereits 57, für ein Leben auf dem Lande gar über 60 Jahre, für eines in der Stadt dagegen nur 48, vor allem wegen der dort herrschenden höchst problematischen sanitären und hygienischen Verhältnisse. Er hat also, rein statistisch gesehen, noch gut drei bis vier Jahrzehnte vor sich, genügend Zeit für ein Lebenswerk.

Ein sehr gutes Land, hat alles genug...
Deutschland um 1500

Den mächtigsten Mann Deutschlands, Kaiser Karl V., hat Luther persönlich kennengelernt. Doch während er die Kaiserwahl Karls 1519 noch mit den Worten »Gott hat uns ein junges, edles Blut zum Haupt gegeben und damit viel Herzen zu großer, guter Hoffnung geweckt!« kommentiert hatte, befand er in den dreißiger Jahren über denselben Kaiser: »Was soll ich sagen? Deutschland fehlt das Haupt.« Allerdings hat auch der Herrscher seine Meinung über Luther im Lauf der Zeit geändert. Hatte er ihn noch mit der respektvollen Anrede »Ehrsamer, Lieber, Andächtiger!« vor den Reichstag nach Worms zitiert, bereute er seine Zusage und Einhaltung des freien Geleits später bitter: »Ich irrte, als ich den Luther nicht umbrachte.«

Im Jahr 1500 war Maximilian I. (1493–1519) an der Macht, der Großvater Karls V. Er legte vor allem durch eine kluge Heiratspolitik den Grund für die Weltmachtstellung des Hauses Habsburg, nach dem Motto: »Andere mögen Krieg führen, du aber, glückliches Österreich, heirate.« Sein Enkel und Nachfolger, der spätere Kaiser Karl V., exakt zur Jahrhundertwende geboren, erntete die Früchte der großväterlichen Politik: Er wurde zum mächtigsten Herrscher Europas, ja der Welt.

Zu seinem Herrschaftsgebiet zählten die habsburgischen Stammlande in Österreich, Ungarn und Böhmen, weiter Süditalien sowie die norditalienischen Städte, fer-

Abb. 7: *Der Maler Hans Holbein d. J. zeigte 1522 in einem Flugblatt Luther als »Hercules Germanicus« (deutschen Herkules), der den Augiasstall der Kirche ausmistet. Diese Darstellung zeigt anschaulich, dass sich mit der Reformation und dem Reformator vielfältige Hoffnungen auf Veränderungen und Verbesserungen im kirchlichen, politischen und gesellschaftlichen Bereich verknüpften.*

ner Burgund, das Reich zwischen Deutschland und Frankreich, dann die Niederlande, zudem Spanien und schließlich die neu eroberten Gebiete in Mittel- und Südamerika, das Az-

Abb. 8: *Karl V. (1500–1558), deutscher Kaiser von 1519 bis 1556. Bildnis von Bernaert van Orley um 1516*

tekenreich in Mexiko und das Inkareich von Peru. Ein Reich, »in dem die Sonne niemals untergeht«, wie er stolz formulierte, gemäß seinem selbstbewussten, die Grenzen der Welt sprengenden Lebensmotto: »Immer weiter!« (»Plus ultra!«)

HERRSCHERGESTALTEN EUROPAS ZUR REFORMATIONSZEIT

1509–1547	Heinrich VIII., geb. 1491, König von England, von Günstlingen beherrschte Figur, launisch-wechselhaft
1515–1547	Franz I., geb. 1494, König von Frankreich, glänzender Stratege, in alltäglichen Regierungsgeschäften überaus unsicher, häufig unbeherrscht
1519–1556	Karl V., geb. 1500, Kaiser des Deutschen Reiches, sehr ambitioniert, nach außen stets beherrscht, korrekt, im Alter resigniert, gest. 1558

Kam auch die Herrschaft wenigstens in Europa weitgehend auf friedlichem Wege zustande, musste sie doch in zahllosen Kriegen verteidigt werden, denn eine solche Herrschaftsballung schafft sich Feinde: im Westen Franz I., König von Frankreich, der sich von der habsburgischen Großmacht nord-, ost- und südwärts eingekreist sah und seinerseits auf Burgund und Oberitalien Anspruch erhob. Im Süden die Päpste, die sich ebenfalls von der kaiserlichen Herrschaft umklammert fühlten und im Ringen um die Vorrangstellung im christlichen Abendland nach wie vor sich selbst als Sonne verstanden, von deren Glanz der Kaiser als Mond abhängig ist. Im Südosten schließlich Sultan Suleiman II., der Große, auch der Prächtige genannt, der das Osmanenreich zu ungeahnter Blüte führte, auf den Balkan vordrang und 1529 dann gar bis kurz vor Wien, ins Zentrum der habsburgischen Herrschaft.

Karl V. musste seine Herrschaft in unzähligen Kriegen behaupten, er zog nach Frankreich, Oberitalien und auf den Balkan, nach Rom und bis nach Tunis. Er hatte häufig recht passable Erfolge – doch eben den Rücken nicht frei für die andere große Lebensaufgabe, die sich ihm stellte: die Eindämmung der Reformation, der schweren Ketzerei, dieses gefährlichen Irrtums, wie es sich für ihn als treuen Sohn

1520–1566	Suleiman II., geb. 1494, genannt der Große oder der Prächtige bzw. Kanuni (der Gesetzgeber), führte das Osmanische Reich durch zahlreiche Feldzüge und durch eine Neuorganisation zur Blüte und kam 1529 bis vor Wien; poetisch begabt, verfasste er zahlreiche Gedichte
1513–1521	Leo X., eigentlich Giovanni de' Medici, geb. 1475, vernachlässigte die geistlichen Aufgaben über seinen großen Ambitionen auf politischem Gebiet und als Bauherr und Kunstmäzen – Höhepunkt der Renaissancekultur

der römischen Kirche darstellte. Und so gab der Charakterkopf mit der markanten Nase und dem hervorstechenden Kinn denn als Vierundfünfzigjähriger mit den Worten »und so wuchs dieser Irrtum ins Ungeheuerliche« erschöpft und entnervt auf und überließ die Macht einem andern. Für die letzten beiden Jahre seines Lebens zog Karl sich dann in ein abgelegenes Kloster zurück. Zugespitzt lässt sich also formulieren: Franzosen, Muslime, gar die Päpste leisteten einen wichtigen Beitrag dazu, die Reformation in Deutschland zu ermöglichen, indem sie die Kräfte des Kaisers banden.

Im Reich selbst war der Kaiser nicht so mächtig, wie er gern sein wollte – ihm standen die Institutionen des Reiches zur Seite, man könnte auch sagen: gegenüber. Fünf Jahre vor der Jahrhundertwende hatte der historisch äußerst wichtige Reichstag in Worms eine umfassende Reichsreform beschlossen. Als Institutionen des Reichs wurden ein Reichskammergericht geschaffen, eine Art oberste Appellationsinstanz, und ein Reichsregiment, das die Regierungsgeschäfte führen sollte in den Zeiten der Abwesenheit des Kaisers. Denn der weilte keineswegs immer in Deutschland. Auch hatte er hier gar keine feste Residenz, sondern logierte an verschiedenen Orten in den Kaiserpfalzen. Auf Reichstagen, die vor allem in süddeutschen Reichsstädten stattfanden, wurden die wichtigsten gesamtdeutschen Angelegenheiten

LÄNGERE REISEN LUTHERS

außerhalb des kursächsischen Gebiets und längere Aufenthalte außerhalb Wittenbergs

– Reisen im Auftrag des Ordens nach Rom (1510/11), Köln (1512) und Heidelberg (1518)
– Vorladung zum Verhör durch den päpstlichen Legaten Kardinal Cajetan nach Augsburg (1518)
– Vorladung durch Kaiser Karl V. zum Reichstag nach Worms (1521)

beraten und beschlossen. Die politischen Reformen förderten also einerseits eine gewisse Zentralisierung im Reich, beschränkten aber zugleich die Macht des Kaisers. In den Zeiten, in denen man keine Gewaltenteilung in gesetzgebende, vollziehende und rechtsprechende Gewalt (Legislative, Exekutive und Jurisdiktion) im modernen Sinne kannte, erfolgten Herrschaftsbeschränkung und -kontrolle durch die exakt austarierten Befugnisse zwischen dem Kaiser und den Organen des Reichs.

Zudem hatte der Wormser Reichstag einen Ewigen Landfrieden verkündet, in der Absicht, die alten Fehden zu beenden und ein staatliches Gewaltmonopol zu begründen. Durch Luthers Reformation sollte dieser Landfrieden zum ersten Mal in großem Stil auf die Probe gestellt werden, die er dann auch tatsächlich beinahe glänzend bestand – allerdings auf Kosten der Ritter und Bauern. Deutschland um 1500 zeigt sich uns also als ein Reich im Wandel, ja im Umbruch.

Der Kaiser war politisch abhängig, vor allem von den mächtigen Kurfürsten, drei bis vier weltlichen und drei geistlichen Territorialherrschern, denen das Recht zustand, ihn zu küren, also zu wählen. Luthers Landesherr, der Kurfürst von Sachsen, gehörte zu ihnen, war in diesem erlauchten Kreis gar der mächtigste. Er konnte sich bei der Kaiserwahl im Jahr 1519 eine Zeit lang selbst Hoffnung auf den höchsten Posten

– Kongress evangelischer Theologen in Marburg zur Klärung der Abendmahlsfrage (1529)
– Halbjähriger Aufenthalt auf der Coburg während des Reichstags in Augsburg (1530)

Zahlreiche Reisen unternahm Luther von Wittenberg aus innerhalb des kursächsischen Herrschaftsgebiets, u. a. nach Torgau und Schmalkalden, sowie in seine Heimat (Mansfeld, Eisleben).

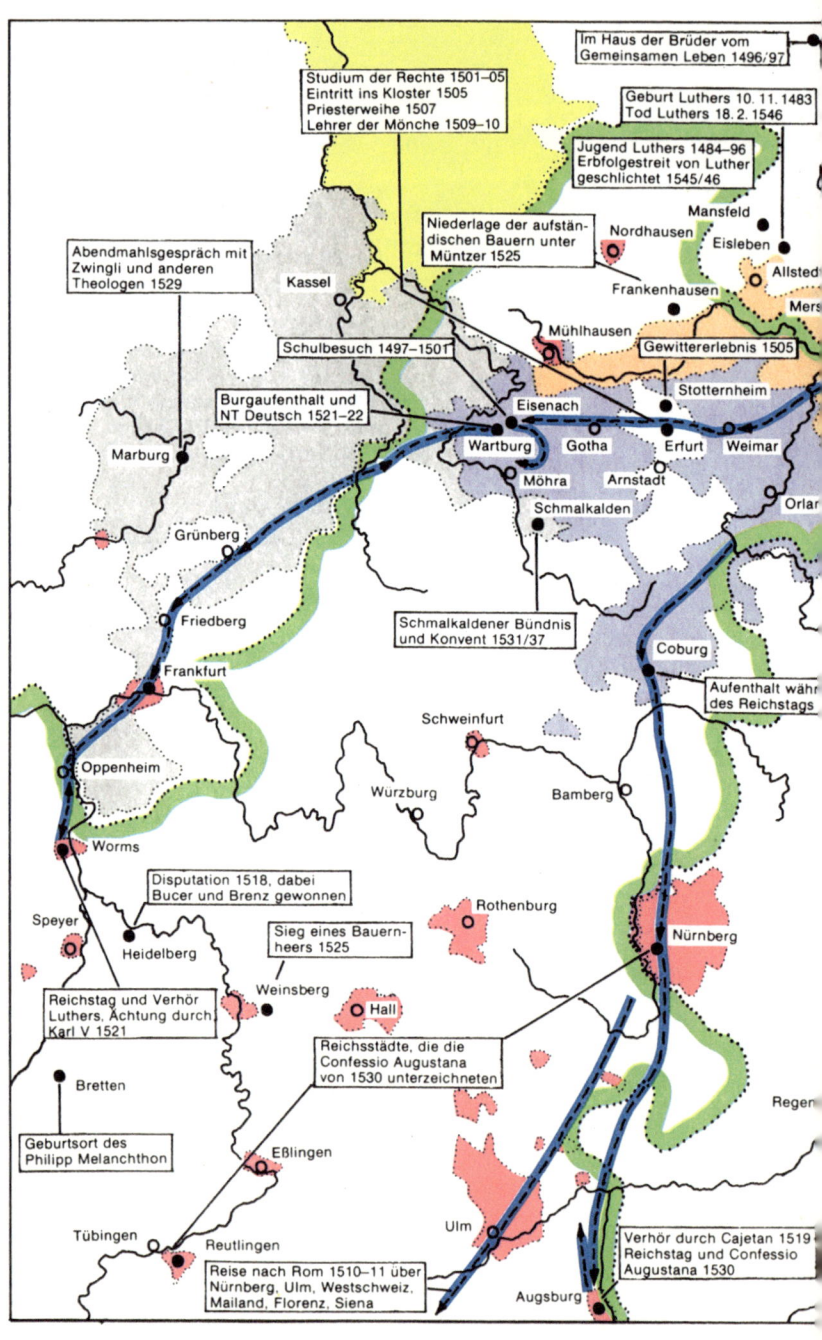

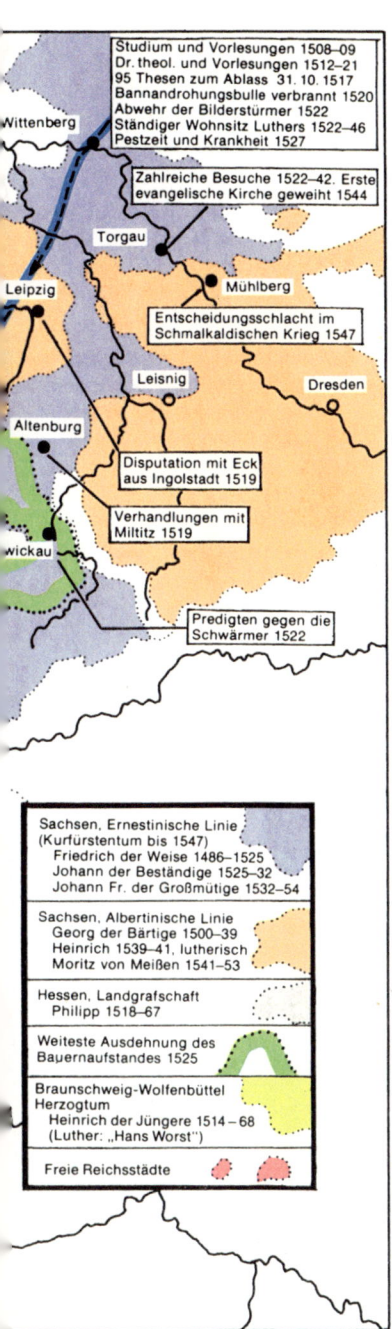

Abb. 9: *In Deutschland, zersplittert in etwa 300 Herrschaftsgebiete, stellte das Kurfürstentum Sachsen (ernestinische Linie) eines der größten und mächtigsten Territorialgebiete dar. Hier und in den benachbarten Gebieten (wie seiner Heimat, der Grafschaft Mansfeld) hat sich Luther vorrangig aufgehalten. Nur wenige Reisen führten ihn darüber hinaus, vor allem in den frühen Jahren.*

im Reich machen, musste sich dann aber doch mit der Rolle des zentralen Gegenspielers begnügen, die er allerdings mit allergrößter Bravour ausfüllte.

Abb. 10: *Leo X., Papst bei Beginn der Reformation, um 1518 von dem berühmten Renaissancemaler Raffael (eigentlich Raffaelo Santi, 1483–1520) porträtiert*

Im dreigegliederten Reichstag stellte der Rat der Kurfürsten die einflussreichste Gruppe dar; es folgte der Fürstenrat, wiederum in eine geistliche und weltliche Bank geteilt, und zuletzt der Städterat mit den Vertretern der Reichsstädte sowie der freien Städte. Der Reichstag spiegelte somit die damalige Ständegesellschaft wider, mit dem Klerus als erstem, dem (hohen) Adel als zweitem, den Bürgern der Städte als drittem Stand. Ausgeschlossen von der politischen Verantwortung blieben der niedere Adel, das ländliche Rittertum sowie die mitunter als »vierter Stand« bezeichneten Bauern, der »Nährstand« – also sämtliche ländliche Regionen, die jedoch den Großteil des Territoriums in Deutschland ausmachten.

Zur Spannung zwischen den monarchistischen Tendenzen des Kaisers und den ständischen der Institutionen des Reichs traten als drittes Element die regionalen Tendenzen der einzelnen Landesherren sowie der Reichsstädte hinzu: Deutschland war um 1500 in etwa 300 Herrschaftsgebiete zersplittert – ein Flickenteppich ohnegleichen, der doch zugleich das Bewusstsein, zu Deutschland zu gehören, keineswegs ausschloss. Es war eine Nation ohne Nationalstaat (wie er in ersten Ansätzen in Frankreich und England zu erkennen ist), vielmehr mit einer Wahlmonarchie und regionalen Erbdynastien. Deutschland ist das Land der Fürstentümer und der Städte.

Hier hatte der Kaiser nur sehr bedingt etwas zu sagen. Unmittelbare Macht besaß er nur in den wenigen Gebieten in Deutschland, in denen er selbst oberster Landesherr war. Das vielschichtige politische Geflecht im Deutschen Reich eröffnete Luthers Reformation erst die Chance, sich zu entfalten, die sie dann freilich kräftig zu nutzen verstand.

Drei Dinge werden verkauft in Rom: Christus, Priestertum, Frauen.
Drei Dinge sind verhasst in Rom: ein allgemeines Konzil, eine Reformation der Kirche, und dass den Deutschen die Augen geöffnet werden.
Drei Übel erbitt ich für Rom: Pestilenz, Hunger und Krieg.
Das sei meine Trinität.

Aus einer Flugschrift des Ritters, Humanisten und Lutheranhängers Ulrich von Hutten

Den zweiten zentralen Mann auf europäischer Ebene, den Papst, hat Martin Luther nicht persönlich kennengelernt, obwohl er in seiner Zeit als Mönch für ein paar Wochen in der Heiligen Stadt weilte. Die Päpste waren in dieser Zeit zu weltlichen Herrschern mutiert. Um die Jahrhundertwende pflegte Alexander VI. Borgia (1492–1503) vom Balkon seines Palastes aus, den Arm um seine Tochter gelegt, die Hengste seines Gestüts zu bewundern – gestorben ist er wohl an dem Gift, das er selbst einem Widersacher zugedacht hatte. Julius II. (1503–1513), ganz Staatsmann, der seine zahlreichen Kriege zu Anfang des 16. Jahrhunderts persönlich zu führen pflegte, wurde in einer Streitschrift als »Julius exclusus« charakterisiert, als der vom Himmel »Ausgeschlossene«. Luther bezeichnete ihn später kurz und bündig als »Blutsäufer«. Leo X. (1513–1521), der Papst zur Zeit der beginnenden Reformation, ein glänzender Diplomat, scharfer Denker und feinsinniger Kunstkenner, schuf sich als Kunstmäzen, vor allem mit dem Neubau des Petersdoms einen bleibenden Namen. Zugleich machte er sich damit viele Feinde, musste er doch für diese Liebhabereien gewaltige Summen vor allem aus Italien und Deutschland auftreiben. Dies sollte denn auch zum Anlass von Luthers Reformation werden.

> Überhaupt glaube ich, das Papsttum sei der Antichrist, oder, wenn jemand den Türken noch dazunehmen will, so ist der Papst der Geist des Antichrist und der Türke das Fleisch des Antichrist. Sie helfen beide einander beim Würgen, dieser leiblich und durchs Schwert, jener durch die Lehre und den Geist.
>
> Luther in einem Gespräch bei Tisch

Tatsächlich konnte man von den Päpsten lernen, was der politische Schriftsteller Niccolò Machiavelli (1469–1527) mit seinem 1513 entstandenen und bis heute bekannten und gelesenen Werk »Il Principe« (Der Fürst) unter vernünftiger Herrschaft verstand: die als »Machiavellismus« sprichwörtlich gewordene Macht- und Gewaltherrschaft.

Eine kurze Episode sollte das ganz anders geartete Pontifikat des Niederländers Hadrian VI. (1522/23) bleiben. Er sandte dem Reichstag von Nürnberg 1522 ein erstaunliches Schuldbekenntnis der Kirche, starb jedoch bereits im folgenden Jahr.

Wie das Haupt, so die Glieder, in manchem vielleicht noch schlimmer. Die Dummheit, Verderbtheit und Unverfrorenheit von Klerus und Mönchtum, allen voran des strengsten der Reformorden, der Franziskaner, soll geradezu sprichwörtlich gewesen sein. Eine hübsche Geschichte dazu findet sich in einem in der frühen Reformationszeit veröffentlichten Erbauungsbuch eines Franziskanerpredigers selbst. Ein Priester wird beim Bischof seiner Unwissenheit wegen angeklagt. Der Bischof will ihn strafversetzen. »Gern, Herr«, spricht darauf der Priester, »lasst mich Bischof sein und nehmt Ihr die Pfarre.«

Das Volk aber hielt man dumm. In der lateinischen Messe wurde vor seinen Augen »Hokuspokus« getrieben. Es ist nicht auszuschließen, dass dieser Begriff sich ursprünglich aus den Worten bei der Wandlung in der Eucharistiefeier ableitet: »Hoc est enim corpus meum« (»Dies nämlich ist mein Leib«). Reformatorisch Gesinnte nahmen diese Volksverdummung literarisch aufs Korn. In einem Dialog zwischen einem Geistlichen und einem alten Mütterlein antwortet dieses auf die Frage, was sie von der Messe begriffen habe: »Herr Gott behüte, was fragt Ihr? Ich habe kein einziges Wort gehört« beziehungsweise verstanden ...

Wir befinden uns im Jahre 1500 im Herbst des Mittelalters, stehen an der Wende zur Neuzeit. Doch war dieses Mittelalter, das nun zu Ende ging, keinesfalls die »finstere« Epoche, als die sie in der Rückschau oft dargestellt wird, sondern eine Zeit, in der sich Lebenslust und Todesangst aufs Engste paarten. Trefflich drückt die heute noch geläufige Zeile aus einem Kirchenlied Luthers dieses Lebensgefühl aus: »Mitten wir im Leben sind/mit dem Tod umfangen.«

Die Zahl der arbeitsfreien Sonn- und Feiertage war mit etwa hundert pro Jahr gigantisch, die Angst vor Hölle und Fegefeuer aber mindestens ebenso groß. An beidem, der Höllenangst sowie den fröhlichen Festen, wird die Reformation Entscheidendes ändern: So trug die Reduzierung der arbeitsfreien Zeit durch Abschaffung der Heiligenfeiertage bald zu einer beträchtlichen Produktivitätssteigerung in protestantischen Ländern bei.

Und alles, Lebenslust und Höllenangst, war vollständig von der Religion durchdrungen. Unsere moderne Trennung von säkularer Gesellschaft und Frömmigkeit als Privatangelegenheit gab es noch nicht. Theologie wurde im Alltag getrieben. Jeder Stammtisch verstand sich als eine Hochschule der Theologie vor Ort. Die Ausstellung des Heiligen Rockes in Trier im Jahr 1512 zog 100 000 Besucher an, darunter gleich zweimal den Kaiser selbst, der sich davon die Heilung seiner Leiden versprach.

In den Wirtshäusern war wohl vor allem der Zustand der Kirche ein zentrales Thema. Seit Mitte des 15. Jahrhunderts wurden auch in der hohen Politik regelrechte Beschwerdekataloge über die Zustände in der Kirche formuliert, die nach einer Reform geradezu schrien. Am Vorabend der Reformation war die anonyme Schrift »Reformatio Sigismundi« allenthalben verbreitet, mit ihrer zentralen Klage: Die geistlichen und weltlichen Häupter zeigten auf den Wunsch nach Verbesserungen hin »mit Verlaub nur den Hintern« und ließen weiterhin Habgier, Ämterkauf und Gewalt freien Lauf.

Abb. 11: *Auf seinem 1480–1490 entstandenen dreiteiligen Bild (Triptychon), bekannt unter dem Titel »Der Garten der Lüste«, hat der niederländische Maler Hieronymus Bosch (um 1450–1516) neben dem Paradies (linke Außentafel) den Lustgarten (Mitteltafel) und die Höllenstrafen (rechte Außentafel) dargestellt. Der hier abgebildete Ausschnitt lässt sich unterschiedlich deuten: entweder als Darstellung der Welt, die in ihrer Sinnenlust im Grunde verderbt ist und dadurch die Höllenstrafen nach sich zieht, oder als Zustand einer Zeit, in der die Sinnenlust keine Sünde darstellt, sondern mit gutem Gewissen in vollen Zügen genossen werden kann.*

Die kritischen Stellungnahmen zeitigten allerdings nicht den gewünschten Erfolg. Doch der dringende Wunsch nach einer Reform war da. Luthers Thesen fielen auf einen vorbereiteten, fruchtbaren Boden.

Mit Himmelshoffnung und Höllenangst wurde beim Ablassgeschäft, einer Art geistlichem Emissionshandel, das große Geld eingespielt. Für Sünden drohten Fegefeuer und Jüngstes Gericht. Dagegen hatte die Kirche durch die guten Werke der Frommen, allen voran von Mönchen, Heiligen und Seligen, einen Schatz angehäuft. Mit Beichte und Buße wurden im Bußsakrament die ewigen Sündenstrafen und die höllische Verdammnis abgewendet. Die irdischen und jenseitigen zeitlichen Sündenstrafen aber, insbesondere die Frist, in der die Seele im Fegefeuer geläutert wurde, ließ sich durch Kauf von Ablässen aus dem Schatz der Kirche verkürzen.

Im Lauf der Zeit erfuhr der Ablasshandel so manche Ausweitung. Angehörige konnten für bereits verstorbene Verwandte Ablass lösen. Und für sich selbst erwarben sie durch sogenannte »Butterbriefe« partielle Befreiung von den strengen Fastenvorschriften. Die Ausweitung und Intensivierung des Ablasswesens hatte jedoch zugleich einen gewissen Überdruss zur Folge. Es wurde gekauft, aber nicht immer mit Lust. Das System hatte sich selbst überreizt.

Für sehr beschwerlich wurde auch gehalten, dass die päpstliche Heiligkeit täglich so viel Lossprechung und Ablass in die Deutsche Nation schicken, wodurch die armen Einfältigen verführt und rasch um ihr Vermögen betrogen werden ...

Weil auf diese Weise für die armen christlichen Seelen vielfältige Verdammnis erwächst und auch die Deutsche Nation finanziell schwer bedrückt wurde, hält man es für nötig, dass diesbezüglich eine Besserung und allgemeine Reformation geschehe, um weiterem Missstand und Verderben unserer Nation zu wehren.

Aus den Beschwerden der deutschen Nation auf dem Reichstag zu Worms von 1521

Daneben gab es freilich auch ein ernsthaftes geistliches Leben. Um Reformen bemühten sich bereits im Mittelalter die sogenannten »Reformorden«. Die Armutsbewegung sah als Ideal ein schlichtes Leben in der Nachfolge Christi. Manche dieser Strömungen blieben am Rande der Kirche, manche bewegten sich über sie hinaus. Besonders radikale Kritik an der Kirche übten der Engländer John Wyclif (vor 1330–1384) und der Tscheche Jan Hus (um 1370–1415), der Luther deutlich beeinflusste. Durch ihn entstanden in Böhmen und Mähren rund hundert Jahre vor Luther eine reformatorische Bewegung und Kirche.

Am Vorabend der Reformation aber erblühte das geistige Leben im Humanismus. Männer wie der niederländische Gelehrte Erasmus von Rotterdam (1466/69–1536) leisteten

Bedeutendes für die Weiterentwicklung der Philologie wie ganz allgemein der Wissenschaft. Zugleich vertrat Erasmus eine praktische, ethisch ausgerichtete Frömmigkeit. Seine kritische Ausgabe des Neuen Testaments von 1516 bildete eine wichtige Grundlage für Luthers spätere Bibelübersetzung.

Die bereits Mitte des 15. Jahrhunderts erfolgte Reform des Buchdrucks durch Johannes Gensfleisch den Jungen, genannt Gutenberg, erlaubte es dem Buch, zum Massenkommunikationsmittel aufzusteigen. Die Reformatoren, allen voran Martin Luther, machten sich dieses Medium zunutze, um die eigene Auffassung rasch und weiträumig zu verbreiten. Die Reformationszeit war zugleich Geburtsstunde und erster Höhepunkt des propagandistischen Flugblatts und der modernen Karikatur.

Zuletzt eröffnete die Einrichtung einer Reichspost gegen Ende des 15. Jahrhunderts einen zuverlässigen Brieftransport. Auch dieser Möglichkeit hat sich Luther ausgiebig bedient. Er ist zu einem der großen Briefschreiber der Epoche geworden.

Bei allen Problemen auf kirchlichem Gebiet brachte die Zeit um 1500 in Deutschland eine lange Phase des Aufschwungs. In den deutschen Territorien lebten etwa neun Millionen Menschen. Im neuen Jahrhundert fand dann ein enormes Bevölkerungswachstum statt, insbesondere in den für die Reformation entscheidenden Jahrzehnten zwischen

BERÜHMTE ZEITGENOSSEN MARTIN LUTHERS

Der Astronom und Mathematiker **Nikolaus Kopernikus** (1473–1543), ein um zehn Jahre älterer Zeitgenosse Luthers, revolutionierte mit seinem erst in seinem Todesjahr veröffentlichten Hauptwerk das Weltbild und ersetzte das alte, geozentrische durch das moderne, heliozentrische (kopernikanisches) Weltsystem, das Luther allerdings nicht zur Kenntnis nahm.

Der Arzt und Philosoph Philippus Theophrastus (eigentlich Philipp Aureolus Theophrast Bombast von Hohenheim), genannt **Paracelsus** (1493–1541),

1520 und 1560, mit Zuwachsraten von jährlich bis zu sieben Prozent. Zu Beginn des 17. Jahrhunderts lebten in Deutschland dann gut 17 Millionen Menschen, also beinahe doppelt so viele wie noch um 1500.

Mit dem rasanten Bevölkerungswachstum gingen ein gesellschaftlicher Wandel und eine enorme wirtschaftliche Entwicklung einher, mit einer seit 1470 steigenden Konjunktur.

Gewinner des Aufschwungs im Bergbau und im Fernhandel, aber auch in der Nahrungsmittelproduktion waren die Großkaufleute, die sich zugleich als Bankiers betätigten. An ihrer Spitze standen die oberdeutschen Handelsgesellschaften, allen voran die Fugger in Augsburg mit Jakob Fugger, genannt der Reiche (1459–1525). Er brachte es zum reichsten Mann Europas, ja der Welt und finanzierte die Mächtigen bis hinauf zum Kaiser. Den erinnerte er gelegentlich daran, dass er ohne ihn »die Krone nicht hätte erringen kön-

> Deutschland ist ein sehr gutes Land, hat alles genug, was man haben soll, dies Leben reichlich zu erhalten. Es hat allerlei Früchte, Korn, Wein, Getreide, Salz, Bergwerk usw. und was aus der Erden zu kommen und zu wachsen pflegt; allein mangelts an dem, dass wirs nicht achten noch recht brauchen, wie wir sollten, Gott zu Ehren und dem Nächsten zu Nutz, und ihm dafür danken. Ja, wir missbrauchen es aufs Allerschändlichste, viel ärger als die Säue.
>
> Luther in seinen Reden bei Tisch

ein um zehn Jahre jüngerer Zeitgenosse Luthers, gilt als Wegbereiter der neuzeitlichen Medizin. Von den Zeitgenossen wurde er auch als der »Luther der Medizin« bezeichnet, was er selbst allerdings mit den Worten ablehnte: »Ich werde den Luther lassen *sein* Ding verantworten.« Luther hatte zu den Ärzten ein ambivalentes Verhältnis. Bei seinen zahlreichen Krankheiten nahm er ihre Hilfe in Anspruch, konnte sich jedoch über ihre Rosskuren auch heftig beschweren.

nen«, und machte ihn so gefügig. Gehorsam intervenierte Karl V. in den beim Reichskammergericht anhängigen Monopolprozessen mehrfach zugunsten des Hauses Fugger.

Zum ersten Mal in der Geschichte war die hohe Politik von der Ökonomie abhängig geworden. So hat man denn auch Jakob Fugger den Reichen als ungekröntes Haupt Europas und die gesamte Zeit als das »Zeitalter der Fugger« bezeichnet. Mit seiner Kritik an der gigantischen Anhäufung von Macht und Geld in der »Adelsschrift« von 1520 sprach Luther den Menschen aus dem Herzen: »Hier müsste man wahrlich auch den Fuggern und dergleichen Gesellschaften einen Zaum ins Maul legen. Wie ist's möglich, dass es sollte göttlich und recht zugehen, dass bei eines Menschen Leben sollten auf einen Haufen so große, königliche Güter gebracht werden? Ich weiß die Rechnung nicht.«

Das Credo des Credits –
Die Fuggerlitanei

O Kapital. Erbarme dich unser.
Du Anfang und Ende aller Dinge.
Das alle Gewalt hat im Himmel und auf Erden.
O Kapital. Erlöse uns.
Gelobt sei das Kapital. In Ewigkeit. Amen.

Ausschnitt aus Dieter Fortes kritischem Theaterstück »Martin Luther & Thomas Müntzer oder Die Einführung der Buchhaltung« aus dem Jahr 1971

Verlierer der wirtschaftlichen Entwicklung war das Land. Hier lebten rund neunzig Prozent der Bevölkerung. Die Ritter hatten zwar Besitz, aber kaum Geld. Sie begannen, den Bauern mehr Lasten und Abgaben aufzuzwingen. Die setzten sich dagegen in den Bundschuhbewegungen zur Wehr. Zu den Unzufriedenen zählten auch die einfachen Arbeiter der Bergwerke, also Bergknappen, und die wachsende Unterschicht in den Städten, etwa schlichte Tuchmachergesellen. Hinzu kamen die, denen es kaum oder gar nicht mehr gelang, von ihrer Hände Arbeit zu leben: Arme, Kranke und Alte. Not und Elend wuchsen ebenso wie Glanz und Reichtum. Die Schere zwischen Arm und Reich öffnete sich immer weiter.

Doch es begann zu gären. Neben kirchlichen Reformen forderten viele auch soziale. Dies ist der Boden, auf dem die Reformation rasch Raum gewinnt.

Ich bin nicht gerne ein Mönch geworden
Universität und Kloster (1501–1517)

Im Frühjahr 1501 nimmt Luther im Alter von 17 Jahren an der Universität in Erfurt das Grundstudium auf, das er Anfang 1505 mit der Graduierung zum Magister abschließt. Dieses Grundstudium hat vor allem Latein und Philosophie zum Inhalt. Für das sich anschließende Hauptstudium stehen an den Universitäten drei Fachrichtungen zur Wahl: Theologie für leitende Ämter in der Kirche, Rechtswissenschaften für Führungspositionen im Staat und zuletzt Medizin. Martin wählt das Fach Jura, ganz nach dem Willen des Vaters, der hier berechtigterweise die besten Karrierechancen und Berufsaussichten sieht für den Herrn Sohn, der es einmal noch weiter bringen soll als er selbst. Doch es kommt anders.

Am 2. Juli des Jahres wird Martin auf der Rückreise von einem Besuch bei seinen Eltern bei Stotternheim, kurz vor Erfurt, von einem schweren Gewitter überrascht. Ein Blitz schlägt in seiner Nähe ein, der Student fällt zu Boden, ruft in Todesangst die Mutter Marias und Patronin der Bergleute um Hilfe an und gelobt: »*Hilf, heilige Anna, ich will ein Mönch werden!*« Sehr zum Verdruss des Vaters löst er gut zwei Wochen später das Gewitter-Gelübde auch ein. Mitte Juli begibt sich der 21-Jährige in das Schwarze Kloster der Augustiner-Eremiten zu Erfurt. Nach seinen Abschiedsworten »Heute seht ihr mich und dann nimmermehr« schließen sich die Pforten des Klosters hinter ihm.

Dennoch gelingt uns ein Einblick in seine weitere Entwicklung.

Abb. 12: *Martin Luther als Augustinermönch. Gemälde von Lucas Cranach d. Ä. von 1522*

Nach dem Noviziat legt Bruder Martin die Mönchsgelübde ab, wird 1507 zum Priester geweiht und hält seine erste Messe, die Primiz. Dann studiert er Theologie und wird schließlich im Auftrag seines Ordens Professor. Er macht also doch Karriere, wenn auch äußerlich weniger

Abb. 13: *Im selben Jahr 1507, in dem Luther zum Priester geweiht wird und damit die Beichte abnehmen kann, malt der Nürnberger Maler Albrecht Dürer (1471–1528) mit dem Doppelporträt »Adam und Eva« die erste lebensgroße Aktdarstellung in Deutschland. Dürer ist neben Lucas Cranach der überragende deutsche Maler, weshalb die Epoche um 1500 im Blick auf die Kunstgeschichte auch als »Dürerzeit« bezeichnet wird.*

prunkvoll als gedacht. Zwischen seinem 22. und 44. Lebensjahr lebt Luther als Mönch, also das gesamte zweite – äußerst aktive und produktive – Drittel seines Lebens.

Über die Motive für seinen Eintritt ins Kloster ist viel

Das Leben des Mönchs galt im Christentum lange Zeit als vollkommenes christliches Dasein. Äußerlich erkennbar waren die Mönche an der einfachen Kleidung (Kutte) und dem bis auf einen Haarkranz geschorenen Kopf (Tonsur). Die Mönche gelobten Armut, Gehorsam und Keuschheit. Das Leben hinter Klostermauern wurde in ständiger Buße geführt, mit wöchentlicher Beichte und Absolution und ständigen Werken der Buße oder Genugtuung (Satisfaktion), insbesondere Fasten und Beten. Sieben gemeinsame Gebets- bzw.

spekuliert worden. Es mag nicht nur das Gewitter gewesen sein. Die ganze Lebensphase ist nicht einfach. Zuvor hatte sich der Student bei einem Unfall mit dem Degen eine Hauptschlagader am Bein verletzt und war fast verblutet. Als junger Magister in Erfurt litt er an Depressionen und ging – nach eigenem Bekunden – »immer traurig einher«. Religiöse Skrupel und Sehnsüchte spielten daneben eine nicht unerhebliche Rolle: »O, wenn ich in ein Kloster gehe und ihm diene«, charakterisiert er im Rückblick sein Kalkül, »so wird Gott mir lohnen und mich willkommen heißen.« Und er beschreibt sein Gefühlsleben beim Anblick eines Fürsten, der, zum Skelett abgemagert, sein Leben als Bettelmönch fristete: »Wer ihn ansah, der schmatzte vor Andacht und musste sich seines weltlichen Standes schämen.« Zuletzt ist da das Verhältnis zum Vater, der ihm einen glänzenden Weg ermöglicht und vorgezeichnet hatte. Nun trifft der Sohn eine eigene Entscheidung und riskiert damit einen schweren Konflikt. Hans Luder, der den Jura studierenden Herrn Sohn mit dem respektvollen »Sie« angeredet hatte, kehrt jetzt zum plumpen »Du« zurück und bricht aus Zorn den Kontakt mit ihm nahezu ab. Erst bei der festlichen Primiz ist er wieder zugegen und wohl auch nicht wenig stolz und zufrieden, denn er bezahlt ein großzügiges Fest. Doch macht er seinem Ältesten wegen dessen Eigensinn weiterhin schwere Vorhaltungen.

Dem Sohn aber geht es hinter den Klostermauern wieder nicht gut. »Ich bin nicht gerne ein Mönch geworden«, urteilt er später im Rückblick. Und: »Ich war der Welt rein

Gottesdienstzeiten verteilten sich über den Tag, lange vor dem Morgen beginnend, bis hin zur Mitternacht. Als Lohn schien die Krone des ewigen Lebens zu winken und eine höhere, glanzvolle Form des himmlischen Daseins.
Der Orden der **Augustiner-Eremiten** (OESA) war einer der Reform- und Bettelorden, der es, vor allem in seiner strengen Version (der sogenannten »Observanz«), mit Frömmigkeit, Entsagung und den Mönchsgelübden besonders ernst nahm.

abgestorben.« Zwar führt Bruder Martin als Mönch ein untadeliges Leben: »Denn ich habe das Gelübde nicht getan um des Bauches, sondern um der Seligkeit willen und habe

Abb. 14 und 15: *Die beiden ersten Lutherporträts des Hofmalers Lucas Cranach (1472–1553) zeigen, wie der kursächsische Hof planmäßig ein öffentliches Lutherbild schuf. Das erste Bildnis, das einen von Nachtwachen erschöpften, aber eben auch sehr eigenwilligen, kantigen und rebellischen Augustinermönch zeigt, wurde vom Hof zurückgehalten und ein neues Werk in Auftrag gegeben, das dann wunschgemäß die charakteristischen Züge abmilderte, zur Gottergebenheit umdeutete und außerdem Luther wie einen Heiligen vor eine Nische setzte. Dieser Kupferstich verbreitete sich rasch und wurde sehr bekannt. In der Folgezeit schuf Cranach dann Lutherporträts für die unterschiedlichen gesellschaftlichen Schichten: Luther als Gelehrter, als Ritter, Bürger und als Kirchenvater …*
Die (hier nicht sichtbare) lateinische Unterschrift unter dem Porträt zeigt, dass sich Lucas Cranach sehr bewusst das Recht herausnahm, ein Lutherbild zu erschaffen und zu gestalten: »Die unvergänglichen Abbilder seines Geistes bringt Luther selbst hervor, seine sterblichen Züge jedoch das Wachs des Lucas.«

unsere Regeln peinlich streng gehalten.« Die traditionellen Mönchsgelübde der Armut, Keuschheit und des Gehorsams – Luther hat damit keine Probleme: »Als Mönch habe ich nicht viel Begierde gespürt. Pollutionen hatte ich aus leiblicher Nötigung. Die Weiber schaute ich nicht einmal an, wenn sie beichteten.«

Doch nicht der Mangel an Eifer, vielmehr gerade die Erfüllung der Regeln schafft Probleme: »Ich habe auch wollen ein heiliger und frommer Mönch sein und habe mich mit großer Andacht zur Messe und zum Gebet bereitet. Aber wenn ich am andächtigsten war, so ging ich als Zweifler zum Altar, und als Zweifler ging ich wieder davon. Hatte ich meine Buße gesprochen, so zweifelte ich trotzdem.«

Die Anfechtungen verdichten sich zur Identitätskrise und verschaffen sich in Angstzuständen Luft. Mit aller Macht wehrt sich der frisch geweihte 23-jährige Priester gegen den Albtraum, er sei vom Teufel besessen, und schreit nach seiner ersten Messe in einer Art Anfall im Chor der Kirche entsetzt: »Ich bin kein Besessener!« Ein andermal packt ihn bei einer Fronleichnamprozession hinter seinem Vorgesetzten und Beichtvater Johann von Staupitz (um 1468–1524) die nackte Angst. Der aber versucht ihn zu beruhigen: Nicht Christus kann dich erschreckt haben, denn Christus tröstet! Und wenn der mutlose Mönch zerknirscht stöhnt: »O meine Sünde, Sünde, Sünde!«, ruft ihm sein Beichtvater zu: »Lass deine Puppensünden! Nicht Gott zürnt dir – du zürnst Gott!«

Doch Bruder Martin scheint von seiner Schlechtigkeit und Schuld wie besessen. Im Rückblick macht er die kirchlichen Drohungen mit den Höllenstrafen für seine schweren Schuldgefühle und Angstzustände verantwortlich: »Also ist es eine schädliche Sache, dass man unter dem Papst die Leute gelehrt hat, vor Christus zu fliehen«, aus Angst vor dem Jüngsten Gericht. »Wenn ich ihn gemalt sah, erschrak ich vor ihm wie vor dem Teufel, weil ich sein Gericht nicht ertragen konnte.« Die Schrecken fasst er später in ein anschauliches Bild: Wie bei einer auf einer Linie entlangrollenden schweren Kugel hat die Seele den Eindruck, als ein einzelner Punkt der Linie die ganze gewaltige Last dieser Kugel tragen zu müssen – eine »Höllenstrafe, das heißt der unerträgliche Schrecken, gegen den es keinen Trost gibt«. Nicht weniger anschaulich charakterisiert Luther die schrecklichen Folgen seiner Gewissensangst: »Da wurde ich wie eine Leiche.«

Manche Psychiater und Tiefenpsychologen haben aus diesen Zuständen eine Angstneurose oder Psychose herauslesen wollen. Eine Identitätskrise und ein schwerer Autoritätskonflikt waren es auf jeden Fall. Theologen aber fügen hinzu, dass die tiefe Gewissensnot (Scrupulositas) geradezu als Merkmal der Zeit angesehen werden kann, auch unter Geistlichen. Eine unwürdig gelesene Messe etwa stellte nach der herrschenden Auffassung für den schuldigen Priester eine doppelte Todsünde dar, da er den Leib Christi unwürdig austeilte und zugleich Leib und Blut unwürdig empfing. Ein Leben in ständiger Buße und Beichte, mit nur kurzfristig befreiender und erleichternder Absolution war die Folge.

> Wahr ist's, ein frommer Mönch bin ich gewesen und habe so streng die Ordensregeln beachtet, dass ich sagen darf: Ist je ein Mönch in den Himmel gekommen durch Möncherei, so wollte ich auch hineingekommen sein. Ich habe unsere Ordensregeln peinlich streng gehalten ... Ich hätte mich, wenn die Zeit länger gedauert hätte, zu Tode gemartert mit Wachen, Beten, Lesen und anderer Arbeit. Da war ich der elendste Mensch auf Erden, Tag und Nacht war da eitel Heulen und Verzweifeln.
>
> Luther später zu seiner Zeit als Mönch

Im Rückblick kann denn auch der spätere Reformator diese religiösen Bemühungen und Erfahrungen salopp und mit beißendem Spott kommentieren: »Ich wollte lieber, dass ich wäre ein Hurenwirt oder Räuber gewesen, denn dass ich Christus fünfzehn Jahre lang mit Messelesen so geopfert und gelästert habe!«

Im November 1510 unterbricht eine halbjährige Romreise den Alltag des Mönchs- und Studienbetriebs. Luther begleitet auf dieser »Dienstreise«, die zugleich Wallfahrt ist, einen älteren Mitbruder zur Regelung eines Streitfalles des Ordens zum Vatikan. »Sei mir gegrüßt, heiliges Rom!«, ruft er am Anfang seines vierwöchigen Aufenthalts in der Heiligen Stadt. Hier ereignet sich keineswegs ein dramatischer Zusammenstoß zweier Welten, vielmehr nimmt das Zentrum der abendländischen Christenheit einen treu ergebenen Sohn der Kirche auf. Er rutscht, um seinen Großvater aus dem Fegefeuer zu

Universität und Kloster (1501–1517)

erlösen, kniend und auf jeder Stufe das Vaterunser betend, die Heilige Treppe am Lateranpalast hinauf. Oben angekommen, wird er allerdings von Zweifeln gepackt: »Wer weiß, ob's wahr ist.« Doch, es schien wahr!

»Ich habe alles geglaubt. War mir schier leid, dass mein Vater und meine Mutter noch lebten, denn ich hätte sie gerne aus dem Fegfeuer erlöst.«

Die Kritik mag denn auch erst von einer späteren Warte her so richtig entflammt sein, wenn Luther im Rückblick berichtet, dass die römischen Priester die Messe ohne jede Ernsthaftigkeit und innere Anteilnahme nur so herunterleierten, sodass er dann insgesamt zu dem vernichtenden Urteil kommt: »Gibt es eine Hölle, so steht Rom darauf.«

Alle Berichte über seine Reise nach Rom kreisen um theologische Fragen. Luther hat kein Auge für die Schönheit der Stadt. Die Renaissancekultur eines Michelangelo mit der Sixtinischen Kapelle bleibt ihm verschlossen. Diese Art Kunstgenuss ist ihm fremd.

Mit dem Protestantismus fing es an, dass der Mensch in religiösen Dingen »Ich« sagt, radikal »Ich« sagt, sich von keiner Gruppe mehr definiert. Das kann natürlich auch unglaublich einsam machen. Man bekommt eine ungeheure Verantwortung. Denn wenn jeder Einzelne in jedem Augenblick alles entscheiden kann, dann ist er auch in jedem Augenblick an dieser unheimlichen Grenze zwischen Ewigkeit und Verdammnis. So hat es Luther im Übrigen auch selbst gefühlt. Das ist bestimmt kein einfaches Leben. Aber das steht am Anfang der modernen Zeit, sich in diese religiöse Einsamkeit hineinzutrauen.

Antje Vollmer, geb. 1943, Theologin und Politikerin von Bündnis 90/ Die Grünen, zeitweilig Vizepräsidentin des Deutschen Bundestages

Ein halbes Jahr nach der Rückkehr, im Herbst 1511, schickt der Orden den noch nicht 30-jährigen Luther als Dozenten für Theologie in die entgegengesetzte Richtung, in den Norden: nach Wittenberg, wo er bereits vor der Reise nach Rom ein Jahr lang studiert hatte. Dort lebt Bruder Martin im Augustinerkloster, das ihm dann für sein ganzes weiteres Leben zum Zuhause wird.

1512 wird Luther feierlich zum Doktor der Theologie promoviert und ist damit zur selbstständigen theologischen Arbeit als Professor berechtigt. Auf seinen Doktortitel legt

Luther zeitlebens großen Wert, als Markenzeichen eines Gelehrten. Eine Zeit lang führt er zudem als Distriktvikar die Aufsicht über mehrere Konvente seines Ordens. Die Fülle

Abb. 16: *Stadtansicht von Wittenberg aus der Cranach-Werkstatt, kolorierter Holzschnitt, um 1558, mit der Überschrift:* »*Wittenberg, die ruhmreiche Gottesstadt, Sitz und Burg der wahren, den ganzen Erdball beherrschenden Lehre, des Kurfürstentums Sachsen Hauptstadt, die berühmteste unter den Universitäten Europas und des letzten Jahrtausends bei Weitem heiligster Ort.*«
Wittenberg an der Elbe, bei Beginn der Reformation gut 2000 Einwohner (zum Vergleich Erfurt: 20 000), zweite kursächsische Residenzstadt (neben Torgau), seit 1502 Universitätsstadt, durch Luther zum »*zweiten (deutschen) Rom*« *aufgestiegen, mit ungeahnter Blüte in den dreißiger und vierziger Jahren.*
In der Bildmitte die Stadtkirche, in der Luther predigte (daneben Marktplatz und Rathaus), am linken Rand das Schloss des Kurfürsten mit der Schlosskirche, am rechten die Universität (»*Collegium*«*), ihres Bausteins wegen* »*Leucorea*« *(*»*die Weiße*«*) genannt, und ganz am Rand das Wohnhaus Philipp Melanchthons. Nicht mehr sichtbar steht weiter rechts Luthers Wohnhaus, das ehemalige Augustinerkloster. Alle genannten zentralen Gebäude reihen sich am selben Straßenzug aneinander und sind in einer knappen Viertelstunde zu Fuß bequem erreichbar.*

seiner Arbeit veranschaulicht Luther mit der Behauptung, er könne gut und gerne zwei Schreiber oder Kanzler beschäftigen und hätte dann immer noch genug zu tun.

Wittenberg, obwohl eine der beiden Residenzen des mächtigen Kurfürsten von Sachsen, ist nur ein Städtchen »an der Grenze der Zivilisation«, eine »Schindleiche«, wie Luther selbst es wenig schmeichelhaft, doch wohl recht treffend charakterisiert. Dem Eindruck von Provinz und bürgerlicher Biederkeit als erstem, prägendem und bleibendem Bild kann sich auch der heutige Besucher der Kleinstadt schwerlich entziehen. Doch wirkt die erst 1502 gegründete, Leucorea genannte Universität, an der Luther fortan lehrt, bald wie ein Magnet. Sie steigt in der Reformationszeit zur größten und bedeutendsten Universität in Deutschland auf. Mitte der dreißiger Jahre erlebt Wittenberg, das »Rom« der Reformation, eine Blütezeit.

Seine glänzende Karriere als Ordensmitglied und Theologe aber befreit Luther nicht von seinen ständigen Schuldgefühlen und Selbstvorwürfen, Anfechtungen und Zweifeln. Er scheint beinahe zu zerbrechen an der bohrenden Frage: »Wie bekomme ich einen gnädigen Gott?« Da ereignet sich erneut eine radikale Kehrtwendung, eine Art »Bekehrung«, wie damals in Stotternheim. Beim Bibelstudium erkennt er, dass Gott zuallererst nicht ein strenger, strafender Richter, sondern ein gütiger, gnädiger Retter ist. Gottes Gerechtigkeit, von der Paulus in seinem Brief an die Römer spricht, ist als Rechtfertigung des Sünders aus seiner freien Gnade zu verstehen.

»Denn im Evangelium wird offenbart die Gerechtigkeit, die vor Gott gilt, welche kommt aus Glauben in Glauben; wie denn geschrieben steht: ›Der Gerechte wird aus Glauben leben.‹

Denn es ist hier kein Unterschied: sie sind allzumal Sünder und mangeln des Ruhmes, den sie bei Gott haben sollten, und werden ohne Verdienst gerecht aus seiner Gnade durch die Erlösung, die durch Christus Jesus geschehen ist.

So halten wir nun dafür, dass der Mensch gerecht werde ohne des Gesetzes Werke, allein durch den Glauben.«

(Aus dem Brief des Apostels Paulus an die Römer, Röm 1,17; 3,23 f. und 3,28.)

Im Rückblick zu seiner reformatorischen Entdeckung schreibt Luther in der Vorrede zur Gesamtausgabe seiner lateinischen Schriften gegen Ende seines Lebens: »Bei meinem Studium des Briefs von Paulus an die Römer fing ich an, die Gerechtigkeit Gottes als eine solche zu verstehen, durch welche der Gerechte als durch Gottes Gabe lebt, nämlich aus dem Glauben. Ich fing an zu begreifen, dass dies der Sinn sei: Durch das Evangelium wird die Gerechtigkeit Gottes offenbart, nämlich die, durch welche uns der barmherzige Gott durch den Glauben rechtfertigt, wie geschrieben steht: ›Der Gerechte lebt aus dem Glauben.‹ Da fühlte ich mich wie ganz und gar neu geboren, und durch offene Tore trat ich in das Paradies selbst ein.«

Das tat der Held Martin Luther,
Der machte das Evangelium lauter.
All Menschen-Werk er ganz abhaut,
Und selig spricht, der Gott vertraut.

Der Nürnberger Schuhmacher und Poet Hans Sachs (1494–1576) in »Die Wittenbergisch Nachtigall«, seinem Lobgedicht auf Luther von 1523

Der Mensch kann durch alle seine Bemühungen, Gutes zu tun und gut zu sein (Werkgerechtigkeit), Gott nicht gefallen, im Gegenteil. Gerade dieses Bemühen zeigt, dass der Mensch sich im Grunde seines Herzens nicht auf Gott, sondern auf sich selbst verlässt. Und genau dies ist Gottverlassenheit.

Generationen von Kirchenhistorikern haben sich mit der Frage, wann diese grundlegende reformatorische Entdeckung,

BEKEHRUNGSERLEBNISSE

Paulus (hebr. Name mit lat. Endung: Saulus; um Zeitenwende bis um 65 n. Chr.) erlebte auf einer Reise nach Damaskus eine Vision, die ihn von einem Feind Jesu und Verfolger der ersten Christen zum Apostel und zum zentralen Mitbegründer des Christentums machte (Apg. 9).
Der lebens- und genussfreudige Rhetoriker und Philosoph **Aurelius Augustinus** (354–430) wandte sich durch ein Bekehrungserlebnis dem Christentum zu, bei dem er durch eine Stimme zur Bibellektüre aufgefordert wurde

nach dem heizbaren Studierstübchen im Klosterturm auch »Turmerlebnis« genannt, stattgefunden hat. Während man früher die Zeit zwischen 1513 und 1515 annahm (Frühdatierung), neigt man heute zu einer Spätdatierung (bis 1518), also bis in die Zeit nach dem Thesenanschlag.

Vielleicht aber ist die Frage nach dem Zeitpunkt auch falsch gestellt. Große Erkenntnisse sind eher Entwicklungen, die sich im Rückblick zu einem einzelnen Ereignis verdichten können, nach dem Vorbild biblischer oder heiliger Personen.

Es gibt keinen Grund, Kinder mit der schrecklichsten aller Wahrheiten zu behelligen. Der nämlich, dass Gott auswählt, ohne Gründe zu haben, dass seine Gnade nicht erworben werden kann, durch keine Bemühung, durch keine Tat. Dass seine Liebe ungerecht ist.

Der Bestsellerautor Daniel Kehlmann 1997 in seinem Erstlingsroman »Beerholms Vorstellung«

Möglich ist auch ein Durchbruch in mehreren Etappen. So hat Luther in einem frühen Brief an seinen Beichtvater Johann von Staupitz davon gesprochen, wie sich der Sinn des Wortes »Buße« für ihn in ganz ähnlicher Form verwandelte: von einer auferlegten Pflicht zu einem dankbar akzeptierten Geschenk. Letztlich ist eine Entwicklung anzunehmen, ein Auf und Ab, ein Vorwärtsdrängen und Zurückfallen, ein Suchen, Finden und Weiterfragen – eben ein dynamischer, lebendiger Prozess.

Auch der Ort des Geschehens ist in die Schlagzeilen gera-

(»Nimm und lies!«). Er wurde zum bedeutendsten »Kirchenvater« der Alten Kirche.
Für **Martin Luther** waren Paulus und Augustinus die entscheidenden Vorbilder, an denen er sich und seine Theologie ausrichtete. Er selbst berichtet von verschiedenen, nach dem Leben dieser Vorbilder geformten religiösen »Schlüsselerlebnissen«.

ten. Luther selbst hatte einmal bei Tisch geäußert: »Diese Kunst hat mir der Heilige Geist auf dieser Cloaca auf dem Turm gegeben.« Daraufhin stellte die zeitgenössische alt-

Abb. 17: *Lucas Cranach d. Ä. oder d. J. (um 1550): Gesetz und Gnade. Das von Lucas Cranach Vater oder Sohn geschaffene Werk setzt in einer Fülle von Einzelszenen die Grundzüge der Rechtfertigungslehre Luthers ins Bild. Links hetzen Tod und Teufel Adam (als Sinnbild für »den« Menschen) in das Höllenfeuer. Darüber die Sündenfallszene. Weiter rechts zeigen Mose (mit Gesetzestafeln) und die Propheten Schuld und Sünde auf, über allem aber thront Christus auf der Weltkugel. Auf der rechten Seite weist Johannes der Täufer den Menschen auf den gekreuzigten Christus (den als »Lamm« Gottes unschuldig Leidenden) hin. Ein Blutstrahl trifft und erlöst den Menschen. Der aus dem Grab auferstandene Christus aber (ganz rechts im Bild) besiegt Teufel und Tod. Darüber die Ankündigung der Geburt Jesu an Maria und Christi Himmelfahrt. Der (Lebens-)Baum, der das Bild in der Mitte in zwei Hälften teilt, ist auf der linken Seite trocken und dürr, auf der rechten aber belaubt und belebt.*

gläubige Polemik, in jüngerer Zeit aber auch ein evangelischer Kirchenhistoriker die kuriose These auf, Luther habe sein ihn erleichterndes Erlebnis wohl wirklich auf dem stillen Örtchen gehabt – nach mittelalterlicher Tradition der Ort der

Geister und Teufel. Tatsächlich erlebte und verstand Luther das Ende von Phasen körperlichen Unwohlseins, wie etwa von Verstopfungen, als eine Art Befreiung, die auch sein Denken beflügelte. Auf einer theologischen Ebene aber bezeichnete er seine grundlegende reformatorische Erkenntnis als Ausgang aus der Hölle und Aufstieg in den Himmel.

Wir könnten heute auch sagen: Luther hat den Sinn seines Lebens gefunden. Sein persönliches Erleben hat er dann zur Erfahrung des Christseins überhaupt verallgemeinert, wie er in dem bis heute gesungenen Kirchenlied formulierte: »Nun freut euch, liebe Christengmein ...«.

Nun freut euch, liebe Christengmein,
und lasst uns fröhlich springen,
dass wir getrost und all in ein
mit Lust und Liebe singen,
was Gott an uns gewendet hat
und seine süße Wundertat;
gar teur hat er's erworben.
Dem Teufel ich gefangen lag,
im Tod war ich verloren;
mein Sünd mich quälte Nacht und Tag,
darin ich war geboren ...
Da jammert Gott in Ewigkeit
mein Elend übermaßen;
er dacht an sein Barmherzigkeit,
er wollt mir helfen lassen ...
Er sprach zu seinem lieben Sohn:
die Zeit ist hier zurbarmen,
fahr hin, meins Herzens werte Kron
und sei das Heil dem Armen
  und hilf ihm aus der Sünden Not,
erwürg für ihn den bittern Tod
und lass ihn mit dir leben.

Wider des Ablasspredigers freche Worte
95 Thesen und ihre Folgen (1517–1520)

Bis heute feiern protestantische Christen den 31. Oktober 1517 als Gründungsdatum ihrer Konfession. Und obwohl dem Fest mit Halloween eine ernst zu nehmende Konkurrenz erwachsen ist, hat es sich doch bis in die Gegenwart zumindest in lutherischen Ländern behauptet und kann gar auf eine gewisse Renaissance stolz sein. In den neuen Bundesländern ist das Reformationsfest ein gesetzlicher Feiertag.

Trotz dieser über ein halbes Jahrtausend währenden Bedeutung scheint es erstaunlicherweise bis heute nicht hundertprozentig klar, was an diesem 31. Oktober 1517 wirklich geschah. Die Historienmalerei des 19. Jahrhunderts wusste es genau: Da steht ein ernster Mönch aufrecht an der Tür der Schlosskirche zu Wittenberg und weist die bass erstaunten Mitbürger mit dem Hammer auf die Thesen hin, die er eben an diese Tür genagelt hat. Und einem protestantischen Kirchenhistoriker des frühen 20. Jahrhunderts war anscheinend noch Genaueres bekannt: Vor seinem inneren Auge sah er Luther, »mittags kurz vor zwölf Uhr nur von seinem Famulus geleitet«, Wittenbergs Hauptstraße vom Schwarzen Kloster zur Schlosskirche pilgern, um dort seine Thesen anzuschlagen. Da musste es umso schockierender wirken, dass in der zweiten Hälfte desselben Jahrhunderts ein katholischer Kirchenhistoriker mit der These aufwartete,

Abb. 18: *Eric Tills Lutherfilm von 2003 mit Joseph Fiennes in der Hauptrolle (und Uwe Ochsenknecht als Papst Leo X. sowie Peter Ustinov als Luthers Landesherr Friedrich der Weise) zeigt die Reformation als Abenteuer mit einem zerrissenen Helden. Die Szene mit dem Thesenanschlag weist darauf hin, dass der öffentliche Aushang von Diskussionsthesen eine Modeerscheinung der Zeit war.*

den Thesenanschlag habe es nie gegeben – er sei ein Produkt blühender Fantasie.

Bis heute ist der Streit nicht verstummt. Beide Seiten haben durchaus ihre Gründe. Die Sache mit dem Thesenanschlag ist erstaunlich spät verbürgt: Luthers Mitstreiter Philipp Melanchthon hat sie im Nachhinein erst aufgebracht, 1546 in seiner Vorrede zum zweiten Band der lateinischen Schriften Luthers, bereits nach dessen Tod. So die eine Seite. Die andere weist darauf hin, dass solche Thesenanschläge übliche universitäre Praxis waren. Auffallend in dieser Auseinandersetzung ist, dass protestantische Kirchenhistoriker eher zur Anerkennung des Thesenanschlags neigen, während katholische oder auch allgemeine Historiker deutlich mehr Skepsis an den Tag legen und hier häufig eine schöne Legendenbildung vermuten. Wie dem auch sei, einig sind sich beide Seiten, dass an diesem Tag Luther seine 95 Thesen erstellt hatte und zuerst an seinen vorgesetzten Bischof sowie an Kardinal Albrecht von Brandenburg und in den folgenden Tagen auch an zahlreiche andere Männer aus dem Bereich von Kirche und Universität versandte (und sie vielleicht in diesem Zusammenhang dann doch auch an die Kirchentüre als Art »Schwarzem Brett« der Universität anschlug).

> 27. Die predigen Menschentand, die da vorgeben, sobald der Groschen im Kasten klinge, führe die Seele von Stund an aus dem Fegefeuer.
> 71. Wer wider die Wahrheit des päpstlichen Ablasses redet, der sei verflucht und vermaledeit!
> 72. Wer aber wider des Ablasspredigers mutwillige und freche Worte Sorge trägt oder sich bekümmert, der sei gesegnet.
>
> Aus Luthers 95 Thesen zum Ablass

Die Thesen waren lateinisch verfasst. Luther wollte eine Diskussion unter den Gelehrten und hohen Geistlichen anstoßen. Und dies ist ihm überraschend gut gelungen, mehr wohl, als ihm selbst zuerst lieb war. Die schwelende Kirchenkritik explodierte. Innerhalb von vierzehn Tagen verbreiteten sich die bald auch ins Deutsche übersetzten Thesen im ganzen Land, »als wären die Engel selbst Botenläufer«, und machten den bis dahin unbekannten Luther schlagartig zu einer Berühmtheit. Das hieß, »gegen den Himmel anzustürmen und die Welt in Brand zu setzen«. Er erschrak vor der eigenen Courage: »Das Lied wollte meiner Stimme zu hoch werden.« Wohlgemerkt, die Thesen richteten sich nicht gegen den Ablass – Luthers Landesherr hatte und behielt zeitlebens einen ablasswirksamen Reliquienschatz –, nur gegen seinen Missbrauch.

Das »Lied« seines Kampfes hatte er aus Sorge um den Ernst des Glaubens angestimmt. Als Beichtvater erlebte Luther, wie seine Beichtkinder ins benachbarte Halberstadter Gebiet liefen und dort beim umherziehenden Dominikanermönch Johannes Tetzel (um 1465–1519) mit klingender Münze Ablass für ihre Sünden kaufen konnten, Buße und Reue hin oder her. Tetzel hat die immer aggressiver werdende Ablasswerbung auf die Spitze getrieben. Sein Ablass sei so wirksam, dass er – einmal ganz drastisch gesprochen – selbst einen Vergewaltiger der Gottesmutter und Jungfrau Maria von seiner Missetat reinwaschen könne. Tetzel treibe es einfach zu toll, urteilte Luther, den eigenen Protest gegen den Ablass beinahe entschuldigend. Im Volksmund aber ging die Geschichte um: Ein paar clevere Diebe hätten dem Ablassprediger die für einen Raubüberfall angemessene Entschädigung in den Kasten gelegt, dieses Geld samt dem restlichen im Kasten bei dem anschließend tatsächlich verübten Überfall vor den Toren der Stadt aber ohne jegliches Risiko für das eigene Seelenheil wieder abgenommen. Man machte sich also über Tetzel und seine groben Vorstellungen lustig – und kaufte sicherheitshalber trotzdem.

Luther aber schrieb seine Thesen. Und regierte damit in die hohe Kirchenpolitik hinein. Markgraf Albrecht II. von Bran-

Von der Stelle, wo der Herr Jesus geboren ist, vier Partikel …; von der Milch der Jungfrau Maria, fünf Partikel …; von der Stelle, wo der Herr Jesus beschnitten wurde, eine Partikel …
Summe aller Partikel: 5005. Für jede Partikel 100 Tage Ablass. Selig sind, die daran teilhaben.

Aus dem »Verzeichnis des hochlobwürdigen Heiligtums (= Reliquienschatzes) der Stiftskirche Allerheiligen zu Wittenberg«, Besitz von Luthers Landesherr Friedrich dem Weisen

denburg (1490–1545), Bischof von Magdeburg, Administrator des Bistums Halberstadt, zudem Erzbischof von Mainz und damit zugleich als Kurfürst und Erzkanzler des Reichs hinter dem Kaiser der zweitmächtigste Mann des Reichs, musste für die unerlaubte Ämterhäufung von drei Bistümern die wahnwitzige Gegenleistung von 29 000 Gulden nach Rom überweisen, die ihm Jakob Fugger vorgestreckt hatte. Das Geld, das Tetzel auftrieb, floss zur einen Hälfte zur Begleichung von Albrechts Schulden in die Hände der Fugger, zur anderen direkt nach Rom, insbesondere für den Neubau des Petersdoms. Luther ahnte: Die Wahrheit ist für manche »in der Kasse sehr schädlich«.

Sobald das Geld im Kasten klingt, die Seele in den Himmel springt.
Eine These des Ablasspredigers Johann Tetzel, zugleich ein legendärer Spruch

Luther will also mit seinen Thesen den Ablass nicht abschaffen. Er ist für ihn aber nur mit der rechten Gesinnung hilfreich. Gott will, dass unser ganzes Leben eine Buße sei, lautet denn auch die erste These. Darin aber liegt Sprengstoff, denn hieraus lässt sich später das kirchliche Bußsakrament infrage stellen. In den folgenden Thesen nimmt Luther in einer Art Rollendiskussion die Argumente von Kirchen- und Papstkritikern auf: Soll der Papst, »der heutzutage reicher ist als die reichsten Leute«, doch lieber mit dem eigenen, im Überfluss vorhandenen Geld als mit dem der armen Gläubigen die Peterskirche neu bauen lassen (These 86). Und ironisch stellt er die Frage, ob denn im Fegefeuer alle Seelen selbst mit einem Freikauf einverstanden wären. Man wisse zumindest um die Weigerung der Heiligen Severin und Paschalis, sich auf einen solchen Kuhhandel einzulassen (These 29).

Die Thesen ebenso wie die bald folgenden Erläuterungen (»Resolutionen«) waren lateinisch verfasst, die Schrift »Ein Sermon von Ablass und Gnade« (1518) aber auf Deutsch als volkstümliches Gegenstück für die einfachen Gemeindeglieder, mit mindestens sechzehn Auflagen bereits im Jahr des Erscheinens ein erster reformatorischer Bestseller.

Die folgenden gut drei Jahre zeigen eine erstaunliche Dynamik und führen bis zur Jahreswende 1520/21 zu grundlegenden Weiterentwicklungen, auf zwei Ebenen: Zum einen wird aus dem Protest gegen einen einzelnen Missstand eine zunehmend grundsätzlichere Kritik an der Kirche, die umgekehrt Luther letztendlich zum Ketzer stempelt; zum anderen hat der Reformator die innere Kraft, eine eigene, fundierte und pointierte Theologie auszuarbeiten und dabei vom schlichten Professor für Theologie an einer randständigen deutschen Universität innerhalb kürzester Zeit zum bedeutendsten Theologen Deutschlands und zu einer der ganz großen Gestalten der Kirchengeschichte aufzusteigen.

Gerade ist solcher Ablasshandel wieder ganz aktuell, zumindest für jene Menschen, die allzu oft am Himmel unterwegs sind. Um den Schaden wieder zu beheben, den sie mit ihrer Fliegerei dem Klima zufügen, bedienen sich immer mehr von ihnen der Organisation atmosfair. Für einen Hin- und Rückflug von Frankfurt nach New York (je 6248 km) empfiehlt der Emissionsrechner des Unternehmens eine Ablasszahlung von 81 Euro – an atmosfair. So viel soll es nämlich kosten, die mit dem Flug verursachten Emissionen von 4000 Kilogramm CO_2 mit Klimaschutzprojekten wieder einzusparen.

Aus einer Tageszeitung im frühen 21. Jahrhundert

Im Frühjahr 1518 verantwortet Luther seine Auffassung mit einer Thesenreihe beim Kapitel seines Ordens in Heidelberg. Zu Beginn des Sommers ist der kirchliche Ketzerprozess gegen ihn offiziell eingeleitet. Im Herbst verhört ihn der päpstliche Legat Kardinal Cajetan am Rande des Reichstags in Augsburg. Auf der Reise steht er Todesängste durch: »Jetzt muss ich sterben.« Er hat den Scheiterhaufen vor Augen und macht sich Vorwürfe: »Ach, was für eine Schande werde ich meinen lieben Eltern sein!« Im Anschluss appelliert er zu seinem Schutz an ein Konzil und lässt die Appellationsurkunde juristisch beglaubigen.

Eine große Disputation findet im Sommer des folgenden Jahres 1519 statt zwischen dem Ingolstädter Theologen Johannes Eck (1486–1543) auf der einen Seite und Luther und seinem Wittenberger Kollegen und Mitstreiter Andreas Bodenstein, genannt Karlstadt (um 1480–1541), auf der anderen. Jetzt stellt Luther nicht nur die Autorität des Papstes infrage, sondern verteidigt auch manche Sätze des Ketzers Johannes Hus. Unter Hinweis auf dessen Verurteilung durch das Konzil in Konstanz kommt er zu der Behauptung: »Auch Konzilien können irren!« Was den ebenfalls anwesenden Cajetan zu der entsetzten Notiz veranlasst: »Das bedeutet eine neue Kirche bauen.«

Luther hat sich sehr weit, vielleicht zu weit vorgewagt. Seine Kritik rüttelt an den Fundamenten der Kirche. Doch im selben Jahr lässt der Papst im Kontext der anstehenden Kaiserwahl Luthers Landesherrn Friedrich von Sachsen über seinen Gesandten Karl von Miltitz die Tugendrose überbringen und unterbreitet ihm das Angebot, einen Kandidaten seiner Wahl zum Kardinal zu erheben, was – unausgesprochen – auch an Luther denken lässt ...

Doch es soll anders kommen: Luther wie sein Landesherr bleiben eigensinnig, ja halsstarrig, und so führt der Ketzerprozess im Sommer 1520 zur Bannandrohungsbulle (»Exsurge Domine«) von Papst Leo X. gegen Luther, die drastisch formuliert: »Leo, Bischof, Diener der Diener Gottes zu ewigem Gedächtnis der Sache ... Erhebe dich, o Herr (Exsurge Domine), und verschaffe deiner Sache Recht ... Diesen deinen Weinberg, die Kirche, will ein Wildschwein aus dem Walde verderben, und ein außerordentlich wildes Tier frisst ihn kahl!« Prompt folgt darauf der Gegenkommentar des Ritters, Humanisten und Lutheranhängers Ulrich von Hutten: »Genau das tust du, mein lieber Zehnter! Du bist der wilde Löwe (leo), und darum haben wir uns entschieden, gegen dich zu kämpfen ... Wenn du aus den Deutschen dauernd Geld herauspresst, so

> *Die Kirche kann was, is was, und der alte Luther, nu der war schon ganz gewiss was, weil er ehrlich war und für seine Sache sterben wollte. Nahe dran war er. Eigentlich kommt's doch immer bloß darauf an, dass einer sagt, »dafür sterb ich«. Und es dann aber auch tut. Für was, is beinah gleich. Dass man überhaupt so was kann, wie sich opfern, das ist das Große. Kirchlich mag es ja falsch sein, was ich da so sage; aber was sie jetzt »sittlich« nennen, so bloß auf das hin angesehen, da is das persönliche Sicheinsetzen und Für-was-sterben-können und -wollen doch das Höchste. Mehr kann der Mensch nich.*
>
> Der (alte) Stechlin in Theodor Fontanes gleichnamigem Roman aus dem Jahr 1897 (Buchausgabe 1899)

verhältst du dich so, dass du ein größerer Betrüger zu sein scheinst als jedes Füchslein.«

In der Schrift »Von dem Papsttum zu Rom« kontert der vom Bann Bedrohte, dass die Christenheit nicht vom Papst, sondern allein von Jesus Christus regiert wird. Endgültig und unwiderruflich aber wirft Luther der Kirche den Fehdehandschuh hin, als er zu der Überzeugung kommt, der Papst als Amtsträger sei der Antichrist, der endzeitliche Gegner und Widersacher des wahren Christentums. Gemeinsam mit Kollegen und Studenten verbrennt er die päpstliche Bannandrohungsbulle und weitere Schriften der römischen Kirche am 10. Dezember öffentlich vor dem Elstertor Wittenbergs. Die Szene ist unter dem Schlagwort »Luther verbrennt die Bannandrohungsbulle« rasch weithin bekannt geworden.

Luther hat wie in den 1500 Jahren vor ihm keiner einen unmittelbaren existenziellen Zugang zu der so bald nicht mehr ursprünglich verstandenen Rechtfertigungslehre des Apostels Paulus gefunden. Und diese Wiederentdeckung der ursprünglichen paulinischen Rechtfertigungsbotschaft unter den Verschiebungen und Verschüttungen, den Verkleisterungen und Übermalungen von anderthalb Jahrtausenden ist eine erstaunliche, ist eine ungeheure theologische Leistung. Schon von daher legt sich eine formelle Rehabilitierung Luthers und eine Aufhebung der Exkommunikation durch Rom nahe.

Der von Rom mit einem Lehrverbot belegte Theologe Hans Küng 1996 in einem Beitrag mit dem Titel »Was Katholiken in Sachen Luther zuzugeben haben«

Die Ausfertigung der endgültigen Bannbulle Roms am 3. Januar 1521 ist die logische Konsequenz. Der Mönch Martin Luther, vom Papst in der Bannandrohungsbulle als »wilder Eber« und »Bestie« tituliert, wird aus der römischen Kirche ausgeschlossen. Fortan gilt er als Ketzer.

»Er hat einen Igel an mir gefunden zu käuen«, kontert Luther und zeigt sich ein Leben lang gegenüber diesem hohen Herren absolut widerborstig. Seinem Hauptgegner, dem Papst, und seinen Anhängern, den »Romanisten« oder »Papisten«, gilt die Mehrzahl seiner Streitschriften. Die römische Kirche ist für ihn eine »Teufelshure«. Womit er den Nagel möglicherweise genauer auf den Kopf trifft, als er denkt. Bösen Gerüchten zufolge sollen in bestimmten Stadtbezirken der Heiligen Stadt bis zu einem Drittel der Frauen käuflich gewesen sein.

Die innere Weiterentwicklung Luthers in dieser Zeit macht bereits seine Namensänderung äußerlich sichtbar. Seit den Ablassthesen wandelt »Luder« seinen Familiennamen um in »Luther« und bezeichnet sich damit als »den Befreiten« (von griech. »eleutherius«). In den Heidelberger Thesen von 1518 – die theologisch weitaus bedeutsamer sind als die von 1517 und wohl die bedeutsamsten in jener an Thesen wahrlich nicht armen Zeit – trägt Luther seinen Mönchsbrüdern und einer ganzen Generation von andächtig lauschenden jungen Theologiestudenten die Grundzüge seiner neuen Theologie öffentlich vor. Es ist eine Theologie, die mit dem Grunddatum allen christlichen Glaubens, dem Kreuz, radikal ernst macht: »In Jesus Christus dem Gekreuzigten ist die wahre Theologie und Gotteserkenntnis.« Und daraus ableitet: Hierin allein liegt Heil und Rettung des Menschen, nicht in seinem eigenen Wollen und Handeln. Pointiert kann Luther dann formulieren, dass menschliche Werke (also auch gute!)

1520: DIE DREI REFORMATORISCHEN HAUPTSCHRIFTEN

In der auf Deutsch verfassten **»Adelsschrift«** ruft Luther die weltlichen Herren zur Reform der Kirche auf. Dies begründet er mit dem Gedanken des »Priestertums aller Gläubigen«:
»Alle Christen sind wahrhaftig geistlichen Standes ... Denn was aus der Taufe gekrochen ist, das kann sich rühmen, dass es schon zum Priester, Bischof und Papst geweihet sei, obwohl es nicht einem jeglichen ziemt, solch Amt auszuüben.«
In der lateinischen **»Kirchenschrift«** greift Luther die grundlegende Sakramentenlehre der katholischen Kirche an:
»Daraus folgt, wenn wir streng reden wollen, dass es in der Kirche Gottes nur zwei Sakramente gibt: die Taufe und das Brot (= das Abendmahl); denn

»Todsünden« seien. Der Kampf gegen die Auswüchse des Ablasses hat sich gegen jede Werkgerechtigkeit ausgeweitet.

In diesem Geist verfasst Luther im Jahr 1519 drei Abhandlungen zu den kirchlichen Sakramenten der Taufe, des Abendmahls und der Buße. Alle deutet er als Werke Gottes am Menschen, nicht als Leistungen des Menschen zu Gottes Wohlgefallen.

Das Jahr 1520, häufig als »Schlüsseljahr«, »Wunderjahr« oder »Epochenjahr« der Reformation bezeichnet, markiert mit drei zentralen Schriften die Grundpflöcke der reformatorischen Theologie. Bereits die Thesen von 1517 und deren Folgeschriften hatten den bis dahin noch weitgehend unbedeutenden Luther zum großen, bekannten Autor gemacht, für den die Wittenberger Drucker anstelle des vollständigen Namens nur noch die Initialen M. L. beziehungsweise M. L. A. (d. h. Augustiner) verwenden – denn ganz Deutschland und alle Welt weiß ja, wer gemeint ist. 1520 aber erreicht der »Bestsellerautor« Luther den Gipfel seiner Produktivität. Mit 900 Druckseiten, 27 Titeln, insgesamt 270 Auflagen, einer halben Million verkauften Exemplaren stellt er alles vor und neben ihm, ja sogar das bis dahin möglich Scheinende in den Schatten.

allein bei diesen beiden sehen wir das aufgerichtete göttliche Zeichen und die Verheißung der Sündenvergebung.«
In der in zwei Versionen (deutsch und lateinisch) geschriebenen **»Freiheitsschrift«** legt Luther in grundlegender Weise das reformatorische Freiheitsverständnis in einer paradox gehaltenen Doppelthese dar:
»Ein Christenmensch ist ein freier Herr über alle Dinge und niemand untertan. Ein Christenmensch ist ein dienstbarer Knecht aller Dinge und jedermann untertan.«
Die Schrift endet mit dem Schlusssatz, »dass ein Christenmensch lebt nicht in sich selbst, sondern in Christo und seinem Nächsten, in Christo durch den Glauben, im Nächsten durch die Liebe …«

Der absolute Höhepunkt ist die »Adelsschrift«, mit einer innerhalb weniger Tage vergriffenen Erstauflage von 4000 Exemplaren (1000 waren ansonsten schon sehr beachtlich!) und

Abb. 19: *Der kolorierte Holzschnitt von Lucas Cranach d. J. aus dem Jahr 1545 zeigt in einer Karikatur all das, was Luther bei der römischen Kirche bekämpft hat, vorne rechts etwa den Ablassverkauf mit dem Schild: »Weil (= während) der Grosch noch klingt / fähret di Seel in Himel.« Die Preise bei Erzbischof Albrechts Ablasshändlern waren sozial verträglich gestaffelt. Als Gegenleistung für eine Romreise, die eine Generalabsolution brachte, mussten Könige, Fürsten und Bischöfe 25 Mal mehr bezahlen als einfache Handwerker.*

15 Auflagen noch im selben Jahr, *die* reformatorische Erfolgsschrift par excellence. Kein Wunder, setzt Luther sich mit dieser Schrift doch an die Spitze der allerorten überbordenden Kirchenkritik, mit durchaus populistischen Formulierungen, die die finanzielle Ausbeutung Deutschlands durch das Papsttum anprangern: »Nun Welschland (Italien) ausgesogen ist, kommen sie ins deutsche Land, aber sehen wir zu, das deutsche Land soll bald dem welschen gleich werden.«

Wer aber soll Träger der notwendigen grundlegenden Kirchenreform sein, nachdem Kurie und Konzilien dafür nicht mehr infrage kommen? Es bleibt nur die weltliche Obrigkeit. Genau die ruft Luther auf in der Schrift mit dem unförmigen, jedoch zugleich programmatischen Titel »An den christlichen Adel deutscher Nation, von des christlichen Standes

Besserung«. Also Kaiser und Fürsten, die weltlichen Stände, sollen die unhaltbaren geistlichen Zustände reformieren. Das ist eigentlich ein Systembruch! Sind sie denn dazu auch befähigt und berechtigt? Ja, antwortet Luther und formuliert dafür einen höchst brisanten theologischen Gedanken: dass jeder Gläubige im Prinzip Priester sein kann und durch die Taufe eigentlich bereits ist (»Denn wir sind alle aus der Taufe gekrochen!«) – das Prinzip des Priestertums aller Gläubigen. Dies hebelt nun das gegenläufige Prinzip der hierarchischen Überordnung des Priesterstandes über die Laien in der Kirche und damit eine der Grundfesten der römischen Amtskirche tatsächlich aus.

Nichts gegen die Größe Martin Luthers! Er hat nicht nur durch seine gewaltige Bibelübersetzung die deutsche Sprache erst recht geschaffen, die Goethe und Nietzsche dann zur Vollendung führten, er hat auch durch die Sprengung der scholastischen Fesseln und die Erneuerung des Gewissens der Freiheit der Forschung, der Kritik, der philosophischen Spekulation gewaltigen Vorschub geleistet. Indem er die Unmittelbarkeit des Verhältnisses des Menschen zu seinem Gott herstellte, hat er die europäische Demokratie befördert, denn »jedermann sein eigener Priester«, das ist Demokratie.

Thomas Mann im Jahr 1945

Einen Monat später geht Luther gleich noch einen Schritt auf diesem Weg weiter. In der – diesmal auf Latein, also für die Gelehrtenwelt verfassten – Schrift »Über das babylonische Gefängnis der Kirche« (»De Captivitate Babylonica«) reduziert er die Siebenzahl der kirchlichen Sakramente auf nur noch zwei: Taufe und Abendmahl. Denn nur diese beiden sind im Neuen Testament durch Jesus ausdrücklich eingesetzt und haben zugleich ein sichtbares Zeichen: das Wasser der Taufe, Brot und Wein beim Abendmahl. Die Priesterweihe also entfällt, denn ein Geistlicher bleibt ein ganz gewöhnlicher Christenmensch, ebenso der sakramentale Charakter der Ehe, denn die Ehe ist »ein weltlich Ding«. Ganz ähnlich ergeht es den weiteren kirchlichen Sakramenten. Damit ist aber der Christ von vielen überkommenen Vorstellungen, Vorschriften und Verpflichtungen befreit.

Diesen Gedanken nimmt sich die letzte der drei großen Schriften dieses Jahres vor unter dem Titel »Von der Freiheit eines Christenmenschen«. Prägnant formuliert diese Schrift das grundlegende Programm der neuen Theologie. Mit einer höchst interessanten, paradox formulierten Doppelthese: Ein

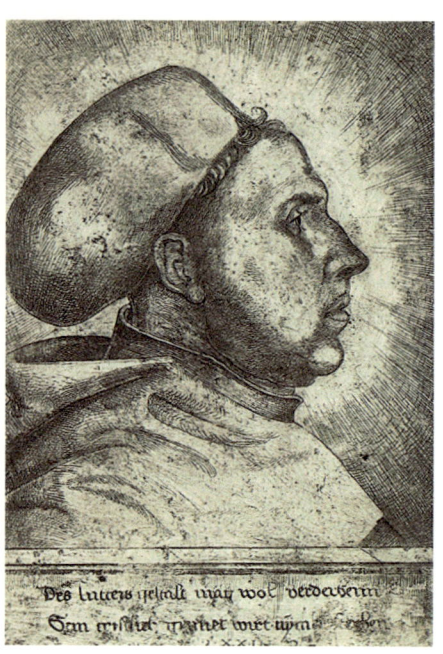

Abb. 20: *Diese Radierung von Daniel Hopfer aus dem Jahr 1523 zeigt den Reformator im Profil, erhaben, wie geprägt, als Gelehrten mit dem Doktorhut. Luther selbst war stolz auf seine Bildung und Gelehrsamkeit:* »Ich wollte aller Welt Gut nicht nehmen für mein Doktorat.« *Bei seiner Promotion zum Doktor der Theologie hatte Luther den üblichen Eid geschworen:* »Ich schwöre öffentlich einen teuren Eid zur Heiligen Schrift und sage zu, sie mein Leben lang zu studieren, zu predigen und den christlichen Glauben mit Disputieren und Schriften wider alle Ketzer zu vertreten, so wahr mir Gott helfe.«

Christ ist zugleich »freier Herr« und »dienstbarer Knecht«. Aufgelöst wird der Widerspruch durch die Unterscheidung einer doppelten Natur des Christen: »Um diese zwei sich widersprechenden Reden von der Freiheit und von der Dienstbarkeit zu verstehen, sollen wir daran denken, dass ein jeglicher Christenmensch von zweierlei Natur ist: geistlicher und leiblicher. Nach der Seele wird er ein geistlicher, neuer, innerlicher Mensch genannt, nach dem Fleisch und Blut wird er ein leiblicher, alter und äußerlicher Mensch genannt.«

Also hat die Medaille zwei Seiten: Der Mensch ist durch Christus befreit, ihm hat er seine innere Freiheit zu verdanken. In seinem äußerlichen Leben aber bleibt er dem Dienst am Nächsten verpflichtet.

Mit dieser – allerdings nicht unproblematischen – Unterscheidung von »innerem« und »äußerem« Menschen will Luther aber weniger eine »Natur« des Menschen charakterisieren als vielmehr seine Verhältnisse, Beziehungen, Rollen in unterschiedlichen Systemen, in seinem Dasein vor Gott und in seinem Auftrag in der Welt.

Damit ist aber auch eine Rang- und Reihenfolge festgelegt: Zuerst und grundlegend ist die Befreiung des Menschen durch Christus; dann erst und als Konsequenz, nicht als Ursache des Ersteren folgen die guten Werke des Christen. Für diesen zentralen Gedanken gebraucht Luther ein Bild. Nur ein guter Baum bringt gute Früchte – gute Früchte, an einen schlechten Baum gehängt, verändern diesen nicht im Geringsten.

Insbesondere die »Kirchenschrift« rief eine Welle heftiger Kritik hervor: Erasmus meinte, nun sei Luthers Sache kaum mehr zu retten. Die theologische Fakultät der Universität Paris stellte das Werk seiner Irrtümer wegen auf eine Stufe mit dem Koran. Der englische König Heinrich VIII. verfasste eine flammende Gegenschrift, wofür ihn der Papst mit dem Ehrentitel »Verteidiger des Glaubens« belohnte – nicht ahnend, dass der auf diese Weise Geehrte einmal eine eigene, von der Reformation beeinflusste Kirche begründen würde, die Anglikanische Kirche von England.

Das Spannungsverhältnis zwischen geschenkter Freiheit und notwendiger Bindung bestimmt nach Luthers Überzeugung den Standort des Christen gegenüber Gott und den Mitmenschen. Es wirkt über das kirchliche Leben hinaus und liegt auch dem Verständnis des Menschen zugrunde, wie es im Grundgesetz der Bundesrepublik Deutschland niedergelegt ist.

Dahinter steht die Erkenntnis, dass der Gemeinschaftsbezug untrennbar zur Natur der menschlichen Person gehört. Das Prinzip der Personalität und die Beachtung des Gebotes der Solidarität sind nicht voneinander zu trennen. Wer die Spannung zwischen dem unverfügbaren Eigenwert des Individuums und seinem notwendigen Sozialbezug aufzulösen versucht, gerät in eine fatale Alternative: Entweder macht er den Menschen zum Opfer eines orientierungslosen Individualismus, der in die Isolierung führt, oder zum bloßen Objekt, das dem vermeintlichen Wohl eines Kollektivs zu dienen hat.

Der ehemalige Bundeskanzler der Bundesrepublik Deutschland, Helmut Kohl, mit römisch-katholischer Konfession

Hier stehe ich und kann nicht anders …
Worms und Wartburg (1521–1522)

Anfang des Jahres 1521, nach dem kirchlichen Bann gegen Luther am 3. Januar, drängt die päpstliche Seite auf Auslieferung des notorischen Ketzers. Der päpstliche Nuntius Aleander warnt – weitsichtig genug – vor einer Kirchenspaltung wie bei der Trennung der orthodoxen Christenheit vom römischen Westen. »Ganz Deutschland ist in hellem Aufruhr«, schreibt er im Februar 1521 an den Papst. »Für neun Zehntel ist das Feldgeschrei ›Luther‹, für die übrigen, falls ihnen Luther gleichgültig ist, wenigstens ›Tod der Römischen Kurie‹, und jedermann verlangt nach einem Konzil.«

Doch Kurfürst Friedrich taktiert und antwortet ausweichend: Auch er missbillige, wenn Luther über den Papst anders schreibe, als es sich für einen Theologen gehöre. Dies rechtfertige im Moment aber nicht die Auslieferung »seines« Professors nach Rom. Aleander hält den Kurfürsten fortan für ein »fettes Murmeltier mit den Augen eines Hundes, mit denen er niemals einem Menschen gerade ins Gesicht sieht«, und wünscht ihm, er möge sich das Genick brechen.

An der kirchlichen Front hat Luther also erst einmal Ruhe. Doch gefährliches Ungemach droht ihm von anderer Seite, nämlich von der hohen Politik. Ein notorischer Ketzer in seinem Reich, das kann den Kaiser, der sich als Hüter des christlichen Abendlandes versteht, nicht kaltlassen.

Abb. 21: *Luthers Auftritt auf dem Reichstag in Worms im April 1521, ein absoluter Höhepunkt der Kirchen-, ja der Weltgeschichte, ist häufig dargestellt worden. Das Gemälde von Paul Thumann aus dem Jahr 1872 zeigt im Vordergrund den Reformator als Heroen, überlebensgroß, aufrecht stehend, mit ausgebreiteten Armen und furchtlosen, weit geöffneten Augen. Er überragt den im Hintergrund sitzenden Kaiser. Die Blicke der Würdenträger des Reichs sind auf ihn gerichtet.*

1519 hatte eine brisante Kaiserwahl stattgefunden. Nach dem Tod Maximilians I. stand sein Enkel Karl zur Debatte, zugleich aber auch dessen Erzrivale, der König von Frankreich, Franz I., der Karl augenzwinkernd schrieb: »Sire, wir werben um dieselbe Dame!« Und es gesellte sich Luthers Landesherr Friedrich der Weise hinzu, der sich als mächtigster weltlicher Fürst im Reich ebenfalls gute Chancen ausrechnete. Die Wahl entschied dann das Geld. Wie im Falle Erzbischof Albrechts schoss Jakob Fugger der Reiche diesmal Karl die mit einer halben Million Goldgulden gigantische Summe vor, die dieser als »Handgelder« brauchte, um sich die notwendigen Stimmen zu sichern.

Bestechung und Abhängigkeit hin oder her, man scheint über die Wahl Karls V. in Deutschland anfangs recht zufrieden gewesen zu sein. Der Kaiser aber lädt den Ketzer zu seinem ersten Reichstag in Deutschland nach Worms, wo er ihn anhören und ihm die Gelegenheit zum Widerruf geben will. Sollte er aber wider Erwarten hartnäckig bleiben, wird er mit der Reichsacht, also mit der staatlichen Höchststrafe belegt. Und er gibt ihm die Zusage freien Geleits für die Reise nach Worms und zurück.

Diese Reise, die nach Luthers Empfinden ins Ungewisse, ja vielleicht gar in den Tod führt, gerät zu einem unbeschreibbaren Triumphzug. In allen Flecken, Dörfern und Städten, durch die Luther kommt, säumen Menschen den Weg, um den mutigen Rebellen mit eigenen Augen zu sehen. Erfurt, seine frühere Universität, empfängt ihn mit großem Aufgebot, der Rektor an der Spitze. Luther predigt über Gottes Gnade und sagt scheinbar nebenbei: »Ich weiß wohl, dass man's nicht gerne hört. Dennoch will ich die Wahrheit sagen und muss es tun, und sollte es mich zwanzig Hälse kosten ...« Die Legende will, dass ächzende Geräusche der überfüllten Holzempore eine Panik unter den Gottesdienstbesuchern auslösen, die Luther aber geistesgegenwärtig mit dem Hinweis beruhigt, dies seien nur Gaukelspiele des Teufels. Im Nachhinein versichert er seinem Landesherrn brieflich seinen festen Vorsatz, dem Kaiser in Worms Rede und Antwort zu stehen:

Und »wenn ich gewusst hätte, dass so viele Teufel auf mich gelauert hätten, als Ziegel auf den Dächern sind, so wäre ich dennoch mitten unter sie gesprungen mit Freuden ...«

Bei seinem Einzug in Worms am 16. April erwarten Luther aber keine Teufel, sondern jubelnde Menschenmengen, wie damals bei Jesu Einzug in Jerusalem. 2000 Schaulustige sollen es gewesen sein, die Zahl einer mittelgroßen Stadt. Luther ist der Volksheld der Epoche. Jetzt steht ein fundamentaler Wendepunkt der Kirchengeschichte bevor, zugleich ein Höhepunkt der Weltgeschichte.

Die Szene avanciert zu einem beliebten Motiv der bildenden Kunst: der kleine Mönch Auge in Auge mit dem mächtigsten Mann der Welt, vor den Großen des Reichs, den Kurfürsten und Kardinälen mit ihren »roten Hütchen«. In den Darstellungen pflegt dabei Luther den Kaiser mitunter zu überragen: entweder dadurch, dass nur er steht, oder durch seine Dominanz. Die Wirklichkeit jedoch muss anders gewesen sein. Den Anwesenden erscheint Luther bei seinem Auftritt vor dem Reichstag am 17. April eher schüchtern, unsicher, ängstlich. Kein Wunder, ist das politische Parkett dem gelehrten Mönch doch vollständig fremd. Seine Welt sind Kirche und Universität. Die Situation scheint ihn denn auch überfordert zu haben. Auf das Ansinnen, er solle seine Schriften widerrufen, bittet er um Aufschub, den man ihm großzügig gewährt.

Am folgenden Tag aber hat er seine Sicherheit wiedergefunden. An diesem 18. April hält er vor dem Reichstag eine Ansprache, die als eine der ganz großen öffentlichen Reden in die Weltgeschichte eingeht. Luther teilt seine Schriften in verschiedene Kategorien. Den scharfen Ton seiner Streitschriften bittet er zu entschuldigen, hinsichtlich der theologischen Erkenntnisse aber beruft er sich auf sein Gewissen und die Heilige Schrift, denen er unbedingt folgen müsse. Nein, so leid es ihm tue, selbst wenn er wolle, er könne gar nicht widerrufen! »Wenn ich nicht durch Zeugnisse der Heiligen Schrift oder einen einleuchtenden Vernunftgrund überzeugt werde – denn weder dem Papst noch den Konzilien allein glaube ich, da es feststeht, dass sie häufig geirrt und sich selbst widersprochen haben – so bleibe ich an die von mir angeführten Schriftworte gebunden. Und solange mein Gewissen gefangen ist von den Worten Gottes, kann und will ich nichts widerrufen, weil es gefährlich und unmöglich ist, etwas gegen das Gewissen zu tun.« So Luthers Resümee.

Ich sehe das protestantische Prinzip sehr deutlich vor mir. Es lautet: Zeige bei allem, was du tust, als ein vor Gott gerechtfertigter Mensch Courage, Courage gegenüber den großen »Hansen« in der Welt und gegenüber den großen und kleinen »Päpsten« in der Kirche. Der entscheidende reformatorische Satz lautet: Wir haben den Glauben an die Autorität durch die Autorität des Glaubens ersetzt. Dieser Satz ist nie widerlegbar und darum Dank an Martin Luther.

Walter Jens, geb. 1923, emiritierter Professor für Philologie und Rhetorik in Tübingen

Das selbstbewusste Schlusswort, das bald zum geflügelten Wort aufsteigt, ist in den originalen Reichstagsprotokollen nicht zu finden: »Hier stehe ich. Ich kann nicht anders.« Doch einen Stoßseufzer hat er wohl gesprochen, wie übrigens auch am Ende seiner Predigten und wie ein Landsknecht vor der Schlacht: »Gott helfe mir. Amen.«

Angesichts dieser Halsstarrigkeit nimmt sich auch der Kaiser Zeit für eine Antwort. Am folgenden Tag dann lässt er eine flammende Rede zur Verteidigung der kirchlichen Tradition und zu seinem eigenen Verständnis als Hüter des christlichen Abendlandes verlesen. Er erklärt Luther zum notorischen Ketzer, gleichwohl halte er sich an seine Zusage des freien Geleits.

Im Rückblick auf das Geschehen in Worms bekennt Karl gegen Ende seines Lebens: »Es wäre ein Irrtum, die Ketzer nicht zu verbrennen, wie ich irrte, als ich den Luther nicht umbrachte. Ich irrte, denn ich wäre nicht verpflichtet gewesen, mein Wort zu halten, da ja der Ketzer gegen einen größeren Herrn sündigt, der Gott allein ist; allein ich habe ihn nicht getötet, und so wuchs dieser Irrtum ins Ungeheuerliche.«

Der Reformator hat also Zeit, sich in Sicherheit zu bringen. Erst im Mai wird über Luther die kaiserliche Acht verhängt. Für beinahe dreieinhalb Jahrzehnte, das heißt eine ganze Generation über, sollte der Kampf um die Durchführung dieses Wormser Edikts die Politik in Deutschland entscheidend mitbestimmen. Letztendlich wird es dann doch kassiert. Aber das ahnt zu diesem Zeitpunkt noch niemand. Jetzt ist es erst einmal höchstes kaiserliches Recht.

Das Wormser Edikt besteht aus drei Teilen. Zuerst einmal wird über Luther persönlich, sodann über alle seine Anhänger die Reichsacht verhängt.

»Da nun die Sache dermaßen verlaufen ist und Martin Luther so ganz verhärtet und verkehrt in seinen offenkundigen ketzerischen Auffassungen verharrt, haben Wir zu ewigem Gedächtnis festgesetzt, dass Ihr den erwähnten Martin Luther als ein von Gottes Kirche abgesondertes Glied und einen verstockten Schismatiker (Zertrenner) und offenbaren Ketzer von Uns und Euch allen und jedem einzeln anzusehen und zu halten erkennt und erklärt und dies kraft dieses Schreibens bewusst in die Tat umsetzt. Und weiter gebieten Wir Euch allen und jedem Einzelnen bei seinen Pflichten, dass ihr den vorgenannten Martin Luther nicht in Euer Haus aufnehmt, nicht bei Hofe empfangt, ihm weder zu essen noch zu trinken gebt, ihn nicht versteckt, ihm nicht mit Worten oder Werken heimlich noch öffentlich irgendeine Hilfe, Anhängerschaft, Beistand oder Vorschub erweiset, sondern sofern Ihr ihm beikommen, ihn ergreifen und seiner mächtig werden könnt, ihn gefangen nehmt und uns wohlbewahrt zusendet.«

Luther und seine Getreuen leben fortan in der Gefahr, entweder sofort umgebracht oder den kaiserlichen Schergen übergeben zu werden.

Die Begründung lautet, Luther sei ein gesetzloser Geselle, der den Abfall vom christlichen Glauben und den Aufruhr gegen die christliche Obrigkeit lehre. Der dritte Abschnitt droht allen, die zur Verbreitung von Luthers Schriften beitragen, eine Art Pressezensur. Die Obrigkeit weiß sehr wohl, welche Wirkungen und Gefährdungen von den neuen Massenkommunikationsmitteln Flugblatt, Flugschrift und Buch ausgehen können, und versucht, die neuen Medien selbst in Dienst zu nehmen und zu steuern.

Schleunigst begibt sich Luther auf die Heimreise. Da aber, Anfang Mai 1521, verschwindet er urplötzlich von der Bildfläche. In ganz Deutschland glaubt man, der vom Papst Gebannte, vom Kaiser mit der Acht Bedrohte sei bereits tot. Der Maler Albrecht Dürer, ein früher Anhänger Luthers in Nürnberg, klagt in seinem Tagebuch: »O Gott, ist Luther tot, wer wird uns hinfort das heilige Evangelium so klar vortragen! Ach Gott, was hätte er uns noch in zehn oder zwanzig Jahren schreiben mögen! O ihr alle frommen Christenmenschen, helft mir fleißig beweinen diesen gottgeistigen Menschen …«

Der Verfolgte, wie vom Erdboden Verschluckte aber lebt, in luftigen Höhen, »in der Region der Vögel«, wie er schreibt, in geheimer »Schutzhaft« auf Deutschlands berühmtester Burg, der Wartburg, an deren Fuß in Eisenach er einstmals eine Zeit lang die Schule besuchte.

Der Überfall, der eine Entführung vortäuschte, war zu seinem Wohl arrangiert und zum Schutz seines Landesherrn, der nun auf jede höhere Forderung, den Ketzer auszuliefern, mit

DAS GESCHICK DES WORMSER EDIKTS IM VERLAUF DER REFORMATIONSZEIT

Die Auseinandersetzungen um das Wormser Edikt stellten einen wichtigen Faktor der Politik im deutschen Reich der Reformationszeit dar:
Im Mai 1521 verhängt das **Wormser Edikt** über Luther und seine Anhänger die Reichsacht.
Die beiden **Reichstage von Nürnberg** (1523) und **Speyer** (1526) erklären die Durchführung des Wormser Edikts für aufgeschoben.
Der zweite **Reichstag von Speyer** (1529) und der **Reichstag von Augsburg** (1530) setzen das Wormser Edikt wieder in Kraft und verfügen seine Durchsetzung.
Der **Nürnberger** sowie der **Frankfurter Religionsfriede** (»Anstand«) von 1532 und 1539 gestehen den Protestanten bis zu einem Konzil die freie Religionsausübung zu.

den Schultern zucken kann: Luther? Keine Ahnung! – Doch ist es noch derselbe mutige Mann, der dort im Geheimen als Gefangener sein Dasein fristet?

Bereits äußerlich hat er sich völlig verändert, wie zu einem schlechten Schauspiel mit einem »Reitergewand« als Ritter, »Junker Jörg« genannt, verkleidet, mit lang wachsendem Bart und Haar, sodass ihn selbst die engsten Freunde schwerlich mehr erkennen könnten.

Doch auch innerlich ist er ein anderer geworden. Schwer zu schaffen machen ihm heftige körperliche und seelische Verstimmungen. Anfechtungen dringen auf ihn ein, geplagt ist er von Verstopfungen, Schlafstörungen, Depressionen. »Ich habe oft erfahren, dass ich eben dann, wenn ich einsam gewesen, in große, schwere Anfechtung, Verzweiflung usw. gefallen bin.« Er ringt mit dem Teufel, der die ganze Nacht über Nüsse an die Decke schnellt, wie er im Rückblick klagt.

Der Wurf mit dem Tintenfass gehört zwar ins Reich der Legende, doch mag er ein Körnchen Wahrheit enthalten. Denn

Nachdem Kaiser Karl V. die Protestanten im **Schmalkaldischen Krieg** (1546/47) mit militärischen Mitteln besiegt hat, bestimmt das **Augsburger Interim** (1548), dass die Protestanten bis auf einige Zugeständnisse zum alten Glauben zurückkehren.
Der **Augsburger Religionsfriede** anerkennt 1555 die gleichberechtigte Existenz zweier Konfessionen in Deutschland.
Nach dem verheerenden **Dreißigjährigen Krieg** (1618–1648) zwischen Katholischen und Protestanten anerkennt der **Friede von Münster und Osnabrück**, auch **Westfälischer Friede** genannt (1648), die Existenz dreier Konfessionen in Deutschland (Römisch-Katholische, Lutheraner und Reformierte) und beendet damit die militärische bzw. politische Auseinandersetzung um die Religionsfrage endgültig.

Luther »vertrieb den Teufel mit Tinte«, wie er es später selbst formuliert. Er unterzieht sich einer Arbeitstherapie. Die geistige und literarische Produktivität, die er im weiteren Verlauf,

Abb. 22: *Der 1522 entstandene Holzschnitt von Lucas Cranach zeigt Luther als verkleideten Adligen während seiner Zeit auf der Wartburg, geadelt zum »Junker Jörg«. Das Bild weist zugleich darauf hin, dass die Reformation und der Reformator auch für den niederen Adel, das Rittertum, eine attraktive Hoffnung darboten, mit der Durchführung kirchlicher, politischer und gesellschaftlicher Reformen wieder an Bedeutung gewinnen zu können.*

LUTHER-SEHENSWÜRDIGKEITEN
AUF DER WARTBURG UND IN EISENACH

Auf einer der bedeutendsten Burgen in Deutschland, der **Wartburg** oberhalb von Eisenach, soll einst der sagenhafte mittelalterliche Sängerwettstreit stattgefunden haben. Später lebte hier die heilige Elisabeth, Landgräfin von Thüringen. Noch heute ist in der Wartburg die **Lutherstube** zu besichtigen. Der Reformator wohnte darin inkognito circa zehn Monate von Anfang Mai 1521 bis Anfang März 1522. Die heutige Gestalt erhielt die Wartburg durch umfangreiche Umbau- und Renovierungsarbeiten im 19. Jahrhundert. (www.wartburg-eisenach.de)

vor allem gegen Ende seines Aufenthalts auf der Wartburg an den Tag legt, ist sogar für seine Verhältnisse verblüffend.

Ein wichtiger Schritt ist seine dann auch veröffentlichte Absage an die Mönchsgelübde. Beigefügt hat er einen Brief an den Vater, in dem er ihm einerseits recht gibt für seinen Zorn über den Klostereintritt des Sohnes und sich für seinen Ungehorsam entschuldigt. Andererseits aber verweist er darauf, dass er nicht einfach zu ihm und zur kindlichen Unterordnung zurückkehrt: »Ein Mächtigerer als Du« hat mich aus diesem elenden Mönchsstand herausgeholt, so seine Begründung.

Die größte Leistung dieser Zeit aber ist, dass Luther Anfang 1522 in nur wenigen Wochen das Neue Testament ins Deutsche übersetzt.

Später geht er mit seinem Kollegen und Mitstreiter Philipp Melanchthon, der seit 1518 an der Wittenberger Universität Griechisch lehrt, den Text noch einmal durch.

Im September 1522 erscheint das Werk dann pünktlich zur Leipziger Messe in 3000 Exemplaren (»Septembertestament«) und ist in wenigen Wochen vergriffen. In einem Jahr kommt es zu einem Dutzend Nachdrucken, innerhalb gut eines Jahrzehnts zu 85 Auflagen, in eineinhalb Jahrzehnten werden 200 000 Exemplare verkauft: das Neue Testament, Grund-

---

Das **Lutherhaus** in *Eisenach* ist eines der ältesten erhaltenen Fachwerkhäuser der Stadt. Der Überlieferung nach soll Martin Luther während seiner Eisenacher Schulzeit (1498 bis 1501) hier gelebt haben. Heute als **Luthergedenkstätte** ausgebaut. Zeigt Leben und Werk des Reformators mit den Schwerpunkten Bibelübersetzung und Wirkung im Bereich der Bildung. (www.lutherhaus-eisenach.de)

dokument der Christenheit, als Bestseller. Der Kaufpreis von anderthalb Gulden bedeutet zwar in der Regel immer noch den Verdienst mehrerer Wochen, doch liegt er weit unter den 20 Gulden für ältere Prachtausgaben oder gar 500 Gulden für eine handschriftliche Version.

> Das Wort Evangelium ist griechisch und heißt auf Deutsch: »eine fröhliche Botschaft«, darum, dass darinnen verkündigt wird die heilsame Lehre des Lebens von göttlichen Zusagungen und angeboten wird die Gnade und Vergebung der Sünde.
>
> Luther in einer Evangelienpredigt aus dem Jahr 1522

Der erzwungene Rückzug hat sich mehr als gelohnt. Luther ist es gelungen, eine Bibel fürs Volk zu schaffen.

Illustriert wird das Werk mit Bildern aus der Cranach-Werkstatt. Das »Tier, das aus dem Abgrund aufsteigt« aus der Offenbarung des Johannes, also der Antichrist, ist als Drache mit der päpstlichen Krone (Tiara) dargestellt. Diese Provokation verursacht einen Riesenskandal im Reich. In der nächsten Ausgabe ist die Krone wegretuschiert, sie taucht aber in späteren Auflagen wieder auf. Damit wird ganz Deutschland vor Augen geführt: Luther steht im endzeitlichen, apokalyptischen Kampf gegen den Papst, gegen den Antichristen, die Inkarnation des Bösen.

Ich habe alle Bauern erschlagen
Reformatoren und Revolutionäre (1522–1525)

Der endzeitliche Kampf gegen den antichristlichen Papst aber bleibt nicht der einzige, den Luther führt. Es baut sich eine zweite Front auf, keine gerade, auf den ersten Blick eindeutige wie gegen die Altgläubigen, vielmehr eine zerfaserte, aufgesplitterte, ausgefranste. Sie ist schwer überschaubar und darum besonders gefährlich, obendrein heimtückisch, denn diese Gegner erstehen im eigenen Lager und geben sich zunächst als Freunde aus, zumindest als Anhänger. Nun aber gehen sie eigene Wege, wenn auch nur in ganz bestimmten Fragen. Der Reformator hat die von ihm entfachte Bewegung nicht mehr im Griff.

Luther bekämpft alle, die wie er die Rechtfertigungslehre vertreten, aber in theologischen Fragen anders denken oder radikalere Konsequenzen aus der Befreiungsbotschaft ziehen als er. Pauschal bezeichnet er sie als »himmlische Propheten«, »Enthusiasten« und »Fanatiker«, auch als »Schwärmer«, ein Wort, das das »Wirre« und »Chaotische« dieser wie Bienen allerorten ausschwärmenden Andersgesinnten anzeigen soll, oder, falls sie soziale Forderungen erheben, als »Rottengeister« und »Aufrührer«. Es steht für ihn fest, dass gegen solche Geister, durch die er sein Werk bedroht sieht, mit allen Mitteln Widerstand geleistet werden muss. Zuerst einmal mit friedlichen.

Abb. 23: *Der Künstler Werner Tübke (1929–2004), Professor in Leipzig, schuf zwischen 1976 und 1987 für das Bauernkriegsdenkmal bei Bad Frankenhausen ein riesiges Rundgemälde (123 x 14 m) mit 75 Einzelszenen und 3000 Figuren.*

Am 9. März 1522 steht der Verschwundene denn auch wieder auf der Kanzel der Stadtkirche zu Wittenberg und liest seiner Gemeinde eine Woche lang Tag für Tag in den sogenannten »Invokavitpredigten« die Leviten. Er, der mutige Rebell, hätte damals in Worms wohl ein munteres »Spiel anrichten«, das heißt einen Aufstand und Bürgerkrieg anzetteln können. Luther präsentiert sich als mächtiger Gegenspieler der Herrschenden: »Wenn ich mit Ungestüm hätte vorgehen wollen, wollte ich das deutsche Land in ein großes Blutvergießen gebracht haben, ja ich wollte wohl zu Worms ein Spiel angerichtet haben, dass der Kaiser nicht sicher gewesen wäre.«

Doch er, Luther, habe den gewaltlosen Weg gewählt, ganz im Vertrauen auf Gottes Wort. »Ich habe allein das Wort Gottes getrieben, gepredigt und geschrieben, sonst habe ich nichts getan.« Und dieses Wort Gottes allein habe den Kampf gegen das Papsttum geführt und dieses entscheidend geschwächt, während er gemeinsam mit seinem Mitstreiter Philipp Melanchthon in aller Ruhe »wittenbergisch« Bier getrunken habe. So viel zur Unterscheidung von Reformation und Revolution.

Über deinem Rühmen möchte einer wohl entschlafen vor deiner unsinnigen Torheit. Dass du zu Worms vorm Reich gestanden bist, Dank hab der deutsche Adel, dem du das Maul also wohlbestrichen hast und Honig gegeben, denn er wähnte nicht anders, als du würdest mit deinem Predigen Geschenke geben, Klöster und Stifte, welche du jetzt den Fürsten verheißest. So du zu Worms hättest gewankt, wärst du eher vom Adel erstochen worden denn losgegeben, das weiß doch ein jeder ... Wer sich auf deine Schalkheit nicht verstünde, schwüre wohl bei den Heiligen, du wärst ein frommer Martin. Schlafe sanft, liebes Fleisch!

Thomas Müntzer 1524 in einer Kampfschrift, der »Hochverursachten Schutzrede«, in der er Luther vorwarf, als Fürstenknecht den evangelischen Landesherren durch Einzug des Kirchengutes zu Geld und Macht zu verhelfen

Was aber war in der Zwischenzeit geschehen? Andreas Karlstadt und ein paar aus Zwickau zugereiste reformatorisch Gesinnte führten um die Jahreswende 1521/22 einige praktische Reformen durch: Gottesdienste in deutscher Sprache statt der lateinischen Messe, Abendmahl »in beiderlei Gestalt«, also mit Brot und Wein für alle, schließlich die Entfernung von Bildern aus den Kirchen – alles in geordnete, rechtliche Bahnen geleitet durch eine vom Magistrat beschlossene reformatorische »Ordnung der Stadt Wittenberg«.

Philipp Melanchthon war sich in der Beurteilung dieser Neuerungen unsicher und schwankte unentschieden zwischen Anerkennung und Ablehnung. Die Rede von den »Wittenberger Unruhen« und vom »Bildersturm«, mitunter gar von »Anarchie« in der Literatur klingt allerdings leicht übertrieben. Freilich gab es Kräfte, die das Wort »Reformation« ein wenig praktischer, etwas tatkräftiger verstanden als Luther. Gegen den ausdrücklichen Willen seines Kurfürsten, der ihn lieber weiterhin in »Schutzhaft« gesehen hätte, kehrte Luther nach Wittenberg zurück und gebot diesen Kräften Einhalt.

Gelungen ist dies durch eine dreifache Strategie: zuerst einmal durch eigene, allerdings sehr vorsichtige praktische Reformen; dann durch die Ausarbeitung einer theoretischen Konzeption zum Verhalten des Christen in der Welt; und schließlich durch den mit überaus scharfer Feder geführten Kampf gegen die radikaleren Kräfte, die plötzlich allerorten aus dem Boden schossen, gegen die »Schwärmer«, »Rottengeister« und »Aufrührer«.

Diese drei Aufgaben prägen die nächsten dreieinhalb Jahre bis Mitte 1525.

Obwohl sich Luther, wie erwähnt, bereits auf der Wartburg vom Mönchtum losgesagt und die Gelübde für nichtig erklärt hatte, wird er die Mönchskutte erst 1524 ablegen. Nach der Rückkehr von der Wartburg hält er den Gottesdienst zunächst wieder mit geweihten Gewändern, mit Gesang und allen gewöhnlichen Zeremonien auf Lateinisch, mit Rücksicht auf die »Schwachen«, die an praktischen Reformen Anstoß nehmen könnten. Für ihn ist diese Rücksicht ein Akt der Nächstenliebe, die unabdingbar aus dem Glauben folgt: »Denn ohne diese Liebe ist der Glaube nicht.« Ganz an erster Stelle steht für ihn die evangelische Predigt. Die weitere Gottesdienst- und Gemeindereform aber kommt nur langsam und zögerlich in Gang. Sie wird, abgesehen von einigen wenigen Neuerungen, eigentlich erst in der zweiten Hälfte der zwanziger Jahre erfolgen. Luther bewahrt lange Zeit größte Zurückhaltung gegenüber äußeren Reformen.

In das Jahr 1523 fällt die Veröffentlichung eines bedeutsamen und folgenreichen theoretischen Werkes, in dem Luther das Verhalten des Christen in der Welt beziehungsweise das Verhältnis von Kirche und Staat theologisch zu bestimmen sucht, kurz »Obrigkeitsschrift« genannt.

> Ist sonderlich einer, der Erzteufel Thomas Müntzer, so in Schafskleidern dahergeht. Ist aber inwendig ein reißender Wolf und will nur Mord und Aufruhr und Blutvergießen anrichten.
>
> Martin Luther
> über Thomas Müntzer

Der gesamte Titel »Von weltlicher Obrigkeit, wie weit man ihr Gehorsam schuldig sei« deutet das erste wichtige Anliegen Luthers schon an. Die weltliche Obrigkeit, der Staat, darf in Glaubensfragen in keiner Weise hineinregieren. Hier herrscht allein, ganz allein die Freiheit des Wortes Gottes, die befreiende Botschaft des Evangeliums. Keine Macht der Welt darf den Christen in Glaubensfragen Vorschriften machen. Die Reformation ist vor Verfolgung geschützt. Die andere Seite aber ist die: Auch ein Christ lebt in der Welt. Er hat sich hier an die weltlichen Ordnungen zu halten, die ebenso wie die geistlichen von Gott stammen, also im Kern gut sind, bewahren sie doch die Welt davor, dass sie im Chaos versinkt. Niemals also wird sich ein Christ gegen diese gottgegebenen und damit guten weltlichen Ordnungen empören. Reformation ist keine Revolution.

Man hat diese Lehre Luthers von den beiden Reichen – besser: Regimenten – Gottes oftmals als konservativ charakterisiert oder kritisiert. Diese Kritik ist sicherlich berechtigt. Stellt man diese Aussagen aber in den historischen Kontext, zeigen sie auch ein anderes Gesicht: das Element der Glaubensfreiheit und das Anliegen der Erhaltung einer Friedensordnung, die ja eben erst mit der Abschaffung der Fehde und dem staatlichen Gewaltmonopol im Ewigen Landfrieden von 1495 angestrebt und aufgerichtet wurde. Was wäre – so darf man doch immerhin fragen – in Deutschland wohl geschehen, wenn jeder, der seinen eigenen Glauben verbreiten oder verteidigen wollte, gleich zu den Waffen gegriffen hätte?

Denn man konnte den neuen, reformatorischen Glauben auch anders, erstaunlich vielfältig verstehen. Das wollte allerdings in den Kopf des großen Querdenkers nicht hinein, der in einem absolut schlichten, holzschnittartig schwarzweiß geprägten Freund-Feind-Schema gefangen blieb. Jeder Andersdenkende war für ihn ein Feind. Selbst wenn er sich weiter als Luther selbst vom alten Glauben entfernt hatte, galt er dem Reformator kurz und bündig als ein »Papist«, im Grunde als ein vom Teufel Besessener. Jede Auseinandersetzung in Glaubensfragen bedeutete für ihn ein geistliches Ringen auf Leben und Tod.

Hört Bruder Mastschwein, hört Gevatter Leisetritt! Hört den Stocknarr, Basilisk, Erzheiden – den tückischen Kolkraben, Schelm, das giftige Würmlein mit seiner beschissenen Demut! Hast du das Recht um deiner Suppen willen verkauft?

Thomas Müntzer über Martin Luther

In diesem Sinne nimmt Luther den Kampf gegen die »Abweichler« in den eigenen Reihen auf. Die radikaleren Reformatoren werden aus Wittenberg und aus ganz Kursachsen verdrängt. Entweder sie gehen freiwillig oder sie werden vertrieben. Luther ist wieder Herr im eigenen Haus.

Eine weitere Versuchung trat bereits etwas früher an ihn heran in Gestalt eines Ritters: Franz von Sickingen (1481–1523) ersetzte schon 1521 auf seiner Ebernburg die tägliche Messe durch einen sonntäglichen Gemeindegottesdienst mit evangelischer Predigt. Er beherbergte den ebenfalls evangelisch gesinnten ritterlichen Humanisten Ulrich von Hutten (1488–1523) und bot auch dem damaligen »Junker Jörg« gleichsam von Kollege zu Kollege Quartier an und Schutz. Doch Luther lehnte dankend ab. Mit einer Reformation oder gar Revolution der Ritter wollte er nichts zu schaffen haben.

Nachträglich sieht er sich bestätigt. Die durch die Ausbreitung der Geldwirtschaft, die Abschaffung der Fehde sowie das Aufkommen der Söldnerheere in Existenznöte gedrängten Ritter greifen zu nicht unproblematischen Mitteln. Noch gut christlich gibt sich die im Jahr 1522 von 600 Rittern unter Führung Sickingens in Landau gegründete »brüderliche

Vereinigung«. Dann aber beginnt Sickingen eine nach dem Reichsrecht verbotene Fehde gegen den Trierer Erzbischof. Sie scheitert kläglich. Sickingen wird bei der Belagerung seiner Burg 1523 tödlich verwundet. Weitere Strafexpeditionen der Gegenseite folgen, vor allem gegen die ehemals starken schwäbischen und fränkischen Ritter, unter ihnen der berühmt-berüchtigte Götz von Berlichingen (um 1480–1562). Sie führen dazu, dass die Ritterschaft als politische Kraft nun innerhalb kürzester Zeit beinahe sang- und klanglos abtritt. Hartnäckig aber hält sich das Gerücht, Luther und seine Reformation trage eine Mitschuld, vielleicht gar die Hauptschuld am letzten Aufbäumen der Ritter.

Das Folgejahr 1524 ist wegen seines Mangels an öffentlichen Großereignissen schon als das »Lektürejahr der Reformationsgeschichte« bezeichnet worden. Man liest und studiert, freilich liest und versteht man auf sehr verschiedene Weise, weshalb man unterschiedliche, ja gegensätzliche Schlüsse zieht.

Doch es ist eine trügerische Ruhe, gärt es doch unter der Oberfläche. Zuerst kommt es in Waldshut in der Grafschaft Stühlingen zu Bauernunruhen, andere Orte treten hinzu, die Bewegung breitet sich aus. Der Höhepunkt des sogenannten »Bauernkriegs«, der ersten Revolution in Deutschland, fällt ins Frühjahr 1525. Dieses Jahr wird zu einem entscheidenden Höhe-, eher Tief-, jedenfalls Wendepunkt sowohl für die deutsche Geschichte als auch für Luther persönlich wie für die reformatorische Bewegung insgesamt.

Der Niedergang des Rittertums im ausgehenden Mittelalter hatte den niederen Adel zur Erhöhung der Dienstpflichten und zum Abdrängen der Bauern in größere Abhängigkeit verleitet. Als Folge davon häuften sich Bauernerhebungen bereits im 15. Jahrhundert.

Am Vorabend der Reformation kamen Stadtunruhen hinzu, durch wachsende Steuerlasten, steigende Preise und die anschwellende städtische Armut. Zu den Bauern, die sich dann 1524/25 am Oberrhein und in Oberschwaben, im Elsass und in Württemberg, in Franken und Thüringen erheben,

Reformatoren und Revolutionäre (1522–1525)

stoßen mancherorts auch die unteren Schichten der ländlich geprägten Städte hinzu, allen voran Tuchgesellen und Bergknappen.

Alle sozialen Forderungen sind religiös formuliert und unterfüttert:

»Der dritte Artikel. Drittens ist es bisher Brauch gewesen, dass sie uns als ihre Leibeigenen gehalten haben, was zum Erbarmen ist, wenn man bedenkt, dass uns Christus alle mit seinem kostbaren Blut erlöst und erkauft hat, den Hirten ebenso wie den Höchsten, keinen ausgenommen. Darum ergibt sich aus der Schrift, dass wir frei sind und sein wollen. Nicht, dass wir ganz frei sein und keine Obrigkeit haben wollen (Röm 13,1 ff.) ...«, so einer von zwölf Artikeln der Bauernschaft in Schwaben vom März 1525.

Die Herren sammelten sich und huben an zu tagen, Da sprachen die Bauern: Wir wollen die Herren zwacken. Die Herren zogen heim, ihnen fing an zu grausen. Da sprachen die Bauern: Die Herren wolln wir lausen.

Lied, das im Volk umging

Luther als öffentliche Autorität fühlt sich berufen, zu den Vorgängen in verschiedenen Veröffentlichungen Stellung zu nehmen. Anfänglich äußert er Verständnis für die Anliegen der Bauern, mahnt aber zur Mäßigung, vor allem aber zur säuberlichen Scheidung von geistlicher Freiheit und weltlicher, gottgegebener Leibeigenschaft. In seiner Antwortschrift vom April/Mai 1525, der »Ermahnung zum Frieden auf die zwölf Artikel der Bauernschaft in Schwaben«, heißt es:

»Auf den dritten Artikel:

›Es soll kein Leibeigener sein, weil uns Christus alle befreit hat.‹ Was ist das? Das heißt christliche Freiheit ganz fleischlich machen. Haben nicht Abraham und andere Patriarchen und Propheten auch Leibeigene gehabt? Lest Paulus, was er von den Knechten, welche zu der Zeit alle leibeigen waren, lehrt. Deshalb ist dieser Artikel direkt gegen das Evangelium und räuberisch, womit ein jeglicher seinen Leib, der (leib-)eigen geworden ist, seinem Herrn nimmt. Denn ein Leibeigener kann wohl ein Christ sein und christliche Freiheit haben,

Abb. 24: *Eine der Szenen auf Werner Tübkes Bauernkriegsgemälde stellt die Schlacht von Bad Frankenhausen dar, bei der Mitte Mai etwa 6000 Bauern niedergemetzelt wurden. Thomas Müntzer, Gegenspieler Luthers und Anführer der thüringischen Bauern, steht würdevoll, aber auch resigniert in der Bildmitte. Rechts spielt der Tod den Dudelsack, die Trommler um Müntzer schlagen den Takt und dirigieren den Totentanz, links vorne und im Hintergrund ist die Schlacht in vollem Gange.*

gleichwie ein Gefangener oder Kranker Christ und doch nicht frei ist.«

Nach der Rückkehr von einer Reise ins thüringische Aufstandsgebiet aber ruft er in einer Erweiterung der zweiten Auflage seiner Bauernschrift in vollkommen maßlosen, zutiefst erschreckenden Worten die Obrigkeiten dazu auf, die Aufständischen ohne Gnade und Erbarmen wie tolle Hunde niederzumetzeln. Denn wer sie nicht schlage, werde von ihnen geschlagen und das ganze Land dazu. Die Niederwerfung des Aufstands gerät zum Gottesdienst. »Solche wunderlichen Zeiten sind jetzt, dass ein Fürst den Himmel mit Blutvergießen verdienen kann, besser als andere mit Beten.« Über seiner Ablehnung jeden Aufstandes gegen die von Gott eingesetzte Obrigkeit scheint Luther nicht nur jedes Maß, sondern auch die Grundlagen seiner eigenen Theologie vergessen zu haben: sich durch ein Werk den Himmel zu verdienen – eine Unmöglichkeit, nein, eine Sünde!

Dabei fühlen sich die Bauern, die keineswegs die Obrigkeit abschaffen wollen, mit ihren Forderungen durchaus in Einklang mit reformatorischen Anliegen und biblischen Aussagen. Die erste Forderung der »Zwölf Artikel«, die Ortspfarrer selbst ein- und absetzen zu können, fußt auf einem Vorschlag Luthers, der bereits zwei Jahre zuvor in einem Gutachten erklärt hatte: »Dass einer christlichen Versammlung oder Gemeinde Recht und Macht zustehe, alle Lehre zu beurteilen und Lehrer zu berufen, ein- und abzusetzen.« Und mit der Berufung von Johannes Bugenhagen zum Stadtpfarrer hatten Luther und der Magistrat in Wittenberg dieses Pfarrstellenbesetzungsrecht dann auch gleich praktisch angewandt.

Im Nachhinein scheint den Reformator dann doch das Gewissen geplagt zu haben, wenn er im »Sendbrief von dem harten Büchlein wider die Bauern« vom Juli 1525 seine kompromisslose Haltung theologisch fundierter noch einmal zu rechtfertigen sucht und zugleich die Fürsten zu Nachsicht und Milde gegenüber den nun nicht mehr aufständischen, sondern besiegten Bauern mahnt. Doch ändert dies im Grunde nur noch wenig. Denn zum einen brüstet sich der Reformator weiterhin, er allein habe – wohl wie damals in Worms – heroischen Mut bewiesen, während die hohen Herren aus Angst »so schändlich in die Hosen schissen, dass es noch stinket«. Zum andern aber ist das Gemetzel beim Erscheinen der Schrift bereits längst im Gange, ja eigentlich schon vorüber. Man sagt, dass 100 000 Bauern den Tod fanden, die Verstümmelten, Verarmten und all ihre Familien gar nicht mit eingerechnet. Für andere war der Tod ein einträgliches Geschäft, wie Soldbücher und Henkersrechnungen beweisen:

> *Es ist ihm versprochen worden für jeden, den er mit dem Schwert gerichtet, einen Gulden und für jeden, dem er die Finger abgeschlagen und die Augen ausgestochen, einen halben Gulden.*
> *Das macht in einer Summe:*
> *80 enthauptet*
> *69, denen die Augen ausgestochen*
> *und die Finger abgeschlagen worden*   *114 fl.*
> *Bereits empfangen*   *12 fl.*
> *Rest*   *102 fl.*
> *Dazugetan 2 Monate Sold, jeden Monat 8 fl.*   *16 fl.*
> *Fazit*   *118 fl.*
>
> Aus der Henkerrechnung des Meisters Augustin, der im Auftrag des Markgrafen Casimir von Brandenburg unter den Bauern wütete

Luther selbst aber macht eine andere Rechnung auf: Schuld-, aber auch selbstbewusst schreibt er: »Prediger sind die allergrößten Totschläger. Denn sie ermahnen die Obrigkeit, dass sie entschlossen ihres Amtes walte und die Schädlinge bestrafe. Ich habe im Aufruhr alle Bauern erschlagen; all ihr Blut ist auf meinem Hals. Aber ich schiebe es auf unsern Herrgott; der hat mir befohlen, solches zu reden.«

Im Kampf zwischen Gott und dem Teufel sieht sich Luther eben auf der richtigen Seite, ganz im Gegensatz zu Thomas Müntzer (1489/90–1525), dem Revolutionär unter den Reformatoren. Der Theologe und ehemalige Anhänger, dann aber Erzfeind Luthers führt die thüringischen Bauern am 15. Mai in die entscheidende, wenn auch aussichtslose Schlacht von Frankenhausen und wird anschließend gefangen, gefoltert und nach der Hinrichtung als abschreckendes Beispiel aufgespießt und ausgestellt. »Wer den Müntzer gesehen hat, der hat den Teufel gesehen in seinem höchsten Grimm«, kommentiert Luther dieses Schauspiel theologisch.

Sein Sieg bedeutet jedoch zugleich eine schwere Niederlage, in doppelter Hinsicht. Luther, auf dem die Hoffnungen auf umfassende Reformen in Deutschland ruhten, hat seinen Kredit beim einfachen Volk schlagartig verspielt. Viele reformatorisch Gesinnte äußern sich kritisch, etwa der Bürgermeister von Zwickau: »Die Armen sollen erwürgt werden. Das ist mir unbegreiflich. Ich weiß, wie es in den Städten und Dörfern zugeht, das sei Gott im Himmel geklagt.« Bei seinen Gegnern aber wird der Reformator den Vorwurf nicht los, an der ganzen blutigen Angelegenheit im Grunde schuldig zu sein. Unumwunden formuliert Jakob Fugger in einem Brief: »Und fürwahr so ist Lütter dieser Aufruhr, Empörung und Blutvergießen in teutsch Nacion ein Anfang und Ursacher«.

Müntzer, der wie alle Enthusiasten in geistigen Dingen viel radikaler war als Luther, kann nicht nur den Ruhm für sich in Anspruch nehmen, als Erster eine völlig konsequente deutsche Messe durchgeführt zu haben; er hat auch, wiederum wie alle Utopisten, viel konsequenter als Martin Luther den Versuch gemacht, die Regeln der Bibel in das politische, und das heißt in seinem Falle in das sozialrevolutionäre Gebiet zu übertragen. Man wird ihm auch zugestehen müssen, dass er bis zuletzt dieser seiner Überzeugung treu geblieben ist ... Es ist kein Zweifel, dass Thomas Müntzer, wie alle solche Radikalisten, für den Augenschein die bessere Figur machte als Martin Luther.

Der lutherische Bischof und Lutherbiograf Hanns Lilje im Jahr 1965

Kaum aber ist das große Abschlachten zu Ende, sorgt Luther für eine Überraschung, die nun selbst seine engsten Freunde gerade zu diesem Zeitpunkt zumindest als geschmacklos empfinden. Im Juni 1525 heiratet der nunmehr einundvierzigjährige Reformator die ehemalige Nonne Katharina von Bora.

Philipp Melanchthon, nicht zur Hochzeit geladen, spricht von einer »*unglücklichen Tat*« und fürchtet den Untergang der Reformation.

Abb. 25 und 26: *Martin Luther und seine Frau Katharina von Bora, genannt »Die Lutherin«, zwei Gemälde von Lucas Cranach d. Ä. und seiner Werkstatt von 1528*

Mit ganz anderen Gefühlen berichtet der Kollege und Freund Justus Jonas von der Heirat. Nach der Sitte der Zeit ist er mit dabei, als das Paar am 13. Juni 1525 nach erfolgter Segnung durch den Stadtpfarrer Johannes Bugenhagen am Abend vor ein paar Zeugen das Beilager abhält und damit die Ehe vollzieht: »Luther hat Katharina von Bora zur Frau genommen. Gestern war ich zugegen und sah das Paar auf dem Brautlager liegen. Ich konnte mich nicht enthalten, bei diesem Schauspiel Tränen zu vergießen.« Damit aber begründet der Reformator einen Hausstand, der zu einem neuen Zentrum in Wittenberg wird und später für Jahrhunderte zum Vorbild vieler protestantischer Pfarrergenerationen.

Luther sprach und schrieb häufig sehr respektvoll von seiner Frau. Die Ehe aber betrachtete er auch mit gemischten Gefühlen: »Das erste Jahr der Ehe macht einem Ehemann seltsame Gedanken. Sitzt er am Tisch, so denkt er: Früher warst du allein, jetzt selbander (= zu zweit). Beim Erwachen im Bett sieht er ein paar Zöpfe neben sich liegen, die er früher nicht sah.«

Das von den Gegnern in Umlauf gesetzte Gerücht, Luther

habe heiraten müssen, erweist sich als falsch. Erst ein Jahr später, am 7. Juni 1526, kommt das erste Kind der beiden, der Sohn Johannes, genannt Hänschen, zur Welt. Kein zweiköpfiges Monster, wie der volkstümliche Aberglaube als Frucht der Ehe eines Mönchs mit einer Nonne erwartet, sondern ein gesundes Kind, dieses »Johannes Lütherlein«, auf das der Vater stolz ist.

Ein weiteres wichtiges Ereignis fällt ebenfalls in das Entscheidungsjahr 1525: die endgültige Trennung von Erasmus. Der große Humanist Erasmus von Rotterdam (1466/69–1536) hatte sich ein Jahr zuvor zum freien Willen des Menschen geäußert. Im Vergleich zur Heilstat Gottes ist das, was der Mensch hinzufügen muss, minimal, nahezu vernachlässigbar, aber eben doch vorhanden und auch notwendig. In seinem Werk »Über den freien Willen« (»De libero arbitrio«) von 1524 schreibt er: »Das Auge des Menschen sieht, auch wenn es gesund ist, in der Finsternis nichts, und wenn es erblindet ist, nicht einmal im Licht; so vermag der Wille, auch wenn er frei ist, doch nichts, wenn die Gnade sich zurückzieht, und der, der gesunde Augen hat, kann diese doch, auch wenn Licht hereinfällt, schließen, sodass er nicht sieht, er kann auch die Augen abwenden, sodass er aufhört zu sehen, was er hätte sehen können … Wie gesund auch immer das Auge vor der Sünde war, durch die Sünde wird das Auge geschädigt. Was kann sich einer hier anmaßen, der sieht? Dennoch gibt es etwas, was er sich zuschreiben kann, wenn er die Augen absichtlich schließt oder abwendet.«

Erasmus fasste seine Überlegungen in ein anschauliches Gleichnis: Ein kleines Kind, das noch nicht laufen kann, wird vom Vater auf einen Apfel aufmerksam gemacht, zu ihm hingeführt und mit dem Apfel beschenkt. Es verdankt sich und den Apfel einerseits gänzlich dem Vater. Anderer-

> Käthe, du hast einen frommen Mann, der dich lieb hat, du bist eine Kaiserin. Halte dich also gegen deinen Mann, dass er fröhlich wird, wenn er auf dem Heimweg des Hauses Spitzen sieht.
>
> Martin Luther bei Tisch zu seiner Frau Katharina von Bora

seits aber fügt es doch auch selbst etwas sehr Kleines, doch Entscheidendes hinzu. Es lässt sich vom Vater führen und beschenken.

In der Streitfrage zwischen Erasmus von Rotterdam und Martin Luther geht es nicht um die Möglichkeit, sich in alltäglichen und moralischen Fragen zu entscheiden, vielmehr um die Frage nach dem freien Willen im Blick auf das Seelenheil des Menschen. So hatte Erasmus definiert: »Unter freiem Willen verstehen wir in diesem Zusammenhang das Vermögen des menschlichen Willens, mit dem der Mensch sich dem, was zur ewigen Seligkeit führt, zuwenden oder von ihm abwenden kann.«

Nun aber antwortet ihm Luther in seinem umfassendsten, theologisch wohl bedeutendsten Werk »Über den unfreien Willen« (»De servo arbitrio«) von 1525. Er sieht den Menschen als Sklaven wie einen Spielball in der Hand seines Herrn. Auch Luther greift zu einem Bild, um das Gemeinte zu verdeutlichen: Ein Reittier sucht sich seinen Reiter nicht aus, vielmehr umgekehrt. So entscheidet der Mensch nicht über sein Seelenheil. Vielmehr nimmt ihn entweder der Satan oder Gott in Besitz: »So ist der menschliche Wille in die Mitte gestellt (zwischen Gott und Satan) wie ein Zugtier. Wenn Gott sich darauf gesetzt hat, will er und geht, wohin Gott will … Wenn Satan sich darauf gesetzt hat, will und geht er, wohin Satan will. Und es steht nicht in seiner freien Entscheidung, zu einem von beiden Reitern zu laufen oder ihn sich zu verschaffen zu suchen, sondern die Reiter selbst kämpfen miteinander, ihn zu erlangen und zu besitzen.«

Einen wirklich freien Willen hat allein Gott. Unser menschlicher Wille ist wie unser ganzes Leben bedingt. Und wie um sich selbst die Sache noch einmal klarzumachen, greift Luther zu einem Gedankenexperiment: Gesetzt den Fall, es gäbe die Willensfreiheit in der Frage des Heils tatsächlich, könnte man niemals sicher sein, ob man diesen Spielraum genug genutzt hätte, ob man vor Gott wirklich genug getan hätte fürs eigene Seelenheil. Genau diesen beunruhigenden Restzweifel hatte Luther als Mönch ja jahrelang erlebt, bevor sein befreiendes Turmerlebnis ihm zeigte, dass das Heil ganz göttliches Geschenk ist ohne alles Zutun des Menschen.

Aufgrund seiner Erfahrung und seiner Theologie kann Luther hinsichtlich der menschlichen Willensfreiheit zu gar keinem anderen Schluss kommen ... Und wenn er, folgert Luther im Gedankenexperiment weiter, einen freien Willen angeboten bekäme, er wollte ihn nicht geschenkt bekommen, er müsste den freien Willen aus freien Stücken notwendigerweise ablehnen!

Vom freien Willen weiß der Christ, dass dieser nicht vorhanden ist – zum Guten nämlich! Doch zum Bösen ist er vorhanden stets gewesen.

Anonymer Reim zum »Augsburger Bekenntnis« von 1530

Natürlich bestreitet Luther nicht, dass wir uns im alltäglichen Leben entscheiden können, auch in moralischen Fragen, ob wir etwa eine Untat beziehungsweise eine Straftat begehen oder eben nicht. In der Frage unseres Heils aber besteht diese Freiheit keineswegs. In Luthers Terminologie: Einen freien Willen hat der Mensch »nicht in Dingen, die über, sondern die unter ihm liegen«. Es ist wie bei existenziell bedeutenden Dingen: Wir können uns entscheiden, einen Menschen zu heiraten, nicht aber, ihn zu lieben. Gott lieben zu können würde zudem den Menschen vergöttlichen, diese Liebe muss vollständig ein Geschenk sein.

Luther ist auch in seiner Anthropologie eindeutig, konsequent, ja rigoros. Erasmus aber gilt ihm als »der König der Zweideutigkeiten«, ein »Aal«, den er eigentlich »in die Arena fordern« will, den aber niemand packen kann »als Christus allein«. Umgekehrt stören Erasmus an Luther die derben und deftigen Scherze und Spöttereien, die Schmähsucht und seine Rechthaberei: »Das ist dein Fehler, dass du uns fort und fort deine Auslegung als Gottes Wort aufdrängst.«

Seit 1525 ist die öffentliche Bedeutung Luthers rapide im Schwinden begriffen. Vor allem bei der einfachen Bevölkerung hat er viel Kredit verspielt. Allem Anschein nach hat der Reformator seinen jugendlichen Elan, seine Dynamik eingebüßt und zeigt mehr und mehr seine starre, eigensinnige, rechthaberische Seite. Manche seiner Biografen haben es nicht einmal mehr für nötig befunden, den »müden, erschöpften und enttäuschten Luther« noch ausführlich zu porträtieren (so der französische Lutherbiograf Lucien Febvre).

Doch zeichnet diese Sichtweise ein zu einseitiges Bild. In der Folgezeit arbeitet Luther tatkräftig mit beim Aufbau der kursächsischen evangelischen Landeskirche. Er mischt sich ein in die öffentlichen Debatten und trägt weiterhin Entscheidendes bei zur Ausbreitung der Reformation. Und zahlreiche theologisch wichtige Werke hat Luther bis ins Alter hinein noch verfasst. Daneben aber leider auch manche Pamphlete, die besser nie geschrieben worden wären. Wie während des Bauernkrieges verlor der Reformator besonders in seinem Alterswerk mitunter jedes Maß. Licht und Schatten scheinen bei ihm besonders nah beieinandergelegen zu haben.

> *Mir scheint der Satz »Nicht das Ich, sondern das Gehirn hat entschieden!« korrekt zu sein ... Falls es nun stimmt, dass es nicht das wollende und bewusst erlebende Ich ist, welches die Entscheidung über eine Handlung trifft, wer entscheidet dann tatsächlich?*
>
> Der Bremer Hirnforscher Gerhard Roth in der »Zeitschrift für Philosophie« im Jahr 2004

Was ein jeglicher Christ zur Not wissen soll
Aufbau und Abgrenzung (1525–1529)

Noch im Entscheidungsjahr 1525 stirbt Luthers Landesherr, der zeitlebens ein treues Glied der römischen Kirche geblieben war und eine direkte Begegnung mit Luther mied wie der Teufel das Weihwasser, Kurfürst Friedrich der Weise. Sein jüngerer Bruder und Nachfolger Johann der Beständige, ein auch innerlich überzeugter Anhänger der Reformation, löst die berühmte Reliquiensammlung seines Vorgängers umgehend auf, verkauft die Edelmetalle und wirft den Rest auf den Müll. Erst jetzt kommt es in Kursachsen – immer noch zögerlich – zu einer umfassenden Gottesdienst- und Kirchenreform.

1527 und 1528 finden unter Luthers und Melanchthons Leitung Visitationen in Kursachsen statt, eine Art erste Evaluation über die tatsächliche Verbreitung des neuen Glaubens. Das Ergebnis kommentiert Luther fassungslos und entsetzt. Der »gemeine Mann« insbesondere auf dem Lande weiß »so gar nichts von der christlichen Lehre«, aber ebenso wenig »leider viele Pfarrherrn«. Alle leben dahin »wie das liebe Vieh und die unvernünftigen Säue«.

Nun, so sehr verübeln kann man es den Leuten nicht, dass sie bei den unklaren Verhältnissen und erst langsam in Gang kommenden Veränderungen lan-

Abb. 27: *Auf dem Mittelteil des Altarbildes der Stadtkirche St. Marien von Lucas Cranach d. Ä. ist das Abendmahl dargestellt. An der Brust Jesu sein Lieblingsjünger Johannes, mit der Hand schiebt Jesus dem Verräter Judas, der den Beutel mit dem Blutgeld auf dem Knie hält, einen Bissen in den Mund. Die anderen Jünger unterhalten sich in Zweiergruppen erregt über Jesu Ankündigung, unter ihnen sei ein Verräter. Hier sind viele Männer der Wittenberger Reformation zu sehen. Luther – in Gestalt des Junkers Jörg – wird gerade der Becher gereicht, links neben ihm der Bibeldrucker Hans Lufft.*

ge Zeit eine Mischung aus altem und neuem Glauben praktizieren. Manche beten weiterhin den Rosenkranz oder für Verstorbene. Außer der Rechtfertigungsbotschaft in der Predigt war vom neuen Glauben nur wenig auch nach außen sichtbar umgesetzt worden. Erst im Herbst 1525 hält Luther in der Stadtkirche seine erste deutsche Messe.

> Kannst du Tag und Nacht im Bierkrug sitzen oder sonst mit guten Gesellen schwätzen und plaudern, singen und schreien und wirst nicht müde noch fühlst die Arbeit, so kannst du ja auch eine Stunde in der Kirche sitzen und zuhören, Gott zu Dienst und Gefallen.
>
> Luther in »Die Summe christlichen Lebens« von 1532

Im folgenden Jahr gibt er die »Deutsche Messe und Ordnung des Gottesdiensts« heraus, gedacht aber nur für eine Art »Kerngemeinde«, nämlich für »diejenigen, so mit Ernst Christen sind und das Evangelium mit Hand und Mund bekennen«. Feste Gottesdienstvorgaben für Taufen und Trauungen sowie ein neues Gebet- und Gesangbuch folgen in der zweiten Hälfte der zwanziger Jahre.

Erst jetzt, nach den ersten Visitationen, veröffentlicht der Reformator im Jahr 1529 in zwei Fassungen ein Werk, das nun tatsächlich bis in unsere Gegenwart zu einer festen Grundlage des neuen Glaubens wird: den »Kleinen« und den »Großen Katechismus«. »Katechismus«, so erläutert Luther, ist griechisch und bedeutet »eine Kinderlehre, so ein jeglicher

---

LUTHERS KLEINER (UND GROSSER) KATECHISMUS

Einleitung: Aufruf an die Pfarrer, »den Katechismus in die Menschen, besonders in das junge Volk zu bringen« und ihnen »Wort für Wort« einzuprägen.

1. Hauptstück: Die Zehn Gebote (Zehn Gebote)
2. Hauptstück: Das Glaubensbekenntnis
   (Drei Artikel: Gott – Jesus Christus – Heiliger Geist)

Christ zur Not wissen soll; also, dass wer solches nicht weiß, nicht könnte unter die Christen gezählt und zu keinem Sakrament zugelassen werden.« Jeder Christ soll einen Kernbestand seines Glaubens lernen, glauben und sagen können: die Zehn Gebote, das Glaubensbekenntnis und das Vaterunser. In seinen Erklärungen zum ersten Gebot im »Kleinen« und »Großen Katechismus« sowie im Wittenberger Gesangbuch (alle 1529) verdeutlicht er:

»Das erste Gebot: Du sollst nicht andere Götter haben.

Was ist das?

Antwort: Wir sollen Gott über alle Dinge fürchten, lieben und vertrauen.

Worauf du nun (sage ich) dein Herz hängst und verlässt, das ist eigentlich dein Gott.

Also, dass einen Gott haben nichts anderes ist, denn ihm von Herzen trauen und glauben; wie ich oft gesagt habe, dass allein das Trauen und Glauben des Herzens macht beide, Gott und Abgott.«

Das Aufbauprogramm besteht aus den beiden Sakramenten, der Taufe und dem Abendmahl. Alle fünf Teile versieht Luther mit Erklärungen, die die Aussagen der Bibel in die Erfahrungswelt seiner Zeit übersetzen. Als Methode für den Katechismusunterricht empfiehlt er das Vorsprechen, Nachsagen und Auswendiglernen »von Wort zu Wort«, damit keine der Aussagen »kraus gemacht« und verdreht wird.

3. Hauptstück: Das Vaterunser (Sieben Bitten)
4. Hauptstück: Das Sakrament der heiligen Taufe
          (mit einem Abschnitt zur Beichte)
5. Hauptstück: Das Sakrament des Altars (oder das heilige Abendmahl)
Schlussteil: Anleitungen zum Morgen- und Abend- sowie zum Tischgebet;
Haustafel (Anweisungen zum rechten Verhalten in Kirche, Staat und Familie)

Der »Kleine Katechismus« ist wiederum ein riesiger publizistischer Erfolg. Er erscheint bis zu Luthers Tod in 60 Auflagen und in Übersetzungen ins Lateinische, Dänische,

Abb. 28, 29, 30: *Kurfürsten-Triptychon von Lucas Cranach d. Ä. um 1532. Die drei sächsischen Kurfürsten waren – neben dem Landgrafen Philipp von Hessen – die wichtigsten Träger der Reformation auf der politischen Ebene, können also auch als (politische) Reformatoren bezeichnet werden. Sie waren Wettiner aus der ernestinischen Linie (Sachsen war in dieser Zeit in ein Kurfürstentum und ein Herzogtum geteilt). Friedrich der Weise (links), Kurfürst der frühen Reformationszeit (1486–1525), schützte Luther zwar vorbehaltlos, hielt jedoch zeitlebens zu ihm persönlich wie zu seinen theologischen Anliegen deutlich Distanz. Johann der Beständige (Mitte), der jüngere Bruder und Nachfolger Friedrichs (1525–1532), führte die Reformation auf institutioneller Ebene ein. Sein Sohn und Nachfolger Johann Friedrich I. der Großmütige (1532–1547; rechts), der sozusagen mit Luther aufwuchs, vollendete die Reformation im Kurfürstentum Sachsen.*

Französische, Polnische und Niederländische. Weitere Übersetzungen in andere Sprachen folgen nach dem Tod des Reformators. Der »Große Katechismus« aber lässt sich als Ersatz für eine umfassende systematische Theologie, die Luther niemals schrieb, verstehen. Er ist in erster Linie für die Unterrichtenden gedacht.

Parallel zu den gottesdienstlichen Neuerungen entstehen in der zweiten Hälfte der zwanziger Jahre reformatorische Kirchenordnungen, vor allem in Kursachsen und Hessen.

Gottesdienstordnung und Pfarrerversorgung, Schul- und Armenwesen werden darin geregelt, die neuen Rechtsverhältnisse geklärt. Für Luther ist klar, dass der Landesherr als gottgewollte Obrigkeit hier viel regeln muss – dennoch ist dieser nur eine Notlösung, denn nach der Zwei-Regimenten-Lehre sind ja Staat und Kirche eigentlich voneinander getrennt.

Doch die Konstruktion wird zum Modellfall. In Kursachsen wie dann auch in anderen protestantischen Ländern bildet sich das sogenannte »landesherrliche Kirchenregiment« heraus. Der Landesherr fungiert als oberster Bischof der Kirche. In seinem Auftrag führt ein kirchliches Konsistorium die unmittelbaren Amtsgeschäfte, Visitationskommissionen inspizieren als verlängerter Arm der Obrigkeit die Pfarreien. Man hat dies gelegentlich, wohl nicht ganz zu Unrecht, eine »Reformation von oben« genannt. Die Reformation gewinnt also in der zweiten Hälfte der zwanziger Jahre und in den Dreißigern Gestalt in Form einer eigenständigen Landeskirche im Kurfürstentum Sachsen.

Und sie gewinnt Raum, indem sie sich ausbreitet im Reich, zögerlich zwar, doch immer deutlicher sichtbar. Landgraf Philipp von Hessen, mit Luther seit Langem in engem Briefkontakt, doch zugleich auf Distanz, hat seine ambivalente Haltung in die anschaulichen Worte gefasst: »Predige Luther, so will ich derweil sehen, dass man die Pferde sattle!« Seit 1526 aber bekennt er sich offen zur Reformation. Damit kommt ein zweiter bedeutender Territorialstaat des Reiches offiziell hinzu, weitere, allerdings kleinere Gebiete folgen.

Mit Nürnberg, wo der Maler Abrecht Dürer und der Poet Hans Sachs bereits früh ihre Sympathien für Luther öffentlich bekundeten, tritt neben den territorialstaatlichen ein zweiter Typus von Reformation an die Öffentlichkeit: der von Reichsstädten beziehungsweise von freien Städten. Hier wird die Reform nicht von einem Landesherrn, sondern vom Rat der Stadt, dem städtischen Bürgertum, angeregt und getragen. Diese städtische Oberschicht hatte ein eigenes Selbstbewusstsein entwickelt. Eine freie Stadt sollte ein christliches Staatswesen (»Corpus Christianum«) im Kleinen sein. Wirtschaftliche Macht und humanistische Bildung hatten sich bereits vor Luthers öffentlichem Wirken mit der Kritik an der alten Kirche verbunden. Von den Bürgern gedrängt, schließen

Abb. 31: *Das vom Reformator selbst sowohl gedichtete als auch vertonte Lied »Ein feste Burg ist unser Gott«, im sogenannten Klug'schen Gesangbuch von 1533 aus Wittenberg (Geistliche Lieder aufs Neue gebessert zu Wittenberg)*

sich nun führende Städte vor allem im Südwesten, aber auch in nördlichen Regionen der Reformation an.

Doch trotz dieses Erfolgs in den freien Städten verbleibt die politische Führung der Reformation in Deutschland bei den Landesherren. Die Situation ist allerdings heikel. Das Damoklesschwert des Wormser Edikts schwebt über allen.

Immerhin bilden die reformatorischen Stände nun auch nach außen deutlich sichtbar eine zwar kleine, aber nicht mehr zu übersehende Fraktion in der hohen Politik. 1526 soll zum ersten Reichstag in Speyer das Gefolge des sächsischen Kurfürsten und des hessischen Landgrafen in einheitlicher Kleidung erschienen sein, mit dem Spruch verziert: »Verbum Dei manet in aeternum – das Wort Gottes bleibt in Ewigkeit.« Eine recht offene Regelung zur Durchführung des Wormser Edikts wird denn auch auf diesem Reichstag vereinbart, nämlich »also zu leben, zu regieren und zu halten, wie ein jeder solches gegen Gott und die kaiserliche Majestät hofft und meint verantworten zu können«. Der Reichstag stellt den evangelisch Gesinnten eine Art vorläufigen Freibrief aus – ein erdrutschartiger Sieg für die reformatorische Seite.

Aufbau und Abgrenzung (1525–1529) 103

Ganz anders steht die Sache dann aber drei Jahre später. Nach einem Sieg über Frankreich drängt die kaiserliche Seite auf dem zweiten Reichstag zu Speyer im Jahr 1529 auf

> *Ein feste Burg ist unser Gott, / ein gute Wehr und Waffen.*
> *Er hilft uns frei aus aller Not, / die uns jetzt hat betroffen.*
> *Der alt böse Feind, / mit Ernst er's jetzt meint;*
> *groß Macht und viel List / sein grausam Rüstung ist,*
> *auf Erd' ist nicht seinsgleichen.*
> *Mit unserer Macht ist nichts getan, / wir sind gar bald verloren;*
> *es streit' für uns der rechte Mann, / den Gott hat selbst erkoren.*
> *Fragst du, wer der ist? / Er heißt Jesus Christ,*
> *der Herr Zebaoth, / und ist kein anderer Gott;*
> *das Feld muss er behalten.*
>
> Erste und zweite Strophe von Luthers bekanntestem (Kirchen-)Lied, der Nach- und Neudichtung eines biblischen Psalms (Ps 46), entstanden 1529, in einer Situation der Bedrohung von Reformation und Reformator

die Aufhebung des ersten Speyerer Beschlusses und auf die rigorose Durchführung des Wormser Edikts. Weil die evangelischen Reichsstände dagegen förmlichen Protest einlegen, bürgert sich fortan der Name »Protestanten« ein. Zu den protestierenden Ständen zählen fünf Fürsten, neben dem sächsischen Kurfürsten und dem hessischen Landgrafen drei weitere, wenig bedeutende, und vierzehn Reichsstädte im Süden, neben Nürnberg unter anderem Straßburg und Konstanz. Den Anhängern des neuen Glaubens aber ist klar: Ihre Lage kann sehr rasch kippen.

Im selben Jahr 1529 findet in Marburg, wo Landgraf Philipp von Hessen eine evangelische Universität gegründet hatte, vom 1. bis zum 4. Oktober ein Theologenkongress statt, zu dem sich die Führer der neuen Bewegung zur Beratung einer einzigen umstrittenen Frage versammeln: dem richtigen Verständnis des Abendmahls, genauer: dem Verständnis eines einzigen Wortes mit drei Buchstaben, des Wörtchens »ist«. In der zweiten Hälfte der zwanziger Jahre waren vor allem zwischen Luther und dem Schweizer Reformator der Stadt Zürich, Ulrich Zwingli, bereits einige Streitschriften hin und her gegangen. Luther verstand Jesu Einsetzungsworte zu Brot und Wein beim letzten Mal Jesu mit seinen Jüngern wörtlich: »Dies ist mein Leib« sowie »Dies ist mein Blut«.

Als sie aber aßen, nahm Jesus das Brot, dankte und brach's und gab's den Jüngern und sprach: Nehmet, esset, das ist mein Leib. Und er nahm den Kelch, gab ihnen den und sprach: Trinket alle daraus; das ist mein Blut des Bundes, das vergossen wird für viele zur Vergebung der Sünden.

Der Bericht über das letzte Mahl Jesu mit seinen Jüngern nach dem Matthäus-Evangelium (Mt 26,26–28), der als Vorbild für die Abendmahlsfeiern der lutherischen Kirchen diente

In der Abendmahlsfeier der Gemeinde, in der der Pfarrer diese Worte wiederholt, ist Christus demnach in Brot und Wein mit seinem Leib und Blut wirklich gegenwärtig. Zwingli kalauerte dagegen: »Es müsste dann auch das Brot für uns ans Kreuz gehängt worden sein, wenn es der für uns gekreuzigte Leib wäre.« Er hatte die Reformation in Zürich 1523 in den Spuren Luthers begonnen, schien aber nun eigene Wege zu gehen. Für den humanistisch Gebildeten war das Wörtchen »ist« in einem übertragenen, bildlichen, symbolischen Sinne zu verstehen: Brot und Wein »bedeuten« Leib und Blut, sie weisen darauf hin, sind es aber nicht wirklich.

Vier Tage geht es in Marburg hin und her, die Diskussion ist zuweilen hitzig. Der Landgraf drängt angesichts der po-

---

ABENDMAHLS-VERSTÄNDNISSE DER REFORMATIONSZEIT

Nach der Lehre der **Altgläubigen** (Römisch-Katholischen) wird in der Eucharistiefeier, die den Mittelpunkt jeder Messe darstellt, Jesu Opfertod durch den geweihten Priester nachvollzogen, wobei sich eine stoffliche Wandlung von Brot und Wein in Leib und Blut Christi vollzieht (Transsubstantiation).
Luther lehnte die katholische Messopfer- und Wandlungslehre ab. Doch ist für ihn Jesus Christus in Brot und Wein wirklich anwesend (Realpräsenz). Brot und Wein haben dadurch einen doppelten Charakter.

litischen Situation auf eine Einigung. Obwohl die Schweiz seit dem Jahr vor der Jahrhundertwende nur noch formal zum Reich gehört, faktisch aber weitgehend selbstständig ist, würde eine Einigung zwischen Wittenberger und Schweizer Reformation zweifellos eine Stärkung des Protestantismus bedeuten. Doch während sich Zwingli eine »Freundschaft« trotz der verbleibenden Differenzen vorstellen kann, bleibt Luther hart. In einem Bericht wird die Schlüsselszene in Marburg als kleine Inszenierung beschrieben. Luther zieht bei seinem Schlusswort die Tischdecke weg, sodass der Spruch, den er vorher mit Kreide hingeschrieben hatte, sichtbar wird: »Dies *ist* mein Leib!« Dann soll der Reformator, mit dem Finger auf das Wörtchen »ist« zeigend, die folgenschweren Worte gesprochen haben: »Es reimt sich unser Geist und Euer Geist nicht zusammen, sondern es ist offenbar, dass wir nicht einerlei Geist haben.«

Das Tischtuch ist zerschnitten, die Reformationen in Deutschland und in der Schweiz gehen getrennte Wege. Zwingli aber verliert zwei Jahre später als Feldprediger in einer Schlacht zwischen Altgläubigen und Reformatorischen sein Leben. Die Reformation in der Schweiz kommt dadurch zuerst einmal zum Stillstand, bevor sie sich, Jahre später, von Genf und Johannes Calvin ausgehend, in einer zweiten Welle weltweit verbreitet. Bei Tisch aber kommentiert Luther den

Für **Ulrich Zwingli** ist das Abendmahl eine Erinnerungsfeier, in der Brot und Wein lediglich Hinweiszeichen auf Christi Leiden und Sterben sind.
Philipp Melanchthon betonte die personale Gegenwart Christi im Vollzug des Abendmahls und vertrat damit eine Art Zwischenposition zwischen Luther und Zwingli.
Hinter den heftig geführten Kontroversen, die uns heute reichlich spitzfindig anmuten, verbergen sich tief greifende Unterschiede in der Auffassung von Gott und Wirklichkeit, Glauben und Denken.

Untergang seines ehemaligen Anhängers und späteren Widersachers kurz und bündig: »Zwingli war einmal etwas, aber weder etwas Wahres noch etwas Gutes; so ist's auch nicht mehr da.« Und bei ähnlicher Gelegenheit fügt er mit höhnendem Spott hinzu: »Ich wünschte, dass er selig würde, aber ich fürchte, dass das Gegenteil mit ihm geschah … Hat Gott ihn selig gemacht, so hat er's außer der Regel getan.«

Uns Heutigen fällt es schwer, den damaligen Streit zu verstehen. Wegen eines einzigen Wörtchens trennte man sich nicht in Freundschaft, sondern im Streit. Ist das nicht Haarspalterei? Ist dieser polternde Reformator nicht ein kleinlicher Rechthaber und ein borniter Dickschädel? Obwohl Luther, der mitunter durchaus auch rücksichtsvoll und diplomatisch sein konnte, in der Regel keinem Streit aus dem Wege ging, verweist eine tiefere Analyse des Problems doch auf Fragen grundsätzlicher Natur.

Es geht um das Verständnis von Gott, Glaube und Vernunft. Luthers Gottesglaube war radikal: Gott ist nicht Gott, wenn er mit unserem Verstand, in menschlichen Gedanken oder Worten fassbar wäre. Er müsste sich dann nach unse-

STRÖMUNGEN DER REFORMATION

Neben der Reformation eines Territoriums unter einem Landesherren wie – von Luther und Wittenberg ausgehend – im Kurfürstentum Sachsen gab es viele andere Formen der religiösen Neuorientierung, von denen sich allerdings nur wenige Richtungen behaupten konnten.

- Viele freie (Reichs-)Städte führten auf Beschluss des Rates der Stadt die Reformation ein. Dabei schlossen sie sich entweder der Wittenberger (so etwa Nürnberg) oder der Schweizer Bewegung an oder wählten einen eigenen Weg (wie Straßburg). Diese städtische Form bildete den zweiten Typus der Reformation, der sich neben und mit der territorialen Form auf Dauer halten konnte.
- Unblutige, aber radikalere Reformen in Städten und Gemeinden im Gebiet eines Fürsten wurden meist von diesem zurückgedrängt.

ren Vorstellungen richten, wäre ein Popanz unserer Welt, also ein Abgott. Gott aber ist größer als unsere Vernunft, er kann in Gestalt seines Sohnes selbstverständlich in Brot und Wein mit seinem Fleisch und Blut real präsent sein – alles andere wäre unglaubhaft. Drastisch fasst Luther die Unbegreifbarkeit Gottes in die Worte: »Würde Gott mir befehlen, Mist zu essen, würde ich es tun, denn es ist Gottes Wort.« Worauf Zwingli kontert: Das klinge »recht kindisch«, denn »was Gott gebietet, gebietet er zum Guten und zum Heil. Gott ist wahrhaftig und Licht, er führt nicht in die Finsternis.« Womit er zweifellos recht hat. Und dennoch bleibt die Frage, ob Luther mit seinem Beharren auf der Nichtbegreifbarkeit Gottes mit unserer menschlichen Vernunft nicht das grundlegende Dilemma einer jeden guten Theologie weit tiefgründiger erfasst hat als Zwingli: einerseits vernünftig von Gott reden zu müssen (so die wörtliche Übersetzung des griechischen Begriffes »Theologie«), andererseits dabei aber zu wissen, dass Gott nur dann Gott ist und bleibt, wenn wir Menschen ihn mit unseren Gedanken, Worten und Werken eben nicht fassen können. Dieses wirkliche Dilemma, diese

– Auf dem Land erhofften sich einerseits die Ritter, andererseits die Bauern eine Stärkung ihrer Rechte durch die Besinnung und Berufung auf das Evangelium. Beide nur teilweise gewaltsamen Bewegungen schlugen die Landesherren mit ihrer weit überlegenen Waffengewalt blutig nieder.
– Vor allem aus den einfacheren städtischen Schichten speiste sich die Bewegung der Täufer. Obwohl sie, von einzelnen radikalen Flügeln abgesehen, weitgehend als die »Stillen im Lande« wirkten, wurden die Täufer von den städtischen und territorialen Obrigkeiten ebenfalls blutig verfolgt und bis auf kleinere Reste ausgerottet.
Bei der Verfolgung und weitgehenden Vernichtung der radikaleren Formen der Reformation arbeiteten die altgläubig und evangelisch gesinnten Herren Hand in Hand.

Aporie auszuhalten und nicht vorschnell aufzulösen, ist ein grundlegendes Verdienst von Luthers Gotteslehre. Dahinter kann auch eine neuzeitliche, sich klug und vernünftig gebärdende Theologie nicht zurück.

Und Jesus trat herzu und sprach zu seinen Jüngern: Mir ist gegeben alle Gewalt im Himmel und auf Erden. Darum gehet hin und machet zu Jüngern alle Völker: Taufet sie auf den Namen des Vaters, des Sohnes und des Heiligen Geistes und lehret sie halten alles, was ich euch befohlen habe. Und siehe, ich bin bei euch alle Tage bis an der Welt Ende.

Der Missions- und Taufbefehl des auferstandenen Jesus Christus an seine Jünger nach dem Matthäus-Evangelium (Mt 28,18–20)

Ein weiterer Streit dreht sich um die Taufe. Mit den Papisten und auch mit Zwingli ist sich Luther in der Praxis der Kindertaufe einig. Dies führt zugleich zu einer Volkskirche, denn alle Bürger einer Stadt oder eines Staats sind getauft.

Gegen diese Praxis wendeten sich die Täufer, die aus der Zürcher Reformation um Zwingli hervorgegangen waren. Sie forderten die Erwachsenentaufe aufgrund einer freien Entscheidung für den Glauben. Dies führt zu einer Freiwilligkeitskirche von wahrhaften Christen. Luther aber hält dagegen. Der Glaube ist ein Geschenk der Gnade Gottes. Ich kann ihn nicht auf meine menschliche Entscheidung gründen. Sonst wäre ich niemals sicher, ob ich auch aufrichtig und recht geglaubt hätte. Aus diesem Zweifel heraus aber müsste ich mich immer wieder neu entscheiden und dann taufen lassen.»Ein ewiges Taufen, und kein Aufhören würde daraus. Darum ist's nichts. Es kann weder Täufer noch Täufling die Taufe mit Sicherheit auf den Glauben gründen ...«

Gnadenlos werden in der Folgezeit die Täufer, die eigentlich die »Stillen im Lande« sind, von den Obrigkeiten verfolgt, den altgläubigen wie den reformatorischen. Manchen Schätzungen zufolge ist in den beginnenden dreißiger Jahren jeweils etwa ein Drittel der Bevölkerung in Deutschland papistisch, lutherisch und täuferisch gesinnt. Doch nach der großen Verfolgung bleiben nur noch Reste dieser Bewegung am Leben, meist in der Emigration. Eine spätere Rechtfertigung der blutigen Verfolgung liefert eine Randgruppe der

Täufer selbst. Sie errichtet 1534/35 in Münster ein bizarres, bald niedergeschlagenes »Königreich Zion« nach alttestamentlichem Vorbild, tyrannisch und gewalttätig, mit Viel-

Abb. 32: *Auf dem linken Flügel des Altarbildes der Stadtkirche St. Marien von Lucas Cranach d. Ä. ist das Taufgeschehen als eines der beiden Sakramente der evangelischen Kirche dargestellt. Erstaunlicherweise tauft Melanchthon, der nur den ersten Teil eines Theologiestudiums mit einem niedrigen Abschluss absolviert hatte und keine Funktionen als Pfarrer ausübte. Möglicherweise soll damit ausgedrückt werden, dass in der evangelischen Kirche im Grunde und im Notfall jeder Gläubige die Taufe vollziehen kann (Priestertum aller Gläubigen). Links neben ihm hält der Maler Lucas Cranach selbst die Tücher für den Säugling, ihm zur Seite wohl seine Frau Barbara.*

weiberei und Bigotterie. Jetzt kann Luther bei Tisch mit Recht äußern: »Die Wiedertäufer nur geköpft! Denn sie sind aufrührerisch und lassen nicht ab von ihrem Irrtum.« Hier sieht er politischen Aufruhr am Werk, kein spezifisch religiöses Anliegen. Denn in Glaubensfragen lehnt er ja Gewalt und Unterdrückung grundsätzlich ab: »Ketzerei ist ein geistliches Ding, das kann man mit keinem Eisen hauen, mit keinem Feuer verbrennen, mit keinem Wasser ertränken.«

…dass der Mensch gerecht werde durch den Glauben
Wittenberg und die Welt (1530–1540)

Das Jahr 1530 bringt die Probe aufs Exempel für die Religionsfrage in Deutschland. Der Kaiser, außenpolitisch ausnahmsweise einmal nicht beschäftigt, kommt zum ersten Mal seit Worms, also seit nahezu einem Jahrzehnt, wieder persönlich ins Reich und lädt zu einem Reichstag nach Augsburg. Dort will er neben anderen wichtigen Aufgaben die Religionsfrage nun endgültig lösen und fordert die Protestanten auf, ihren Standpunkt vorzutragen.

Luther, in Worms noch Rebell, jetzt Reformator, darf als Geächteter nicht mehr vor dem Kaiser erscheinen. Die Wormser Szene wiederholt sich also nicht. Philipp Melanchthon übernimmt seinen Part. Luther aber weilt wiederum auf einer Burg, allerdings nicht inkognito wie damals auf der Wartburg. Diesmal nimmt er für beinahe ein halbes Jahr Quartier auf der Coburg, im südlichsten Zipfel kursächsischer Herrschaft. Noch heute ist auf der Veste Coburg die Lutherstube in der Steinernen Kemenate zu besichtigen, in der Martin Luther während des Augsburger Reichstages von April bis Oktober 1530 wieder einmal »in der Region der Vögel« lebte.

Coburg ist für den Geächteten der Augsburg am nächsten gelegene, aber immerhin noch über 200 Kilometer entfernte Punkt. Durch Boten steht er in schneller und engster Verbindung mit dem Weltgeschehen und hält sich so auf dem Laufenden. Mangelnde Kontakte, Unwohlsein, vor allem Kopfweh machen ihm schwer zu schaffen. Dann erfährt er vom Tod des Vaters. Doch trotz allen Leids behält er seinen Humor. Krähen

Abb. 33: *Das Gemälde von Lucas Cranach d. Ä. aus dem Jahr 1530 zeigt Luther in seinem 47. Lebensjahr. Das Bild stellt uns Luther als würdigen Reformator vor, mit der Gelehrtenmütze und einer Bibel in der Hand.*

und andere Vögel vor seinem Fenster veranstalten für ihn mit ihrem »Gegecke« einen Theologenkongress – eine Nachtigall aber habe sich nicht eingefunden, so sein spöttischer Kommentar ... An die Wand seines Zimmers aber schreibt er die Worte aus seinem Lieblingspsalm (Ps 118): »Ich werde nicht sterben, sondern leben und des Herrn Werke verkündigen.«

An die »Geistlichen, versammelt auf dem Reichstag zu Augsburg«, insbesondere auch an seinen alten Gegner, Erzbischof Albrecht von Brandenburg, »den vornehmsten und höchsten Prälaten in deutschen Landen«, wendet er sich in Briefen und einer öffentlichen »Vermahnung« mit dem Appell, in der Glaubensfrage auf die reformatorische Linie einzuschwenken. Schwere Klagen aber richtet er an die eigene Seite wegen der nur schleppend eintreffenden Nachrichten, was er als gezielte Informationsverweigerung interpretiert. Heftig beschwert er sich bei seinem »lieben Philippus« Melanchthon, dass »ihr wieder einen Boten ohne Briefe zurückgehen« habt lassen, »obwohl ihr doch so viele seid und fast alle des Schreibens kundig ... Ich weiß wirklich nicht, ob ihr so nachlässig oder unwillig seid, obwohl ihr doch wisst, dass wir hier in der Wüste sitzen wie auf dürrem Land und nach Euren Briefen lechzen.« Zwei Tage später ist er davon überzeugt, die Abordnung und insbesondere Melanchthon habe die feste Absicht, ihn »durch Schweigen mürbe zu machen«, und will es ihnen, wie er schriftlich androht, mit gleicher Münze heimzahlen, nämlich »dass wir dann im Schweigen mit Euch wetteifern werden«.

Am 25. Juni 1530 trägt der kursächsische Kanzler in einer wiederum häufig ins Bild gesetzten Szene den Glauben der lutherischen Seite, das »Augsburger Bekenntnis«, die »Confessio Augustana«, auf Lateinisch vor. Die vom Protest in Speyer her bekannten fünf Fürsten und einige der Städte, allen voran Nürnberg, haben das im Wesentlichen von Melanchthon verfasste Werk von Weltrang unterzeichnet. Es ist das eigentliche Gründungsdokument der lutherischen Kirchen.

Nach dem misslungenen Einigungsversuch in Marburg folgerichtig, übergibt wenige Tage später die Seite Zwinglis ein eigenes Papier, ein Bekenntnis zur Vernünftigkeit des Glaubens (Fidei Ratio). Zu allem Überfluss fügen kurz darauf noch vier Reichsstädte des Südens unter Führung Straßburgs ihr eigenes Bekenntnis hinzu (die Tetrapolitana). Es liegt auf der Hand, dass die neue Bewegung keineswegs geschlossen ist, vielmehr einigermaßen uneins, diffus oder gar zersplittert, dominiert natürlich von der Achse Luther-Melanchthon. Dabei liegen auch diese beiden keineswegs ganz auf derselben Linie. Melanchthon ist – getreu seinem Lebensmotto »Zum Dialog sind wir geboren« – auf Vermittlung und Verständigung aus, damit, wie es gleich in der Vorrede des »Augsburger Bekenntnisses« heißt, »diese Meinungsverschiedenheiten zu einer gemeinsamen wahren Religion zusammengeführt werden mögen«. Klug teilt er das »Bekenntnis« in zwei ungleiche Teile: Der erste, umfangreiche formuliert vor allem die übereinstimmenden Überzeugungen in den »Artikeln des Glaubens und der Lehre«, mit nur vorsichtigen Andeutungen der Differenzen; der zweite, weit kürzere dann erst die »umstrittenen Artikel über abgeschaffte Missbräuche«.

Geschickt und gekonnt erweckt der Text den Eindruck, dass der Streit zwischen altgläubiger und protestantischer Seite nahezu ausschließlich über sekundäre, unwichtige Dinge geführt

> *Wir überreichen und übergeben hiermit und in untertänigstem Gehorsam gegenüber den Wünschen Eurer Kaiserlichen Majestät das Bekenntnis unseres Glaubens ...*
> *Artikel 4: Von der Rechtfertigung*
> *Es wird gelehrt, dass wir Vergebung der Sünde und Gerechtigkeit vor Gott nicht durch unser Verdienst, Werk und Genugtuung erlangen können, sondern dass wir Vergebung der Sünde bekommen und vor Gott gerecht werden aus Gnade um Christi willen durch den Glauben, (nämlich) wenn wir glauben, dass Christus für uns gelitten hat und dass uns um seinetwillen die Sünde vergeben, Gerechtigkeit und ewiges Leben geschenkt wird. Denn diesen Glauben will Gott als Gerechtigkeit, die vor ihm gilt, ansehen und zurechnen, wie Sankt Paulus, Röm 3,21–28 und 4,1–8. 23–25 sagt.*
>
> Aus dem »Augsburger Bekenntnis«, der »Confessio Augustana«, abgekürzt CA, von Philipp Melanchthon, dem zentralen Gründungsdokument der lutherischen Kirchen 1530

würde, dass im Kernbestand aber die Kontrahenten des Glaubens im Grunde übereinstimmten, beginnend beim Gottesglauben und dem alten Glaubensbekenntnis. »Ich hätte nicht so leisetreten können wie Bruder Philippus«, kommentiert Luther das Werk und mischt in die Anerkennung mindestens ebenso viel Kritik. Andererseits weiß er, dass Christus vor so einer großen Öffentlichkeit »durch ein schlechterdings treffliches Bekenntnis verkündigt worden ist«.

Dann wieder macht Luther seinem Herzen Luft. Er berste fast vor Zorn und Unwillen über die Verhandlungen. Und er bittet eindringlich, die Kontakte umgehend abzubrechen und abzureisen. Er wolle sich nun nichts weiter mehr abhandeln und nehmen lassen, »es gehe drüber, wie es wolle«.

Der Gegenseite ist's einerlei. Die von der altgläubigen Seite Anfang August vorgelegte »Widerlegung« (»Confutatio«) verwirft die neue Lehre, sei es in drastischer Luther'scher oder diplomatischer Melanchthon'scher Spielart, obwohl man im zentralen theologischen Gedanken der Rechtfertigung aus Gnade und Glauben keineswegs um Welten auseinanderliegt. Doch die politisch-rechtlichen Differenzen, die neuen Kirchenverfassungen und die je eigenen Weiterentwicklungen von Glauben, Gottesdienst und Gemeinde hatten ganz einfach neue Fakten geschaffen. Eine Einigung wäre tatsächlich einer Wiedervereinigung zweier bereits weitgehend getrennter Kirchen gleichgekommen. Und daran hatte wohl im Grunde keine Seite ein Interesse.

> Sehet an den Reichstag zu Augsburg, der wahrhaftig die letzte Posaune und Trompete ist vor dem Jüngsten Tage. Wie wütete da die Welt wider das Wort Gottes! O, wie mussten wir dazumal beten, dass Christus im Himmel droben sitzen bleiben möchte. Da brach unsere Lehre durch die Confessio hervor ans Licht, also dass sie in kurzer Zeit durch den Kaiser allen Königen, Fürsten und Universitäten zugeschickt ward. Viele feine, treffliche Leute fingen diese Lehre wie ein Zunder, und danach zündeten sie andere auch an.
>
> Luthers Urteil über den Reichstag von Augsburg und das »Augsburger Bekenntnis«

Wittenberg und die Welt (1530–1540)

Auch Melanchthons »Apologie«, eine Verteidigung des »Augsburger Bekenntnisses«, ändert daran nichts mehr. Luther aber warnt erneut: »Für meine Person ist in dieser Apologie mehr als genug nachgegeben worden.« Der Reformator sieht sich als oberste Instanz, als geistliches Oberhaupt Deutschlands: »Wohlan, ihr lieben Deutschen, ich hab euch genug gesagt, ihr habt einen Propheten gehört. Gott gebe uns, dass wir seinem Wort folgen ...« In der im Folgejahr gedruckten »Warnung D. Martin Luthers an seine lieben Deutschen«, einer Art öffentlichem Brief, frohlockt Luther denn auch, »dass das Wort geblieben ist und wir bei dem Wort«. Zugleich warnt er die Gegenseite vor der Verketzerung der Protestanten, ihrer Ausgrenzung aus der Friedensordnung des Reichs. Mit Nachdruck verweist der Reformator darauf, dass die neue Lehre keineswegs, wie die Gegner behaupten, Aufruhr sei. Die Untertanen spricht er in Religionsfragen vom Gehorsam gegenüber dem Kaiser frei und warnt diesen vor der Verfolgung der Protestanten. Würde die höchste Autorität in Deutschland einen Krieg gegen die Protestanten beginnen, gäbe es für die Untertanen eine Pflicht zur Gehorsamsverweigerung. In diesem Falle sei selbst der aktive Widerstand kein Aufruhr, vielmehr ein Akt der Notwehr.

Luther spricht hier nicht nur von einem möglichen Fall, vielmehr von einer sehr realen Bedrohung. Denn dies war tatsächlich das Ergebnis des Augsburger Reichstages: die Nichtanerkennung des neuen Bekenntnisses und stattdessen

Wir bekennen gemeinsam, dass die Gläubigen sich auf die Barmherzigkeit und die Verheißungen Gottes verlassen können ...
Wir bekennen gemeinsam, dass gute Werke – ein christliches Leben in Glaube, Hoffnung und Liebe – der Rechtfertigung folgen und Früchte der Rechtfertigung sind ...
Das in dieser Erklärung dargelegte Verständnis der Rechtfertigungslehre zeigt, dass zwischen Lutheranern und Katholiken ein Konsens in Grundwahrheiten der Rechtfertigungslehre besteht ...

Aus der Gemeinsamen Erklärung des Lutherischen Weltbundes sowie des Päpstlichen Rates zur Förderung der Einheit der Christen zur Rechtfertigungslehre von 1997/99 die Erneuerung des Wormser Edikts, das die von Rom abgefallenen Ketzer des Glaubens zu Geächteten des Heiligen Römischen Reiches Deutscher Nation erklärt. Wieder ist es in Deutschland lebensgefährlich geworden, der neuen Lehre anzugehören.

Doch sie ist bereits zu stark und die Gegenseite zu schwach, um mit den Drohungen wirklich Ernst zu machen. Damit vollzieht sich das Schauspiel der zwanziger Jahre in den Dreißigern und bis hinein in die Vierziger erneut, allerdings eher noch verstärkt: eine Art Abschreckungspolitik. Auf beiden Seiten werden militärische Bündnisse geschlossen, die den Krieg vorbereiten und die eigene Stärke demonstrieren, doch zugleich hangelt man sich von Abkommen zu Abkommen, die einen möglichen blutigen Bürgerkrieg in Deutschland wenn nicht gänzlich verbannen, so zumindest doch hinausschieben. Im Jahr 1931 schließen sich in Schmalkalden die protestantischen Stände im Schmalkaldischen Bund unter Führung Kursachsens und Hessens endgültig und dauerhaft

> Wir Deutschen sind ein wild, roh, tobend Volk, mit dem nicht leicht etwas anzufangen ist. Darum weiß man auch von uns Deutschen nichts in anderen Ländern. Und wir müssen in aller Welt die deutschen Bestien heißen, die nichts können als kriegen, fressen und saufen.
>
> Luther über Deutschland und die Deutschen

(WEITERE) AUSBREITUNG DER REFORMATION

Bereits seit etwa Mitte der zwanziger Jahre bekennen sich vorrangig das Kurfürstentum Sachsen, Hessen und einige freie Reichsstädte (allen voran Nürnberg) offiziell zur lutherischen Reformation.
Innerhalb Deutschlands werden in den dreißiger Jahren lutherisch: Württemberg (1534), Pommern (1535), Kur-Brandenburg und das Herzogtum Sachsen (beide 1539); bereits 1525 trat der in ein weltliches Herzogtum umgewandelte Ordensstaat Preußen der Reformation bei.
Außerhalb Deutschlands gewann die Reformation in der lutherischen Form

zusammen. 1532 erklärt der »Nürnberger«, Ende der dreißiger Jahre dann der »Frankfurter« Religionsfriede die erneute Aussetzung – aber nicht Aufhebung – des Wormser Edikts. Zu Lebzeiten Luthers ist der äußerliche Frieden zwischen den Lagern, wenn auch stets bedroht und brüchig, gesichert.
In diese Jahre fällt die Glanzzeit der Reformation Luthers. Sie breitet sich in den dreißiger Jahren immer weiter aus, in Deutschland und im nördlichen Europa.

Im Jahr 1536 kommt es auf Vermittlung Melanchthons hin auf einem protestantischen Theologenkonvent in Wittenberg zwischen den Wittenbergern und den oberdeutschen Reformatoren unter Führung Martin Bucers aus Straßburg zu einer Einigung in der Abendmahlsfrage. Mit der »Wittenberger Konkordie« ist die Reformation in Deutschland wieder geeint. Luther, der den Vorsitz führt, war eigentlich gegen die Einigung gewesen, »weil der bestehende Zwiespalt sicherer sei als eine erlogene Eintracht«. Er stimmt dann aber doch zu, ein wenig widerwillig und darüber verwundert, zu welchen Zugeständnissen die Gegenseite bereit ist, sodass eine »Zurückweisung nicht erlaubt gewesen wäre«.

Gegen eine andere Front aber gibt es keinen Kompromiss, nur das klare Bekenntnis. Für ein vom Papst nach Mantua einberufenes, letztlich aber wieder abgesagtes Konzil verfasst der Reformator im Auftrag seines Kurfürsten Ende 1536

vor allem in den nordischen Ländern Einfluss: seit 1527 in Schweden (später auch in dem unter schwedischer Vorherrschaft stehenden Finnland); 1536 endgültig in Dänemark; zudem in den baltischen Staaten.
Eine weitere reformatorische Strömung setzte sich seit 1541 in Genf durch den Reformator Jean Calvin durch und breitete sich in einer zweiten reformatorischen Welle in der Schweiz aus, in Teilen Westeuropas (Frankreich, einzelne Gebiete im westlichen Deutschland, Niederlande, Schottland) sowie in Nordamerika (reformierte Kirchen).

die »Schmalkaldischen Artikel«, eine Art Gegenversion zu Melanchthons »Augsburger Bekenntnis«. Es wird zu seinem geistlichen Testament.

> Der Artikel von der Rechtfertigung ist ein Meister und Fürst über alle Arten von Lehre und regiert jedes Gewissen und die Kirche. Ohne ihn ist die Welt fade und lauter Finsternis.
>
> Luther in den dreißiger Jahren
über seine Rechtfertigungslehre

> Wir halten, dass der Mensch gerecht werde ohne Werke des Gesetzes, durch den Glauben ... Auf diesem Artikel steht alles, was wir wider den Papst, Teufel und Welt lehren und leben.
>
> Aus den »Schmalkaldischen Artikeln«, in denen Martin Luther 1537/38 seine Lehre in einem Bekenntnis zusammenfasste

Anfang 1537 will er sein Werk vor der Tagung der Protestanten in Schmalkalden vortragen. Doch erkrankt er schwer an einem Nierenleiden. Von den Ärzten, die sogar an seinen »Schamteilen saugten« und ihm so viel zu trinken gaben, als wäre er ein »Riesenochs«, fühlt er sich gemartert, ohne dass die Rosskur die erhoffte Wirkung zeitigt. In Todesangst tritt er überstürzt die Heimreise an. »Summa, ich bin tot gewest und hab dich mit den Kindlein Gott befohlen«, schreibt er an seine Frau, nachdem unterwegs urplötzlich die Besserung eingetreten ist. Die Harnsteine, die zu einer Kolik geführt hatten, haben sich gelöst, weil »Gott diese Nacht der Blasen Gang hat geöffnet und in zwo Stunden wohl ein Stübigen (etwa 4 Liter) von mir gegangen ist und mich dünket, ich sei wieder von Neuem geboren«. Der Geheilte zieht den Schluss: »Aus diesem Beispiel sollen wir lernen zu beten und es zu wagen, die Hilfe vom Himmel zu erwarten.« Ein zurückeilender Bote aber reitet in Schmalkalden ein mit dem Ruf: »Luther lebt!« Doch fallen Luthers »Artikel«, die natürlich viel schärfer, kompromissloser und aggressiver formuliert sind als das »Augsburger Bekenntnis«, nach seiner Abreise beinahe unter den Tisch. Der Kurfürst zwar ist angetan, doch Melanchthon rät, es bei der »Confessio« und der »Apologie« zu belassen. Luthers »Artikel« werden von der Versammlung in Schmalkalden nicht einmal mehr beraten. Erst nach Abschluss der Verhandlungen unterschreiben die anwesenden Theologen unter Führung Melanchthons das Papier. Der aber fügt einen Zusatz hinzu, in dem er sich von Luthers radikaler antipäpstlicher Haltung ausdrücklich distanziert.

Luther beharrt in den »Schmalkaldischen Artikeln« noch einmal auf seiner reformatorischen Erkenntnis, der Rechtfertigung ohne Werke, allein aus Glauben. Und er bleibt bei seiner kompromisslosen Frontstellung gegen Rom. Der Papst lasse sich nicht von Gottes Offenbarung leiten, vielmehr von unbiblischen, antichristlichen, im Grunde ketzerischen Anmaßungen und Ansprüchen. Damit aber dreht der Reformator den Vorwurf der Ketzerei, der an ihm und seiner Kirche haftet, einfach um.

Wenn einer sagt, der rechtfertigende Glaube sei nichts anderes als das Vertrauen auf die wegen Christus unsere Sünden nachlassende Barmherzigkeit Gottes, oder dieses Vertrauen allein sei es, wodurch wir gerechtfertigt werden: Der sei im Bann.

Aus den Beschlüssen des Konzils von Trient (1545–1563), das im Wesentlichen erst nach Luthers Tod im Jahr 1546 tagte

Sein Humor verlässt ihn auch angesichts der ernsten theologischen Auseinandersetzungen nicht. Als er das Bild seiner Frau betrachtet, sagt er: »Ich will einen Mann dazu malen und das gegen Mantua schicken mit der Frage, ob sie nicht doch lieber den Ehestand wollten.«

Der alternde Luther entwickelt in dieser Zeit ein starkes historisches Interesse, insbesondere an der Kirchengeschichte. Er stellt eine Zeittafel auf, die den gesamten Weltlauf von der Schöpfung bis hin zur Wiederkunft Christi, die nun nicht mehr fern sei, zusammenfasst. 1539 stellt er in der Schrift »Von den Konzilien und Kirchen« die wahren Merkmale der Kirche zusammen. Nach seiner Auffassung knüpft die reformatorische Kirche an der alten an, während die katholische vom wahren Glauben abgefallen und damit keine echte Kirche ist im Geiste Jesu Christi.

Wittenberg, das kleine Örtchen hinter »den weißen Bergen«, am Rande der Zivilisation, steigt durch die Reformation zu einer Art »deutschem Rom« auf. Zwar bleibt es immer noch ein verträumtes Städtchen. Doch die Universität setzt sich mit Luther als geistigem Führer und mit nahezu 3000 Studenten an die Spitze der deutschen Hochschulen.

Der Reformator nimmt seine Arbeit als Professor sehr ernst. Unermüdlich betreibt er die Bibelauslegung, bildet eine erste Generation von jungen reformatorischen Theologen aus und leitet zwischen Mitte der dreißiger und vierziger Jahre für mehr als eine Dekade als Dekan die theologische Fakultät. Zugleich beteiligt er sich am weiteren Aufbau der kursächsischen Landeskirche. Er und seine Kollegen übernehmen die Ordination aller Pfarrer des Landes. Die Register weisen für die letzten zehn Jahre seines Lebens etwa 740 Ordinationen in Wittenberg aus. Ende der dreißiger Jahre wird in Wittenberg ein Konsistorium eingerichtet, das im Auftrag des Kurfürsten für Disziplinar- und Eheangelegenheiten in der Kirche und unter den Pfarrern zuständig ist.

Auch über das Kurfürstentum hinaus wirkt Luther durch Begleitung von Kirchenordnungen, Begutachtungen aller Art, durch Briefe und Ratschläge. Eine gewisse persönliche Isolierung, vor allem aber die Tatsache, dass der kursächsische Hof auf der Ebene der hohen Politik häufig mehr auf den

Hier also baut die Weisheit ihr Haus, hier meißelt sie ihre sieben Säulen ... Von hier erging der Ruf an die Gäste, dass sie kämen. Und sie kamen aus allen Ländern, Staaten und Völkern ...

Giordano Bruno gegen Ende des 16. Jahrhunderts über Wittenberg

DIE SIEBEN BEKENNTNISSCHRIFTEN DER LUTHERISCHEN KIRCHEN

Drei Schriften Martin Luthers: Der »Kleine« und der »Große Katechismus« (beide 1529) und die »Schmalkaldischen Artikel« (geschrieben Ende 1536, im Sommer 1538 in überarbeiteter Version gedruckt).
Drei Schriften Philipp Melanchthons, insbesondere das »Augsburger Bekenntnis« und dessen Verteidigung (»Apologie«, beide 1530), daneben eine Schrift zum Papsttum.
Zuletzt die Konkordienformel, mit der sich die nach dem Tod der Reforma-

geschickten Melanchthon als auf den starrköpfigen Luther setzt, machen ihm zu schaffen. In einem Brief beschwert er sich darüber recht beleidigt und bissig: »Der Hof ist weise und freut sich, dass er Akteur ist, und wir wollen lieber Zuschauer als Akteure sein. Ich beginne nämlich jetzt, mich außerordentlich zu freuen, dass wir vom Hof verschmäht und ausgeschlossen werden.«

Die ungeheure Arbeitsleistung auch der späteren Jahre ist nicht denkbar ohne die Zusammenarbeit im Kollegenkreis.

An erster Stelle steht hier der 14 Jahre jüngere Philipp Melanchthon, der Luthers Werk 27 Jahre hindurch ergänzt und begleitet. Das enge Verhältnis der beiden bleibt nicht ohne Spannungen. Zwar anerkennt der Jüngere gegenüber dem Älteren stets dankbar, er habe von ihm »das Evangelium gelernt«, doch er leidet auch unter dessen hervorstechenden Charakterzügen, gibt ihm Beinamen wie »wütender Herkules« oder »Demagoge« und kann sich bitter beklagen: »Wenn Luther doch nur einmal schwiege!« Luther wiederum ist von der dialogbereiten und um Ausgleich bemühten Haltung Melanchthons manchmal gar nicht erbaut. Zu einem Zerwürfnis der beiden kommt es freilich nicht, zu groß ist das gemeinsame Anliegen: die Reformation in Deutschland und auf der ganzen Welt, zumindest im mittleren und nördlichen Europa. So hat man später die beiden in der Wittenberger Schlosskirche mit Fug und Recht Seite an Seite beigesetzt.

toren untereinander zerstrittenen Anhänger Luthers und Melanchthons 1577 einigten.
Alle Bekenntnisschriften wurden erstmals 1580 gemeinsam und einschließlich der drei altkirchlichen Glaubensbekenntnisse im Konkordienbuch veröffentlicht, das zur Grundlage der lutherischen Orthodoxie wurde und bis heute eine wichtige Bedeutung innehat.

Neben zahlreichen weiteren Mitarbeitern gewinnt vor allem der Stadtpfarrer Johannes Bugenhagen (1485–1558) aus Pommern, Beichtvater und enger Freund Luthers, eine zent-

Abb. 34: *Das Bild (eine Kopie des 1944 vernichteten Originals) von Lucas Cranach d. J. aus dem Jahr 1558 zeigt den Kreis der Wittenberger Reformatoren und weiterer reformerisch gesinnter Männer. Zentral füllt den Vordergrund der linken Bildhälfte die Gestalt Martin Luthers aus; ganz außen rechts vorne Philipp Melanchthon, der zweite Führer der Reformation und der große Bildungsreformer (»Lehrer Deutschlands«), mit Luther aufs Engste, aber nicht ohne Probleme verbunden – diese Ambivalenz drückt dessen Arm- und Handhaltung aus. Zwischen den beiden bedeutendsten Reformatoren (von rechts bzw. vorne zur Bildmitte bzw. nach hinten): die Professorenkollegen Caspar Cruciger, Theologe und Prediger an der Schlosskirche, sowie Justus Jonas, Jurist und Theologe; dann der große Humanist Erasmus von Rotterdam, mit dem sich Luther überwarf – er ist seiner wissenschaftlichen Leistungen wegen hier aufgenommen; zuletzt, unmittelbar neben Luther, Johannes Bugenhagen, Wittenbergs Stadtpfarrer und Luthers Beichtvater.*

rale Bedeutung. Daneben Justus Jonas (1493–1555), Jurist und Theologe, Professor in Wittenberg, einer der wichtigsten Mitarbeiter Luthers. Ein enger Kreis von Kollegen wirkt in regelmäßigen Arbeitssitzungen bei der schwierigen, langwierigen Übersetzung des Alten Testaments mit. Diese Tatsache unterschlägt der Name »Lutherbibel« für die 1534 erscheinende vollständige Bibelübersetzung der Wittenberger Reformation. Mit einem Freund und Kollegen an der Universität, Johann Agricola, aber gerät Luther gegen Ende der dreißiger Jahre in heftigen Streit. Der vertrat bereits früher die These, angesichts der Rechtfertigung allein aus Gnade habe das Gesetz für den Christen keine wesentliche Bedeutung mehr. In der lutherischen Theologie aber behält das Gesetz eine wichtige Funktion. Auch ein Christ hat sich im Alltag des Lebens selbstverständlich an die Zehn Gebote und die Gesetze zu halten. In der öffentlichen und mit Streitschriften geführten Debatte polemisiert Luther ironisch: »Ob du schon nicht die Gebote hältst, Gott und den Nächsten nicht liebst, ja, ob du gleich ein Ehebrecher bist, das schadet nicht, so du allein glaubst, wirst du selig!« Dieser »antinomische Streit« endet 1540 mit Agricolas Festnahme und anschließender Flucht, also mit einem Sieg Luthers auf der ganzen Linie.

Nicht alles frommt es mitzuschreiben!
Bei Luther zu Gast

Um einen Tag im Hause Luther zu verbringen, klopfen wir ans Tor des ehemaligen Klosters der Augustiner-Eremiten in Wittenberg. Hier lebte der Reformator bereits in seiner Zeit als Mönch. Jetzt bewohnt er es mit seiner Familie.

Im Sommer 1519 hatte ein Beobachter in Leipzig den 35-jährigen Rebellen als Mann von »mittlerer Körperlänge« beschrieben, »von hagerem, durch Sorgen und Studieren erschöpften Körper, sodass man fast die Knochen durch die Haut zählen könnte, von männlichem, frischem Alter und hoher, klarer Stimme«. Jetzt aber empfängt uns eine stattliche Persönlichkeit mit einem kräftigen Körperbau und einem vollen, beinahe runden Gesicht. Neben ihm steht seine Frau Katharina von Bora und heißt uns als Gäste ebenfalls willkommen.

Der Eindruck, den wir von der Beziehung Luthers zu seiner Gattin gewinnen, ist ein wenig verwirrend. Auf der einen Seite sagt er: »Ich wollt meine Käthe nicht um Frankreich und um Venedig dazu hergeben!« Dann aber scheint ihn ihre Eigenständigkeit zu stören: »Wenn ich noch mal freien sollte, wollt ich mir ein gehorsam Weib aus einem Stein hauen, denn ich bin verzweifelt an aller Weiber Gehorsam.« Nein, ein liebes Heimchen am Herd scheint sie nicht zu sein. »Ich bin nicht leidenschaftlich verliebt, aber ich habe mein Weib lieb und wert«, hatte er seine Heirat kommentiert. Später sagte er dann einmal: »Meine Frau habe ich niemals geliebt; ich hielt sie immer für hochmütig (was sie ja auch ist).«

Ähnlich zwiespältig sind seine allgemeinen Ausführungen zur Ehe: »Es ist kei-

Abb. 35: *Luther als Familienvater, so wie man sich ihn im 19. Jahrhundert vorstellte. Lithografie von Adolph von Menzel (1815–1905) um 1832*

ne lieblichere, freundlichere noch holdseligere Verwandtnis, Gemeinschaft und Gesellschaft denn eine gute Ehe«, hören wir, aber auch: »Weigert sich dein Weib, so halte dich an die Magd!« Klar wird uns, dass für Luther nicht unbedingt die Liebe das Zentrum der ehelichen Beziehung bildet, »sondern es besteht in der Treue, dass einer zum andern sagt: Ich bin dein und du bist mein. Das ist Ehe.«

> Die Begierde kommt ohne besonderen Anlass, wie Flöhe oder Läuse; Liebe aber ist dann da, wenn wir anderen dienen wollen.
>
> Luther bei Tisch über die Liebe

Jetzt führt uns der Reformator in sein Arbeitszimmer.

Natürlich hat er dort auch heute schon ganz in der Früh gearbeitet. Aufgestanden war er wie üblich mit dem Glaubensbekenntnis, dem Vaterunser und dem Morgengebet.

Dann hatte er sich an die Arbeit gemacht. Mit der gehe es oft nicht mehr so flott voran wie früher, hören wir ihn klagen. Allerlei Krankheitssymptome plagen ihn, »Schwindel« und »das Klingen und Sausen der Ohren«, sodass es ihm nicht möglich ist, »eine Stunde lang ohne Unterbrechung zu lesen, einem einleuchtenden Gedanken nachzugehen oder gar fleißig zu erwägen und nachzusinnen; sofort ist das Klingen da, und ich sinke auf die Bank nieder«. Gegen die Störungen

---

LUTHERS FAMILIE

Im Juni 1525 schließen Martin Luther und **Katharina von Bora** die Ehe. Die beiden bekommen sechs Kinder, von denen vier das Erwachsenenalter erreichen.
– Der Erstgeborene **Johannes** (Hans, Hänschen; 1526–1575) wird Jurist, sogar fürstlicher Kanzleirat, und erfüllt damit die ursprünglich an den Vater gerichteten Erwartungen des Großvaters.
– Die erste Tochter, **Elisabeth** (1527–1528), stirbt schon nach acht Monaten.
– Auch die zweite Tochter **Magdalene**, das geliebte Lenchen (1529–1542), stirbt früh, am Ende der Kindheit, ein schwerer Verlust für den Vater.

durch die Familie und andere Hausbewohner hat er sich kluge Mittel ersonnen: »Wenn ich sitze und schreibe, so kommt das Hündchen Tölpel über meine Briefe, und mein Hänschen singt mir ein Liedlein daher; wenn er's zu laut will machen, so fahre ich ihn ein wenig an, so singt er gleichwohl fort, aber er machet's heimlicher und etwas mit Sorgen und Scheu.«

Was Luther mit Störungen durch den Betrieb meint, wird uns erst im Laufe des Tages klar. Wir lernen fünf seiner Kinder und einige weitere Familienmitglieder kennen, vor allem Katharinas Tante »Muhme Lene« und sechs verwaiste Nichten und Neffen, die hier leben.

Und wir treffen auf etwa zehn Hausangestellte: Sekretär, Hausverwalter, Hauslehrer der Kinder, Köchin, Kutscher, Schweinehirt und weitere Knechte und Mägde. Die Dachgeschosskammern sind an zehn bis zwanzig Studenten und ihre Tutoren vermietet. Sie haben

> Ich danke dir, mein himmlischer Vater, durch Jesus Christus, deinen lieben Sohn, dass du mich diese Nacht vor allem Schaden und Gefahr behütet hast; und bitte dich, du wollest mich diesen Tag auch behüten vor Sünden und allem Übel, dass dir all mein Tun und Leben gefalle. Denn ich befehle mich, meinen Leib und Seele und alles in deine Hände. Dein heiliger Engel sei mit mir, dass der böse Feind keine Macht an mir finde, Amen.
>
> Luthers Morgengebet aus dem »Kleinen Katechismus«

– Der mittlere Sohn **Martin** (jr.; 1531–1565) scheint in die Fußstapfen seines Vaters zu treten und studiert Theologie, ist dann aber nicht als Pfarrer tätig und bekleidet niemals ein öffentliches Amt.
– Der jüngste Sohn **Paul** (1533–1593) studiert Medizin, wird Medizinprofessor und fürstlicher Leibarzt und verteidigt als anerkannte Persönlichkeit die Reformation des Vaters.
– Die jüngste Tochter **Margarethe** (1534–1570) erreicht als Einzige der Töchter das Erwachsenenalter; sie heiratet den Edelmann Georg von Kunheim und folgt ihm nach Ostpreußen.

hier Kost und Logis. Mit 35 bis 50 Personen ist Luthers Haushalt einer der größten in Wittenberg und gleicht einem mittelständischen Unternehmen.

Im Hause des Doktors wohnt eine wunderlich gemischte Schar aus jungen Leuten, Studenten, jungen Mädchen, Witwen, alten Frauen und Kindern, weshalb große Unruhe im Haus ist, deretwegen viele Leute Luther bedauern.

Luthers Zeitgenosse Georg Helt im Jahr 1542

Der Betrieb versorgt sich weitgehend selbst, weil man sonst »alles aufs Teuerste kaufen muss«. Zum Haus gehört ein Obst- und Gemüsegarten, ja eine Landwirtschaft, mit Fischzucht im angestauten Teich. Man besitzt Braurecht und -ausrüstung, ebenso Weinbau und -keller. Alles überwacht die Hausherrin, »Herr Käthe«, wie sie ihr Mann manchmal ironisch-anerkennend nennt: »Meine Käthe ist der Morgenstern von Wittenberg. Sie steht auf morgens in der Früh um vier Uhr, fuhrwerkt, bestellt das Feld, weidet und kauft Vieh, braut und so weiter.«

In den vierziger Jahren finden wir dann im Hause Luther mit zehn Schweinen, drei Ferkeln, fünf Kühen, neun Kälbern, einer Ziege, zwei Zicklein, mehreren Pferden sowie einer Schar von Hühnern, Gänsen und Enten den größten Viehbesitz und zudem den größten Grundbesitz unter den Bürgern Wittenbergs. Luther pflegt diesen Wohlstand als ein unerkläuliches Wunder hinzustellen. Denn sein Professorengehalt, vom Kurfürsten unmittelbar bezahlt, ursprünglich 200, dann 300, zuletzt 400 Gulden (bei allerdings nicht unerheblicher Inflation), würde den Betrieb schwerlich am Laufen halten. Zwar kommen Naturalien- und Materialleistungen, etwa für seine Predigttätigkeit, weitere kleinere Einkünfte und mitunter wertvolle Geschenke von Gönnern und Freunden hinzu. Doch der Reformator nimmt keine Kolleggelder für Vorlesungen und verzichtet auf jedes Buchhonorar. Luther selbst ist es manchmal ein Rätsel, wie man sich über Wasser hält, weil »ich mehr verzehre, als ich einnehme ...« Doch seine Frau kann das Wunder erklären: Sie verdient mit der Landwirtschaft und dem »Bursenbetrieb«, also der Einquartierung von Studenten, so schätzt sie, nochmals dasselbe hinzu wie ihr werter Herr Gemahl.

Das leidige Geld ist, obwohl man ja durchaus zu den begü-

Abb. 36: *Die Lithografie von Eduard Dietrich aus den dreißiger Jahren des 19. Jahrhunderts zeigt das Lutherhaus, das ehemalige Kloster der Augustiner-Eremiten in Wittenberg, in dem Luther als Mönch und Professor wohnte. Bei der Hochzeit mit Katharina von Bora überließ ihm der Kurfürst den geräumigen Bau als Wohnung. Sein Nachfolger schenkte es ihm dann ganz.*

terten Bürgern gehört, beständig ein Thema. »Die Sorge darum, wie man sein Geld erhält, ist die schrecklichste Knechtschaft«, klagt der Hausherr. In seiner Sprichwortsammlung findet man die sattsam bekannte Regel: »Wer einen Pfennig nicht achtet, wird keines Gulden Herr.« Zwar ist das Kloster abgabenfrei, weder die Stadtsteuer vom Grundbesitz, die einzige reguläre Steuer für Bürger, noch Sachleistungen wie Wachdienste sind zu leisten. Doch es verschlingt zugleich – worüber sich der Hausherr reichlich beschwert – beträchtliche Summen an Instandsetzung und Instandhaltung. Handwerker gehen ein und aus, eine weitere Quelle unliebsamer Störung. Das Haus gleicht einem Taubenschlag und eigentlich immer einer Baustelle. Bis zuletzt bleibt nur ein Teil des riesigen

Gebäudes überhaupt bewohnbar. Wenn er ein Haus errichten wollte, würde er es wahrlich »in diesen Saustall nicht bauen«, lässt er den Kurfürsten, der ihm das Kloster schenkte, wenig

Abb. 37: *Die Lutherstube, wie sie noch heute in dem zum Museum ausgebauten Wohnhaus Luthers, der Lutherhalle in Wittenberg, zu sehen ist – auf diese Weise nach 1536 eingerichtet.*

diplomatisch wissen. Und lobt und schimpft zugleich: »Ich lebe wohl in einem großen Haus, aber ich wäre lieber frei davon.« Die Handwerker geben wenig acht und nehmen viel Lohn, ist Luthers Erfahrung.

Um die Sache noch einigermaßen im Griff zu behalten, führt er ein Haushaltsbuch. Doch als wir ihm über die Schulter schauen und sofort einen Fehler entdecken, wird uns schnell klar: Der gelehrte Mann kann nicht rechnen. Er weiß es und fügt entschuldigend hinzu: Rechnen stand während meiner Schulzeit so gut wie nicht auf dem Stundenplan, und als Mönch war ich dann ja schlicht und einfach versorgt. »Ich mag nimmer rechnen, es macht einen gar verdreht …«, stöhnt er. Da kann er heilfroh sein, dass Käthe mit Geld umzugehen weiß. Und wie zum Beweis erzählt er eine Anekdote: Als ausgerechnet einer der elenden Papisten, sein alter Feind Kardinal Albrecht, dem Hochzeitspaar neben seinem Glückwunsch noch 50 Gulden zukommen ließ, wollte er selbst das Geld entrüstet zurückweisen. Ich bin aber fest davon überzeugt, fügt er verschmitzt hinzu, dass meine liebe Käthe damals diesen schnöden Mammon klammheimlich unserer gemeinsamen Kasse zugeführt hat. Da seine Frau darauf drängt, überschüssiges Geld in Grundbesitz anzulegen, kann es aber im Haushalt durchaus zu Geldknappheit kommen. »Vom 24. August bis zum 19. Oktober 1540 hatte Luther kein Bier im Haus und kein Geld, welches zu kaufen«, finden wir als Eintrag in einer Art Gästebuch.

Über das Geld generell hat der Reformator ein zwiespältiges Urteil. Es kann zum Lebensinhalt, zum Abgott werden, dann ist es des Teufels. Doch andererseits gilt: »Äußerlich Geld, Gut, Land und Leute haben ist an und für sich nicht unrecht, sondern Gottes Gabe und Ordnung.« Wir finden im Luther'schen Haushalt Goldbecher, Schmuck, eine beschlagene Truhe – alles Geschenke reicher Gönner. Und als der alternde Luther Anfang 1542 ein Testament aufsetzt, zählt er zu den reichsten Bürgern in Wittenberg. Sein vielschichtiges Erfolgsrezept bringt er so auf den Punkt: »In häuslichen Dingen füge ich mich Käthe. Im Übrigen regiert mich der Heilige Geist.«

Sein Mittagsschläfchen kommentiert er mit den Worten, es gebe kein Vöglein, mag es noch so klein und gering sein, das nicht »mittags ruhet«. Dann zieht es ihn hinaus in den Garten. Die himmelblauen Sommerblümchen, so schwärmt er, seien mit allem Geld der ganzen Welt nicht bezahlbar. Der Bach, der durch den Garten fließt, ist zum Fischteich aufgestaut. Beim Anblick der Hechte, Gründlinge, Forellen, Kaulbarsche und Karpfen philosophiert Luther darüber, »wie fein ein Fischlein laichet«: Das Männchen schlägt mit dem Schwanz und schüttet den Samen ins Wasser, davon empfängt das »Fräulein«. Über seinen Hund, der ihn begleitet, sinniert er: »Der Hund ist das allertreuste Tier, und er würde als sehr wertvoll gelten, wenn er nicht so häufig wäre.« Gar nicht leiden kann er dagegen die Fliegen, die ihren Dreck hin und her schmieren wie der Teufel und die Ketzer. Die Vögel teilt er ein in unnütze wie Spatzen und gute wie die Singvögel. Als er erfährt, dass sein Diener Wolfgang Seberger gerade die guten fängt, lässt er dem Fallensteller einmal eine Klageschrift der Singvögel zukommen, um ihn von seinem Treiben abzuhalten.

Man soll den Gästen einen guten Trunk geben, dass sie fröhlich werden, denn wie die Schrift sagt: Das Brot stärkt des Menschen Herz, der Wein aber macht ihn fröhlich.

Aus Luthers Tischgesprächen

Immer wieder zieht es Luther aus dem weitläufigen Garten hinaus. Heute begleiten wir ihn auf einem ausgiebigen Spaziergang an der Elbe entlang, flussaufwärts Richtung Dresden. Etwa fünf Kilometer vor den Toren der Stadt treffen wir auf eine Quelle. Diesen »Lutherbrunnen« soll der Legende nach der Reformator entdeckt haben.

Zügig treten wir dann den Rückweg an – es ruft das Abendessen. Eine riesige Tafel ist gedeckt. Neben der Familie finden sich zahlreiche Studenten ein, Männer aus dem Wittenberger Kollegenkreis und auswärtige Gäste. Dass zwei berühmtberüchtigte Zeitgenossen, der Schwarzkünstler und Magier Faust sowie der sein Recht durch Mord und Totschlag suchende Kaufmann Hans Kohlhase bei ihm zu Gast gewesen seien, gehört ins Reich der Legende, flüstert Luther uns zu. Dann sagt er laut: »Ich esse, was mir schmeckt, und leide danach, was ich kann.« Denn die Fastenversuche endeten noch »hundert Mal schlimmer« als alles Essen und Trinken, fügt er hinzu und folgert: »Ich esse, was ich mag, und sterbe, wann Gott will.«

Aufgetragen wird nach Luthers Wünschen: »An Delikatessen finde ich keinen Geschmack. Ich lobe mir eine reine, gute, gewöhnliche Hausspeis.« Auf den Tisch kommt alles, was Garten, Äcker und Landwirtschaft abwerfen. Schweinefleisch zieht er trockenem Wild mit den Worten vor: »Ich esse nicht Holz!« Bei diesem Appetit ist Vorsicht angesagt: »Der Bauch ist in allen Religionen der gewaltigste Abgott.« Dann erhebt er sein Glas, stößt mit uns als seinen Ehrengästen an und sagt verschmitzt: »Morgen muss ich eine Vorlesung über Noahs Trunkenheit halten. Heute Abend werde ich deshalb kräftig trinken, dass ich danach als Experte von dieser üblen Sache rede.« Offenherzig fügt er hinzu: »Ich zeche auch. Es soll mir aber nicht jedermann nachtun, denn es arbeitet auch nicht jeder so hart wie ich.« Dann hören wir manches, was wir getrost unter »gängige Vorurteile« einordnen können, etwa: »Die Böhmen fressen, die Wenden stehlen, die Deutschen saufen getrost.«

> Für die Toten Wein, für die Lebenden Wasser: Das ist eine Vorschrift für Fische.
>
> Aus Luthers Tischgesprächen

> Wer nicht liebt Wein, Weib und Gesang, der wird kein Narr sein Leben lang.
>
> Dieser Spruch findet sich nicht in Luthers Tischgesprächen, sondern wird Luther nur zugeschrieben

Arbeit ist das Leben, aber nur das halbe, die andere Hälfte ist nach des Reformators Urteil Tändelei: Bis ins siebte Jahr haben wir nichts getan, »denn essen, trinken, spielen, schlafen«, wir »arbeiten kaum zehn Jahre unser Leben lang«. Und: »Was wollen wir dennoch stolzieren auf unsere guten Werke? Was habe ich heute getan? 2 Stunden gekackt, 3 Stunden gegessen und 4 Stunden müßiggegangen.«

Vortrefflich unterhält Luther uns und die anderen Gäste. Ein »stummer Mensch« gleicht »einem halb toten Menschen«, sagt er, denn »kein kräftigeres noch edleres Werk am Menschen ist denn Reden«. Der Mensch als ein geselliges Wesen. Ein einsamer, trauriger Mensch scheint nicht mehr Herr über sich selbst zu sein, stellt er kurz und bündig fest. Für depressive Verstimmungen ist der Teufel verantwortlich, auch er bei Luther ein Stammgast, »ein trauriger, saurer Geist, der nicht leiden kann, dass ein Herz fröhlich sei ...« Er selbst, sagt der Reformator, finde meist Trost im Gespräch, auch mit einer einfachen Magd. Deshalb rät er allen zur Geselligkeit. Wenn dich Traurigkeit, Gewissensangst oder Verzweiflung überfallen, dann iss, trink und suche Gesellschaft

Abb. 38: Luther erklärt in einem Brief von 1530 sein Familienwappen so: »Es soll ein Merkzeichen meiner Theologie sein: Das erste sollte ein schwarzes Kreuz in einem Herzen sein, das seine natürliche Farbe hätte, damit ich mir selbst Erinnerung gäbe, dass der Glaube an den Gekreuzigten uns selig machet. Denn so man von Herzen glaubt, wird man gerecht ... Solch rotes Herz aber soll mitten in einer weißen Rose stehen, um anzuzeigen, dass der Glaube Freude, Trost und Friede gibt und ihn kurzum in eine weiße, fröhliche Rose versetzt. Denn die weiße Farbe ist der Geister und aller Engel Farbe. Solche Rose stehet in einem himmelfarbenen Felde, weil solche Freude im Geist und Glauben ein Anfang der himmlischen, zukünftigen Freude ist ... Und in solch Feld einen goldenen Ring als Zeichen dafür, dass solche Seligkeit im Himmel ewig währet und kein Ende hat und auch kostbar über alle Freude und Güter hinaus ist, so wie das Gold das höchste, kostbarste Metall ist ...«

und Gespräch. Und »wenn du dich in Gedanken an einem Mädchen erfreuen kannst, dann tu's nur.«

Dann wendet er sich an seine Kollegen von der Universität und an die Studenten und wälzt theologische Probleme. Die beiden Welten Theologie und Alltag, hier werden sie eins. Alles theologisch zu deuten, auch das Familienwappen, darin ist Luther ein Meister.

Jeden Laut, den der Reformator bei Tisch von sich gibt, schreiben seine Bewunderer und Schüler in den letzten eineinhalb Jahrzehnten seines Lebens mit, was Luther teils schmeichelt, teils aber auch nervt. Den Zwickauer Prediger Conrad Cordatus, einen der besonders eifrigen Protokollanten, mahnt er zur Mäßigung: »Nicht alles frommt es mitzuschreiben. Lass manches ruhig vergessen bleiben!« Nicht alles, was der große Mann sagt, ist gleich gedacht für die Presse. Man darf nicht jedes seiner Worte auf die Goldwaage legen.

Saubeer Luther
Ich Luther bin eine rechte Sau
Wer das nicht weiß, der seh und schau
Aufs wenigst meine Red bei Tisch
Wie alles sich mit Dreck vermisch.

Aus dem polemischen Buch »Zweihundert Luther« des Jesuiten Konrad Vetter von 1607

Nach dem Abendessen bleibt Luther noch sitzen. Er nimmt das Kleinste seiner Kinder, die etwa zweijährige Margarethe, auf den Schoß, schaut ihr in die Augen, lobt Gott, der diese Äuglein so wunderschön erschaffen hat, und fügt hinzu: »Und Nasen, Maul, Hände und Füße aus einem Stück Fleisch machen im Mutterleibe ist auch eine Kunst.« Er fährt fort: »Sollen wir Kinder erziehen, so müssen wir auch Kinder mit ihnen werden.« Von der Coburg aus hatte er an den damals vierjährigen Sohn Johannes einen Brief geschrieben und ihm versprochen, nach seiner langen Abwesenheit ein schönes Geschenk für ihn mitzubringen.

Über den Tod der nur acht Monate alten Elisabeth und sein darüber »bekümmertes, fast weibisches Herz« schrieb er im Rückblick: »Das hätte ich nie zuvor gedacht, dass ein väterliches Herz so weich werden könnte wegen der Kinder.« Später wird ihn der Tod der dreizehnjährigen Lene in eine solche Krise stürzen, dass »nicht einmal der Tod Christi« seinen Schmerz zu besiegen vermag, »wie es doch sein sollte.«

Dann gibt es noch ein wenig Musik. Die Musik habe er immer geliebt, sagt Luther. Sie habe ihn oft erquickt »und von schwerer Last befreit«. Der Reformator greift zur Laute. Das Lautespielen hat er als junger Mann in jener Krisenzeit gelernt, als er sich auf einer Reise zu seinen Eltern mit einem Degen lebensgefährlich am Bein verletzt hatte. Dann spricht er mit seinen Kindern den Abendsegen und nimmt sie in den Arm.

Als die Kleinen fort sind, wendet sich Luther an uns Erwachsene mit den Worten: »Beischlaf ergibt sich leicht, auch ohne Ehe. Aber das schönste Ehepfand sind Kinder. Es ist die beste Wolle vom Schaf.« Und er frohlockt: »Ich hab eheliche Kinder, die hat kein papistischer Theologe.« An den frisch vermählten Spalatin hatte Luther etwa ein halbes Jahr nach seiner Hochzeit geschrieben: »Grüße Deine Frau auf das Lieblichste, aber tue es dann, wenn Du Deine Katharina im Bett mit den lieblichsten Umarmungen und Küssen hältst und dieses denkst: Siehe, diesen Menschen, dieses liebste Geschöpflein meines Gottes hat mir mein Christus geschenkt, ihm sei Lob und Ehre. Auch ich werde, da ich den Tag, an dem Du diesen Brief erhalten wirst, erraten kann, in dieser Nacht die Meine mit gleichem Werke lieben im Gedenken an Dich und Dir Gleiches mit Gleichem vergelten.« (Diese Stelle wird in den Briefausgaben lange Zeit der Zensur anheimfallen!)

Nachdem sich der Reformator zu zahllosen weiteren Themen geäußert hat, werden auch wir Erwachsene mit dem

> **Ich bin nie darauf aus gewesen, dass mich jemand für gemäßigt oder heilig hielte, sondern dass alle das Evangelium erkennten.**
>
> Luther in einer Streitschrift zur eigenen Verteidigung

> *Lutherus steht bei mir in einer solchen Verehrung, dass es mir, alles wohl überlegt, recht lieb ist, einige kleine Mängel an ihm entdeckt zu haben, weil ich in der Tat der Gefahr sonst nahe war, ihn zu vergöttern. Die Spuren der Menschheit, die ich an ihm finde, sind mir so kostbar als die blendendste seiner Vollkommenheiten. Sie sind sogar für mich lehrreicher als alle diese zusammengenommen ...*
>
> Gotthold Ephraim Lessing in seinem »Zweiten Brief an den Herrn P.« von 1753

Rat entlassen, das Glaubensbekenntnis zu sprechen und das Vaterunser samt seinem Abendsegen zu beten.

»Darum ist's gut, dass man das Gebet morgens früh das erste und abends das letzte Werk sein lasse.« Und dann flugs geschlafen, fügt Luther beim Abschied hinzu. Flugs geschlafen! Ja, wenn der Böse nicht wäre! Doch der gibt keine Ruh, vor allem bei Nacht, ist doch die Dunkelheit sein eigentliches Element. Im Bett aber fällt uns zum Glück der Rat des Reformators für solche Fälle ein: Lässt der Teufel mit seinen Zudringlichkeiten nicht locker, »so weise man ihn flugs mit einem Furz ab«. Jetzt hast du Ruh.

Ich danke dir, mein himmlischer Vater, durch Jesus Christus, deinen lieben Sohn, dass du mich diesen Tag gnädiglich behütet hast; und bitte dich, du wollest mir vergeben alle meine Sünden, wo ich unrecht getan habe, und mich diese Nacht gnädiglich behüten. Denn ich befehle mich, meinen Leib und Seele und alles in deine Hände. Dein heiliger Engel sei mit mir, dass der böse Feind keine Macht an mir finde, Amen.

Luthers Abendgebet aus dem »Kleinen Katechismus«

Ein Prediger soll Zähne im Maul haben...

Der Prediger und Professor

Am nächsten Sonntag wird Luther predigen. Wir begleiten ihn auf dem Weg zur Stadtkirche. Viel länger als die eigentlich notwendigen sieben Minuten brauchen wir, denn Luther bleibt bei seinen Erläuterungen immer wieder stehen. Die Predigttätigkeit ist das »höchste Amt« in der Christenheit, erläutert uns der Reformator, denn unsere Seligkeit liegt darin, dass wir daran glauben, dass Gott mit uns redet. Gott aber redet in der Heiligen Schrift und in der rechten evangelischen Predigt. »Das Wort Gottes ist von allem das Erste ...« und »wo das Wort, dort das Paradies und alles«.

Ein wenig verwirrt uns Luther, als er sich zur Aufgabe des Predigers äußert: Der Pfarrer müsse auf der Kanzel »die Zitzen herausziehen und das Volk mit Milch tränken«, sagt er, aber dann ein wenig später: »Ein Prediger soll Zähne im Maul haben, beißen und salzen und jedermann die Wahrheit sagen. Denn so tut Gottes Wort, dass es die ganze Welt antastet, schlägt drein, dass es raucht ...« Vor allem verständlich muss ein Prediger sein, meint der Reformator. Und mit gesenkter Stimme gesteht er: Ich mag meine gelehrten Pfarrer- und Universitätskollegen als Zuhörer gar nicht, ich predige lieber für »mein Hänslein und Elslein«. Zu ihnen muss er einfach und verständlich sprechen: Dieser Feigenbaum ist ein Feigenbaum. Ich rede gerne so, dass es alle verstehen. Flüsternd fügt er hinzu: Immer wieder verfolgt mich ein Albtraum. Ich muss predigen und bin nicht vorbereitet und habe kein Konzept bei mir und fühle mich fast wie nackt ...

Abb. 39: *Das Altarbild der Stadtkirche St. Marien in Wittenberg (hier ein Ausschnitt), von Lucas Cranach d. Ä. in den dreißiger Jahren geschaffen, zeigt Martin Luther beim Predigen.*

An der Kirchentür stellt Luther uns Georg Rörer, den

Diakon an der Stadtkirche, vor. Dann erleben wir einen Gottesdienst mit, wie ihn Luther in seiner Schrift »Deutsche Messe und Ordnung des Gottesdiensts« im Jahr 1526 selbst vorgeschlagen und festgehalten hat. Auf das Eingangslied, ein gesungenes »Kyrie eleison« (»Herr, erbarme dich«), und ein Eingangsgebet folgen die Schriftlesung aus den neutestamentlichen Briefen, ein weiteres Lied, die Lesung aus dem Evangelium und das gesungene Glaubensbekenntnis »Wir glauben all an einen Gott«. Luther hat das Lied wie zahlreiche andere selbst gedichtet. Gleich nach der Theologie kommt für Luther die Musik. Denn wer singt, betet doppelt.

> Eine lange Predigt ist mir verhasst, denn die Begier zuzuhören wird dadurch bei den Zuhörern vernichtet.
>
> Aus Luthers Tischreden

Luther ist zum begnadeten und zu einem der ganz großen Liederdichter geworden. Sein Talent entdeckte und entfaltete er erst spät als beinahe Vierzigjähriger. Doch dann hat er sehr systematisch zu den zentralen Themen seiner Theologie, etwa zur Rechtfertigungslehre, wie zu allen wichtigen Teilen des gottesdienstlichen und gemeindlichen Lebens Lieder geschrieben, zu Glaubensbekenntnis und Vaterunser, zu Taufe und Abendmahl, wie auch zu den hohen Festen, etwa Weihnachten, Karfreitag und Ostern. Die meisten von Luthers 42 Liedern (davon 36 Kirchenlieder) sind in einem recht kurzen Zeitraum in den Jahren 1523 und 1524 entstanden.

Dann folgt das Herzstück des evangelischen Gottesdienstes, die Predigt über das Evangelium. Als Luther auf der Kanzel steht, verstehen wir den Eindruck eines Zeitgenossen: »Er ist, soviel sich auf seinem Gesichtsausdruck zeigt, ein freundlicher, gelassener und heiterer Mann. Seine Stimme klingt angenehm und sonor und so, dass ich die liebliche Beredsamkeit des Mannes bewundere.«

Luther hat eine Predigerstelle an der Stadtkirche St. Marien, dem ältesten Gebäude Wittenbergs, inne. Für seine Predigten hat der Reformator allenfalls Konzepte angefertigt, im Wesentlichen aber frei gepredigt. Nur vereinzelt bearbeitete er seine Notizen weiter zu einer druckreifen Fassung. Doch seit Anfang der zwanziger Jahre gibt es kontinuierliche Mitschriften, besonders von Diakon Rörer. In sogenannten (Kirchen-)Postillen werden Luthers Predigten von ihm selbst oder

Abb. 40: *Das Altarbild der Stadtkirche St. Marien entstand in enger Abstimmung mit Luther. Es stellt Kern, Wesen und Fundament der evangelischen Kirche anschaulich dar. Auf der Vorderseite zeigen drei Flügel im Mittelteil das Abendmahl (s. S. 96) und links und rechts Taufe (s. S. 109) und Beichte. Auf der hier abgebildeten Predella (= Sockel, Unterbau eines Flügelaltars) ist Luther beim Predigen zu sehen. Er weist auf den Gekreuzigten als zentralen Inhalt des Glaubens und der reformatorischen Predigt hin. In der Gemeinde sieht man vorne Luthers Frau Katharina von Bora und ihr Söhnchen Hans (rot), in der ersten Reihe ganz hinten stehend den Maler selbst.*

von Mitarbeitern gesammelt und veröffentlicht. Sie dienen dann evangelischen Pfarrern als Muster und Vorbild. Überliefert sind über 2000 Predigten, ursprünglich waren es wohl um die 3000.

Wegen einer längeren Abwesenheit des Stadtpfarrers Johannes Bugenhagen und zusätzlicher Katechismusauslegungen kam es 1528 zu einem Höhepunkt von Luthers Predigttätigkeit. An 145 Tagen hielt der Reformator 195 Predigten. An der Jahreswende 1529/30 aber kündigte er seiner verblüfften Gemeinde einen Predigtstreik an – wegen der ausbleibenden Wirkung seiner Ermahnungen und Worte! Und machte die Drohung trotz der Vorwürfe des Kurfürsten eine Zeit lang auch weitgehend wahr. Mit zunehmendem Alter hinderten ihn dann Krankheiten am Predigen oder zwangen ihn dazu, die Predigten in seinem Wohnhaus zu halten.

Glasklar ist der Inhalt der Worte Luthers. Ganz seiner Theologie gemäß: die Botschaft von der Rechtfertigung des gottlosen Sünders durch Gottes Gnade. Dies ist die Botschaft des »Evangeliums«. Gottes Gnade und Vergebung aber zeigt sich in Jesu Tod und Auferstehung. So ist die »wichtigste Lektion der Theologie, Christus erkennen können«. Und deshalb kann man »sonst nichts predigen als über Jesus Christus und den Glauben«.

Der Glaube ist dabei ein Geschenk, der Mensch kann gar nicht glauben, auch wenn er gerne möchte, er muss sich vielmehr den Glauben von Gott schenken lassen. »Ein Christ sein ist, das Evangelium haben und an Christum glauben. Dieser Glaube bringt Ver-

> *Der Luther meiner Kinderstube galt nahezu als Wiedergänger Jesu, als showstopper der Weltgeschichte von Feuer und Schwert. Von Cranach gemalt, hing er an Vaters Arbeitszimmerwand: wie er aus seiner Kanzel auf den todwund geschlitzten Heiland weist, die Wittenberger Christum lehrt, Katharina von Bora freit, seinen Kindern Weihnachtslieder dichtet und das protestantische Pfarrhaus begründet, jene feste Burg, in der nun auch ich sicher wohnen durfte. Dieser Kinderluther war ein Held bis zum Finalsatz seines Lebens: Wir sind Bettler, das ist wahr.*
>
> Der Journalist Christoph Dieckmann im Rückblick auf seine Kindheit in einem lutherischen Pfarrhaus in der ehemaligen DDR in einem Beitrag aus dem Jahre 2005

KERN DER LUTHERISCHEN LEHRE: »SOLUS« – »ALLEIN«

Luther entfaltete eine radikale Theorie, die sich in einige wenige Grundprinzipien fassen lässt:
– **Sola scriptura** – allein die Heilige Schrift: Luther ließ nur gelten, was in der Heiligen Schrift stand, nicht, was die kirchliche Tradition lehrte.
– **Sola gratia** – allein durch Gnade: Der Mensch wird allein durch Gottes Gnade gerecht, nicht durch eigene Werke.

gebung der Sünden und Gottes Gnad. Er kommt aber allein vom Heiligen Geist, der wirkt ihn durchs Wort, ohne unser Zutun und Mitwirkung. Es ist Gottes eigen Werk.« Gottes Wort zündet den Glauben in uns an. »Wenn ich dieses Verständnis von ›Glauben‹ verändern würde, würde ich Christus verändern«, sagt Luther.

Sein eigenes Selbstverständnis als Reformator beruht nach seinen Worten darauf, »dass ich das Evangelium nicht von Menschen, sondern allein vom Himmel durch unsern Herrn Jesum Christum habe«. Deshalb könne er sich selbst einen »Evangelisten rühmen«, schreibt er einmal an seinen Kurfürsten. Luther sieht sich also in der Reihe der Apostel, speziell als »der Deutschen Prophet«. Und selbst wenn er kein Prophet wäre, ganz sicher ist er sich, dass das Wort Gottes bei ihm ist »und nicht bei ihnen«, den verhassten Papisten.

> Der Teufel gibt den Himmel vor der Sünde und nach der Sünde die Verzweiflung; Christus aber tut das Gegenteil: Er gibt den Himmel nach der Sünde und macht ein fröhlich Gewissen.
>
> Aus Luthers Tischreden

Nach der Predigt folgt eine Erläuterung des Vaterunsers, des zentralen Gebetes der Christenheit. Das Gebet ergänzt die Predigt, denn »im Predigtamt spricht Gott mit uns. Im Gebet dagegen spreche ich mit Gott.« Dann feiert die Gemeinde das Abendmahl. Anschließend werden wir Gottesdienstbesucher nach einem letzten Lied, dem »Sanctus«, und einem Gebet

- **Solus Christus** – allein Christus: Das Heil für den Menschen bewirkt Christus allein durch seinen Kreuzestod und seine Auferstehung.
- **Sola fide** – allein aus Glauben: Gerechtfertigt wird der Mensch allein durch den Glauben, der ihm von Gott durch den Heiligen Geist geschenkt wird.

mit dem alttestamentlichen Segen entlassen: »Der Herr segne dich und behüte dich. / Der Herr erleuchte sein Angesicht über dir und sei dir gnädig. / Der Herr hebe sein Angesicht auf dich und gebe dir Frieden.«

An der Kirchentür verabschiedet Luther die Gemeindeglieder mit einem Händedruck. Auf dem Heimweg sinnt er nach über die Kirche. Eigentlich ist die Gemeinde die Gemeinschaft derer, die Gottes Wort hören und daran glauben, die mit Ernst Christen sein wollen. Luther weiß aber sehr wohl, dass es unter den Christen sehr menschlich und oft wenig christlich zugeht.

Doch kann Gott allein richten und urteilen. Denn nur er sieht ins Herz der Menschen, wo doch »keiner sein Herz sehen und kennen kann« – nicht einmal das eigene, um wie viel weniger das eines anderen. Mit geheimnisvoller Miene fügt Luther hinzu: »Wenn Gott seinen Beischlaf hält mit seiner Kirche, jener auserwählten Braut, will er dies vor der Welt verborgen sein lassen.«

In der Schrift »Von den Konzilien und Kirchen« hat der Reformator 1539 seine Lehre von der Kirche explizit entfaltet. Die wahre Kirche, die »Gemeinschaft der Heiligen«, erkennt man an sieben Merkmalen: an der rechten Verkündigung des Wortes, also der evangelischen Predigt, an den beiden Sakramenten der Taufe und des Abendmahls, viertens an Buße, Beichte und Sündenvergebung, sodann an einem geordneten Pfarrdienst mit solider Ausbildung und Ausübung, sechstens am Gebet und Gotteslob und zuletzt daran, dass die richtige Kirche um ihres Glaubens willen verfolgt wird.

An mir hat sich auch dies letzte Merkmal erfüllt, sagt Luther, Papst und Kaiser wollen mir an den Kragen, und wie gerne wollte ich um meines Glaubens willen mein Leben

Abb. 41: *Ein Teil der Predigtkanzel Luthers aus der Stadtkirche Wittenberg, heute im Lutherhaus zu besichtigen (Holz, bemalt, Ende 15. Jahrhundert)*

lassen – doch es scheint, als habe mich Gott nicht für würdig erachtet, ihm dies Opfer zu bringen.

An einem Tag der nächsten Woche begleiten wir Luther zur Universität. Ich bin Doktor der Theologie, erklärt uns der Reformator auf dem kurzen Weg, mit meinem Doktoreid habe ich geschworen, die Heilige Schrift »treulich und lauter zu studieren, predigen und lehren«. Daran habe ich mich bis heute gehalten. Unsere Lehre *ist* Gottes Wort. – Da stehen wir auch schon vor dem Gebäude, das wegen seines hellen Bausteins »Leucorea« (»die Weiße«) genannt wird. Hier hatte Luther von 1508 bis 1509 für ein Jahr Theologie studiert und war zugleich als Dozent für Philosophie tätig gewesen. Hier wirkt er dann seit 1511 endgültig und lehrt seit 1512 bis ins Jahr 1545, wenige Monate vor seinem Tod, als Theologieprofessor. Pflichtbewusst und unermüdlich legt er in seinen Vorlesungen biblische Bücher aus, beginnend bei den Psalmen. Bald stürzt er sich auf die Paulusbriefe des Neuen Testaments, besonders den Römer- und den Galaterbrief. Das erste Buch Mose, die Genesis, bildet schließlich den Inhalt einer gigantischen, die letzten zehn Jahre seines Lebens füllenden Vorlesung.

> Das christliche Leben ist nicht Frommsein, sondern ein Frommwerden, nicht Gesundsein, sondern ein Gesundwerden, nicht ein Sein, sondern ein Werden, nicht Ruhe, sondern eine Übung. Wir sind es noch nicht, wir werden es aber. Es ist noch nicht getan und geschehen, es ist aber auf dem Weg. Es glüht und glänzt noch nicht alles, es bessert sich aber alles.
>
> Luther über das Christsein

Von Luthers eigener Hand stammen viele Vortragsmanuskripte, daneben haben sich Kolleghefte der Studenten erhalten, sodass wir uns ein genaues Bild seiner Vorlesungen verschaffen können. In den Ausführungen zur Genesis etwa weist er darauf hin, dass die menschlichen Ordnungen und Institutionen gleich zu Beginn durch Gott geschaffen worden sind. Zuerst entstand die Kirche, versinnbildlicht in der Gottesbeziehung zu Adam. Als Zweites folgte mit der Erschaffung Evas und der Beziehung der beiden Geschlechter der Hausstand oder die Ökonomie. An dritter und letzter Stelle wurde nach dem Sündenfall die Obrigkeit nötig, um

Abb. 42: *Der kolorierte Holzschnitt »Zweierlei Predigt« von Lucas Cranach d. J. aus dem Jahr 1545 zeigt auf der linken Seite das evangelische Verständnis von Gottesdienst und Kirche. Zentral ist die Predigt des gekreuzigten Christus (Luther auf der Kanzel). Die beiden Sakramente sind Taufe (hinten) und Abendmahl (vorne). Dies wird »in beiderlei Gestalt« vollzogen, d. h., die Gläubigen erhalten Brot und Wein (und nicht nur das Brot wie in der römischen Kirche). Der sächsische Kurfürst unter der Kanzel nimmt das Kreuz auf sich.*

der menschlichen Bosheit und Sünde zu wehren und eine Ordnung zwischen der sich vermehrenden Menschheit zu errichten.

Wir werden bei unserem Besuch Zeuge einer ehrwürdigen universitären Tradition: des Thesenvortrags anlässlich von Disputationen und Prüfungen. Nachdem dieser Brauch in den zwanziger Jahren in Wittenberg beinahe zum Erliegen gekommen ist, wird er in den Dreißigern neu belebt. Für heute hat der Reformator als Übung für die ähnlich ablaufenden Prüfungsgespräche eine Thesenreihe formuliert. »Über den Menschen« (»De homine«) lautet das Thema.

> Unter tausend Getauften ist kaum ein rechter Christ … Ein Christ ist ein seltener Vogel.
>
> Luther über das Christsein

»1. Die Philosophie, die menschliche Weisheit, definiert den Menschen als vernunftbegabtes, mit Sinnen und Körperlichkeit ausgestattetes Lebewesen.

4. Und in der Tat ist es wahr, dass die Vernunft die Hauptsache von allem ist, das Beste im Vergleich mit den übrigen Dingen dieses Lebens und geradezu etwas Göttliches.

20. Die Theologie hingegen definiert aus der Fülle ihrer Weisheit den ganzen Menschen.

21. Nämlich: Der Mensch ist Gottes Geschöpf, aus Fleisch und lebendiger Seele bestehend, von Anbeginn zum Bilde Gottes gemacht ohne Sünde …,

22. das aber nach Adams Fall der Macht des Teufels unterworfen ist, nämlich der Sünde und dem Tode – beides Übel, die durch seine Kräfte nicht zu überwinden und ewig sind …«

In guter alter Tradition vertritt Luther zuerst einmal den Gedanken, der Mensch unterscheide sich vom Tier vor allem durch die Vernunft. Sie kann daher geradezu »etwas Göttliches« genannt werden. Doch diese Betrachtungsweise, so fährt der Reformator fort, ist eine philosophische. Theologisch gesehen jedoch gerät die Vernunft unter die Macht des Teufels, sie steht dem Glauben im Weg. Damit aber hat sie sich in eine »Hure« verwandelt, die »Blindekuh mit Gott« spielen will, wie Luther an anderen Stellen formuliert. Will man den Glauben mit der Vernunft begreifen, geht es einem

»wie dem, der mit blöden Augen stracks in die Sonne sehen will: Je mehr und je länger er darein sieht, desto größeren Schaden tut er sich am Gesicht.« So muss also der Glaube »die Vernunft blenden«, will man die Theologie richtig betreiben. Hier geraten die Studenten, die sich an der Diskussion über die Thesen des Professors beteiligen, ins Stocken. An dieser Stelle haben nahezu alle, die damals wie heute Luthers Theologie studieren, ihre Schwierigkeiten. Die Theologie des Reformators spannt sich zwischen ungeheuren Gegensätzen auf. Ihre Logik ist widersprüchlich, paradox, dialektisch. Theologie, die intellektuelle Selbstauslegung des christlichen Glaubens, arbeitet mit der Vernunft und zugleich gegen sie. Der Gegensatz liegt in der Sache selbst, im unendlichen Unterschied und Gegensatz von Gott und Mensch.

> Dass Gott nicht ein solch ausgereckt, lang, breit, dick, hoch, tief Wesen sei, sondern ein übernatürlich unerforschlich Wesen, das zugleich in einem jeglichen Körnlein ganz und gar und dennoch in allen und über allen und außer allen Kreaturen sei ... Nichts ist so klein, Gott ist noch kleiner, nichts ist so groß, Gott ist noch größer, nichts ist so kurz, Gott ist noch kürzer, nichts ist so lang, Gott ist noch länger, nichts ist so breit, Gott ist noch breiter, nichts ist so schmal, Gott ist noch schmaler und so fort, ist's ein unaussprechliches Wesen über und außer allem, das man nennen oder denken kann.
>
> Luther in seinen Invokavitpredigten im Jahre 1522

Ist doch der »eigentliche Gegenstand« der Theologie »der angeklagte und verlorene Mensch und der rechtfertigende und rettende Gott«. Die Frage, warum Gott das Heil zwar für alle Menschen will, aber nicht alle wirklich gerettet werden, hält Luther für nicht beantwortbar, ja bereits im Ansatz für verfehlt. Während andere, insbesondere Schweizer Reformatoren hier ausgefeilte Lehren über die göttliche Vorsehung entfalten, will sich Luther an den Spekulationen über die Prädestination nicht beteiligen. »Man soll sich mit allem Fleiß vor der Disputation über die Vorsehung hüten«, formuliert er seine Meinung kurz und bündig. Gott rettet und richtet.

Er hat zwei Seiten: eine lichte, geoffenbarte und eine dunkle, verhüllte. Die Theologie kann sich nur mit der Offenbarung befassen und den Schleier um Gottes tiefstes Geheimnis nicht lüften. »Die Ursache, warum Gott diesen oder jenen erwählt, soll man nicht auf unsern Herrgott legen, sondern auf den Menschen; dem soll man die Schuld geben, nicht Gott.« Das Evangelium zeigt: Gott will und schenkt Heil. Das genügt.

Es bleiben also auf der Ebene von Logik und Vernunft große Probleme und Widersprüche bestehen. Zugleich jedoch ist die Theologie für Luther eine Erfahrungswissenschaft, die sich mit dem Leben des Menschen und seinen existenziellen Fragen befasst: »Allein die Erfahrung macht den Theologen«, weiß er. Und so kann er in seinen Schriften die unterschiedlichsten Argumentationsebenen miteinander kombinieren. Biblische Stellen stehen neben philosophischen und juristischen Argumenten, Beispiele aus der Geschichte werden flankiert von Geschichten und Sprichwörtern. Und dies alles ist gemischt und gewürzt mit Alltagserfahrung und einem guten Schuss gesunden Menschenverstand.

> *Luthers Lehre ist göttlich, aber unmenschlich, ja barbarisch, eine Hymne auf Gott, aber ein Pasquill (= schriftlich verbreitete Beleidigung) auf den Menschen. Aber sie ist nur unmenschlich im Eingang, nicht im Fortgang, in der Voraussetzung, nicht in der Folge, im Mittel, nicht im Zwecke ... Keine Speise ohne Hunger – so keine Gnade ohne Sünde, keine Erlösung ohne Not, kein Gott, der alles ist, ohne einen Menschen, der nichts ist. Was der Hunger nimmt, ersetzt die Speise, was Luther im Menschen dir nimmt, das ersetzt er in Gott dir hundertfältig wieder ...*
>
> Der Philosoph Ludwig Feuerbach in seinen Lutherstudien im Jahr 1844

In Scharen kommen die Studenten nach Wittenberg, um die Vorlesungen des Reformators zu hören. Ein Augenzeuge und späterer Luthergegner berichtet: »Die Studenten hören ihn gern, denn seinesgleichen war bis dahin noch nicht gehört worden, der ein jedes lateinisches Wort so tapfer verdeutscht hätte.« Wie in seiner Bibelübersetzung, weiß Luther auch in seinen Vorlesungen und Gesprächen, die Sache deutlich zu benennen und verständlich darzustellen.

Bei aller Verständlichkeit aber bleiben Rangfolge und Wertigkeit klar. Über allen menschlichen Worten, Weisheiten und Büchern steht die Bibel, »weil keines vom ewigen Leben lehret als dieses allein«.

Abb. 43: *Bild aus der Lutherbibel von 1534. Ein Vergleich mit Michelangelos Erschaffung Adams in der Sixtinischen Kapelle zeigt den Gegensatz zwischen dem Gottes- und Menschenbild der Renaissance und der Reformation: Bei Michelangelo erscheinen Gott und Mensch beinahe gleichgestellt, bei Luther besteht zwischen ihnen der größte denkbare Unterschied.*

Darauf baut Luthers Lehre: »Deshalb ist unsere Theologie gewiss, weil sie uns außerhalb unserer selbst stellt: Ich soll mich nicht stützen auf mein Gewissen …; sondern auf die göttliche Verheißung und Wahrheit, die nicht trügen kann.«

Wenn ich schreibe, fließt's mir zu
Der Publizist und Programmatiker

Ich habe eine rasche Hand und ein promptes Gedächtnis. Wenn ich schreibe, fließt's mir zu, ich brauche nicht zu pressen und zu drücken.« Mit diesen Worten beschreibt Luther die eigenen schriftstellerischen Fähigkeiten. Und so muss es gewesen sein. Anders ist die ungeheure Arbeitsleistung nicht zu erklären. Es geht die Anekdote, man habe laufend die noch feuchten Manuskriptblätter aus Luthers Hand einzeln in die nahe Druckerei von Hans Lufft, dem wichtigsten, durch Luther reich gewordenen Buchdrucker in Wittenberg, hinübergetragen ...

Luther war der »Bestsellerautor« schlechthin: Von seinen Schriften erscheinen auf Deutsch 1517 zwei, im Jahr 1523 ganze 346 und 1528 immer noch 60 Ausgaben. Er soll zwischen der Thesenveröffentlichung und seinem Tod fünf Mal so viel wie alle altgläubigen Autoren Deutschlands zusammengenommen publiziert haben. 1523 bestehen etwa zwei Fünftel der gut 900 auf Deutsch erschienenen Drucke aus Schriften Luthers.

Die Reformation braucht den Buchdruck, diese neue Art der Textverarbeitung und -verbreitung, doch umgekehrt braucht auch der Buchdruck, um sich wirklich durchzusetzen, die Reformation. Die Reformation ist eine Medienrevolution. Im Buchdruck stehen Glaubensfragen weit an der Spitze. Das Genre Flugschrift macht sich fast exklusiv die Reformation zunutze, nur fünf Prozent beschäftigen

Abb. 44: *Das Gemälde »Martin Luther« (1983) von Heinz Zander (geb. 1939) zeigt den Reformator als Schriftsteller, der – mit Gänsefeder und Papier ausgerüstet – seine Gedanken rasch festzuhalten vermag. Luther mustert uns als Betrachter seinerseits mit ernstem Blick. Er hat beim Schreiben stets auch die Adressaten seiner Werke im Sinn.*

sich hierbei nicht mit religiösen Themen, zumeist besteht ein Bezug zu Wittenberg. Die Flugschriftendrucke erreichen bis zum Bauernkrieg wohl über zwei Millionen Einzelexemplare. Wittenberg wird durch den Reformator zur Druckerstadt. Auch in anderen wichtigen Buchstädten wie Leipzig, Nürnberg, Augsburg, Basel oder Straßburg steigt er schnell zum meistgedruckten Autor auf, mit weitem Abstand zu allen anderen Autoren. Reisende Buchhändler verbreiten seine Werke, Nachdrucke entstehen überall, ein Copyright kennt die Zeit nicht.

Luther schreibt – und dies ist für ihn höchst charakteristisch – in zwei Sprachen, Lateinisch für die Gelehrten und immer mehr auch auf Deutsch für das Volk, beginnend 1517, im Jahr der Thesen. Manches Werk, etwa die zentrale, bleibende Reformationsschrift über die Freiheit des Christen von 1520 erscheint sogar parallel in einer lateinischen und einer (kürzeren) deutschen Fassung.

Luther ist der Publizist schlechthin. Sein Stil lässt sich nicht als ausgefeilt wie der der Humanisten bezeichnen, doch wirkt er überaus lebendig, ja oft geradezu poetisch. Wem klingt nicht die Stelle der Weihnachtsgeschichte nach Lukas in den Ohren: »Ihr werdet finden das Kind in Windeln gewickelt und in einer Krippe liegen« (Lk 2,12). Klangmalerisch ist die Sprache, sie arbeitet mit Alliteration beziehungsweise Stabreim: »Lasst euer Licht leuchten vor den Leuten ...« (Bergpredigt, Mt 5,16). Besonders bei der Bibelübersetzung findet Luthers Sprache ihren Höhepunkt.

Seine Fremdsprachenkenntnis ist beachtlich. Nicht nur im Lateinischen, für einen Professor seiner Zeit eine Selbstverständlichkeit, vielmehr auch im Griechischen, wie bei den Humanisten üblich, und – mit deutlichem Abstand – in Hebräisch, einer Sprache, die er »majestätisch und herrlich« findet, »also, dass es ihr keine nachtun kann«. Über die mangelnden Lateinkenntnisse mancher Zeitgenossen kann der Reformator deftig spotten: Ein adliger Domherr habe »Glam« statt »Gloriam« vorgelesen, worauf die Alten gesungen hätten: »Glim, Glam, Gloriam, die Sau hat einen Chorrock an.«

Sich selbst hält Luther für einen guten Schriftsteller, wenn er auch die Weitschweifigkeit und mangelnde Durcharbeitung mancher seiner in Zeitnot verfassten Werke selbst bemängelt.

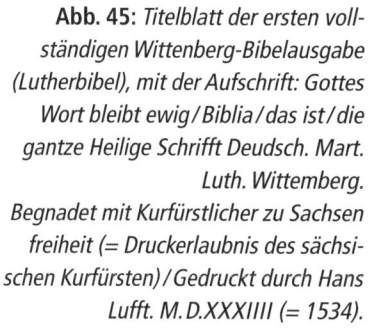
Abb. 45: *Titelblatt der ersten vollständigen Wittenberg-Bibelausgabe (Lutherbibel), mit der Aufschrift: Gottes Wort bleibt ewig / Biblia / das ist / die gantze Heilige Schrifft Deudsch. Mart. Luth. Wittemberg. Begnadet mit Kurfürstlicher zu Sachsen freiheit (= Druckerlaubnis des sächsischen Kurfürsten) / Gedruckt durch Hans Lufft. M.D.XXXIIII (= 1534).*

Vor allem aber spart er nicht mit Kritik an der Unfähigkeit anderer Autoren. Dem Herzog von Braunschweig-Wolfenbüttel, der sich als Autor versuchte, schreibt er ins Stammbuch, er sei »ein unverständiger Narr, Bücher zu schreiben«. Um ihm dann zu raten, sich einmal »einen Furz von einer alten Sau« anzuhören und von dieser eigens für ihn verfassten »Stimme« zu lernen, als hätte er den Klang einer Nachtigall vernommen.

Immer wieder beschäftigt sich Luther mit sprachlichen Problemen, mit der Schriftstellerei, mitunter auch mit Dichtung. Aber erst an der Bibel erweist sich das eigentliche Sprachtalent des Reformators. Dabei hat er bei Tisch einmal erzählt, er habe erst mit zwanzig Jahren nach intensiver Suche in der Universitätsbibliothek zum ersten Mal in seinem Leben eine Bibel gesehen. Dann aber hat er sie nach eigenen Worten innerhalb von zwei Jahren gleich mehrmals vollständig durchgelesen.

Zum Übersetzen der Fachausdrücke besucht er später Handwerker, Jäger, Falkner, gar die kurfürstliche Schatzkammer, und eignet sich Kenntnisse auf allen einschlägigen Gebieten an.

Zu Lebzeiten Luthers werden 300 hochdeutsche Ausgaben beziehungsweise Teilausgaben seiner Bibelübersetzung veröffentlicht, zusammen mit der niederdeutschen Version sind dies fast eine Million Exemplare. Allein die Druckerei Hans Lufft liefert in 50 Jahren 100 000 Exemplare. Die Nach- und Raubdrucke sind schlicht unzählbar. Die Bibel bekommt eine einzigartige Sonderstellung in der Bücherwelt. Sie wird zum ersten »Massenmedium«, zum ersten »Bestseller« der Geschichte. Über Jahrhunderte bleibt sie in deutschen Landen das meistgelesene Buch.

Der theologisch nicht unproblematische Begriff »Luther-

> Das kann ja kein anderes Buch, Lehre noch sonst etwas: Trösten in Nöten, im Elend und im Sterben, ja unter den Teufeln und in der Hölle. Allein dies Bibelbuch kann das, das uns Gottes Wort lehrt und darin Gott selbst mit uns redet wie ein Mensch mit seinem Freunde.
>
> Handschriftlicher Eintrag Martin Luthers in seine lateinische Bibel, ein Basler Druck von 1509

Eine der für Luthers Rechtfertigungslehre zentralen Stellen aus dem Römerbrief, **Röm 3,28**, in heutigen unterschiedlichen Übersetzungen:

»So halten wir nun dafür, dass der Mensch gerecht werde ohne des Gesetzes Werke, allein durch den Glauben.«

Lutherbibel in der revidierten Fassung von 1984

bibel« ist bereits zeitgenössisch. Entgegen einer weitverbreiteten Ansicht ist Luthers Übersetzung keinesfalls eine der ersten, vielmehr existierten bereits vor der Reformation vierzehn oberdeutsche und vier niederdeutsche vollständige Bibelübersetzungen. Doch Luthers Werk fegt die Konkurrenz kurzerhand vom Markt. Sicherlich gibt es viele Gründe für diesen Erfolg: der Name des Übersetzers, die hervorragende Qualität der Übersetzung, der durch die Reformation erfolgte theologische und mediengeschichtliche Umbruch. An die Stelle von Kirche und Priester als Mittler des Heils tritt nun das Medium Bibel beziehungsweise Text.

> Luther hat Unerhörtes aus der Bibel herausgeholt und die Bibel Unerhörtes aus ihm.
>
> Der Kirchenhistoriker Heinrich Bornkamm

Genial aber ist Luther darin, dass er sowohl wörtlich als auch frei zu übersetzen imstande ist, dass er volksnah bäuerlich-handwerklich und poetisch-schöpferisch zugleich formuliert. Kunstworte, sprachliche Neuschöpfungen wie »Erdenkloß« und »Nächstenliebe«, »kleingläubig« oder »friedfertig« und viele andere gehen auf ihn zurück. Nie ist seine Sprache hölzern, immer voll Musikalität. Das Geheimnis liegt wohl darin, dass Luther die neue Schriftlichkeit mit der alten mündlichen Sprache zu verbinden weiß. »Man muss dem Volk aufs Maul schauen«, erklärt er denn auch in seinem »Sendbrief vom Dolmetschen«, in dem er im Jahr 1530 eine Art erste Übersetzungstheorie entwickelt: »Man muss

---

»Nach reiflicher Überlegung kommen wir zu dem Schluss, dass Menschen aufgrund von Vertrauen gerecht gesprochen werden – ohne dass schon alles geschafft wurde, was die Tora (das jüdische Gesetz) fordert.«

Bibel in gerechter Sprache, 2006

»Ich fass noch mal zusammen: Nicht weil ich so toll gelebt habe, werden meine Schulden bezahlt, die ich bei Gott hatte, sondern nur weil ich mein Vertrauen auf Jesus Christus setze.«

Die Volxbibel, 4. Aufl. 2007

nicht die Buchstaben in der lateinischen Sprache fragen, wie man soll Deutsch reden, sondern man muss die Mutter im Haus, die Kinder auf der Gasse, den gemeinen Mann auf dem Markt drum fragen und denselbigen aufs Maul sehen, wie sie reden, und danach dolmetschen, so verstehen sie es denn und merken, dass man Deutsch mit ihnen redet.«

Er ist's, der die deutsche Sprache, einen schlafenden Riesen, aufgeweckt und losgebunden. Er ist's, der die scholastische Wortkrämerei, wie jene Wechseltische, verschüttet. Er hat durch seine Reformation eine ganze Nation zum Denken und Gefühl erhoben.

Johann Gottfried Herder
über Martin Luther in seiner
Sprachphilosophie

Zugleich nimmt Luther die sächsische Kanzleisprache zwar auf, gestaltet sie jedoch neu, sodass eine verbindende deutsche Sprache durch ihn erst eigentlich richtig entsteht. Die erste in Deutschland erschienene Grammatik basiert auf Luthers Bibelübersetzung und Werken.

Seine beiden Berufe als Prediger und Professor kommen dem Reformator wieder einmal zugute. Er kann den Bibeltext lesen, übersetzen und verstehen – und er weiß, wie man sich ausdrücken muss, um verstanden zu werden. Er zielt darauf, »dass nicht der Sinn den Worten, sondern die Worte dem Sinn dienen und folgen sollen«. Er versucht also eine sinngemäße Übertragung des Textes. »Item, da der Engel Maria grüßet und spricht: Gegrüßt seiest du, Maria voll Gnaden, der Herr mit dir (Lk 1,28). Nun, so ist's einfach dem

»Der Herr, der richt' mich,/und mir gebrast (= mangelte) nit,/und an der Statt der Weide/do satzt' er mich./Er fuorte mich ob dem Wasser/der Wiederbringung,/er bekehrt' mein Seel./Er fuort' mich aus auf die/Steig der Gerechtigkeit/umb seinen Namen.«

Mentelinbibel von 1466, eine vorlutherische deutsche Bibelversion,
übersetzt aus dem Lateinischen der Vulgata

»Der Herr ist mein Hirte,/mir wird nichts mangeln./Er lässt mich weiden/in der Wohnung des Grases/und nähret mich am Wasser guter Ruhe./Er kehret

lateinischen Buchstaben nach verdeutscht. Sage mir aber: Wo redet der deutsche Mann so: Du bist voll Gnaden? Und welcher Deutsche versteht, was das heißt: voll Gnaden? Er muss denken an ein Fass voll Bier oder Beutel voll Geldes; darum hab ich's verdeutscht: Du Holdselige, worunter ein Deutscher sich sehr viel eher vorstellen kann, was der Engel meint mit seinem Gruß. Aber hier wollen die Papisten toll werden über mich, dass ich den Gruß des Engels verderbt habe …«

Als Übersetzer ist Luther zugleich Interpret, doch ein gelehrter, gewissenhafter. Bei der für Luthers Theologie entscheidenden Stelle, dass der Mensch nicht durch Werke, sondern allein aus Glaube gerechtfertigt werde (Röm 3,28), triumphiert zunächst sein Gegner Johannes Eck: Im griechischen Urtext fehle ja das Wörtchen »allein« (lateinisch »solus«), Luther habe es eigenmächtig hinzugefügt, die Heilige Schrift also zu seinen Gunsten mit Absicht verfälscht. Luther aber geht in der Schrift »Vom Dolmetschen« gegen diese »Eselsköpfe«, die seine Übersetzung »wie die Kühe ein neues Tor« ansehen, scharf an. Er habe den Sinn sehr wohl richtig getroffen, denn im Deutschen brauche es mitunter das Wörtchen »allein« (wir würden heute sagen: »nur«), beispielsweise im Satz: »Ich habe nur gegessen, aber noch nichts getrunken.«

Trotz der günstigen sprachlichen Voraussetzungen und der

---

wieder meine Seele,/er führet mich auf den rechten Pfad/um seins Namen willen.«   Aus Luthers Handschrift, an die moderne Rechtschreibung angepasst

»Der Herr ist mein Hirte,/mir wird nichts mangeln./Er weidet mich/auf einer grünen Auen/und führet mich/zum frischen Wasser./Er erquicket meine Seele,/er führet mich auf rechter Straße/um seines Namens willen.«
Aus der Psalmenrevision von 1531, an die moderne Rechtschreibung angepasst – diese Fassung findet sich dann auch in der Bibelausgabe von 1534

bis heute anregenden theoretischen Überlegungen zum »Dolmetschen« fällt die Bibelübersetzung alles andere als leicht, vor allem beim Alten Testament mit dem Hebräischen. Hier

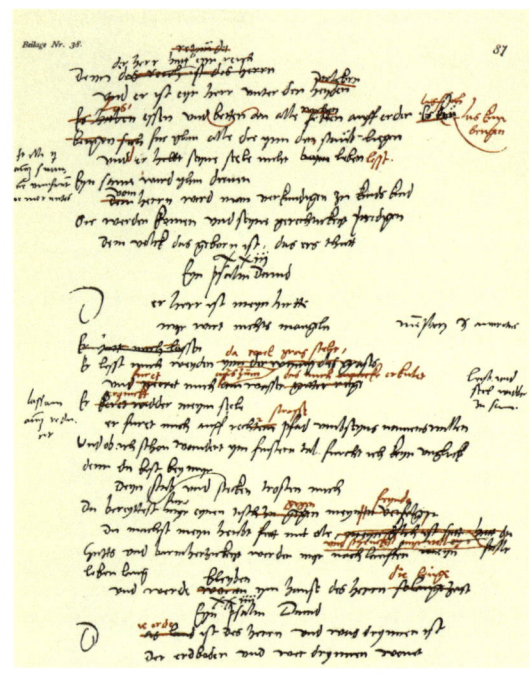

Abb. 46: *Auszug aus Luthers handschriftlicher Fassung der Übersetzung der Psalmen (Psalm 23)*

ringt ein ganzer Stab von gelehrten Mitarbeitern in regelmäßigen Arbeitssitzungen und zahllosen Überarbeitungen um eine gute, gültige Fassung. Da hört man den Reformator schon einmal klagen: »Man kann die hebräischen Propheten nicht in die deutsche Sprache hineinzwängen. Das wäre ja auch, als wollte man einer Nachtigall befehlen, wie ein Kuckuck zu krächzen.« Hier fließt's also keinesfalls immer zu, hier muss gepresst und gedrückt werden, doch mit einem Ergebnis, das die vorhergehenden Mühen um Welten hinter sich lässt.

Beim berühmten Psalm 23, der dann endgültig mit den bekannten Worten »Der Herr ist mein Hirte, mir wird nichts mangeln« beginnt, finden sich zuerst einmal die Formulierungen »an der Statt der Weiden« und dann »in der Wohnung des Grases«; das »Wasser der Wiederbringung« wird zum »Wasser guter Ruhe«, ehe die treffliche, eingängige Formulierung gefunden ist: »Er weidet mich auf einer grünen Auen / und führet mich zum frischen Wasser.«

Die gesamte Bibel ist 1534 fertig, nachdem vorher zahlreiche Teillieferungen erschienen waren. Luther und die anderen Übersetzer nehmen kein Honorar, reich werden nur die Drucker.

In den Vorreden, mit denen der Reformator die einzelnen biblischen Bücher einleitet, offenbart Luther sein Bibelverständnis. Mit markanten Linien skizziert er die Bedeutung der verschiedenen Einzelwerke. Das Evangelium scheint ihm in den Paulusbriefen »klarer und lichter« zum Ausdruck zu kommen als in den Evangelien selbst. Denn diese erzählen zwar vom Leben Jesu, doch die Bedeutung Jesu Christi als Retter der Welt wird erst nach der Sendung des Heiligen Geistes, also in der Urgemeinde, klar erkannt. Unter den Paulusbriefen steht für den Reformator der Römerbrief wegen der ausformulierten Rechtfertigungslehre an erster Stelle. Bei den Evangelien ist das Johannesevangelium den anderen vorzuziehen, da es nicht nur von Jesus erzählt, vielmehr auf seine Bedeutung verweist. Den Brief des Jakobus hält Luther für eine »stroherne Epistel« (= Brief), da er auf der Bedeutung der Werke für den Glauben beharrt.

INTERESSANTE AUSGABEN DER LUTHERBIBEL HEUTE

– Die Bibel mit Bildern aus dem Heiligen Land (Fotografien, Karten usw.)
– Die Bibel mit Erklärungen (Stuttgarter Erklärungsbibel)
– Die Bibel mit Wortkonkordanz (Schlagwortregister)
– Lutherbibel für dich (Lutherbibel für junge Menschen)
– Bibel digital: Unter der Internet-Adresse der Deutschen Bibelgesellschaft www.dbg.de kommt man frei zugänglich zur digitalen Version der Lutherbibel in der Fassung von 1984.

Luther beschäftigt sich als Schriftsteller und Dichter jedoch auch mit nichtbiblischen Stoffen, etwa mit antiker Dichtung. Die bekannten Fabeln Äsops erzählt er neu. Bezeichnenderweise schwingt sich nach dem Tod des alten Löwen ein Esel mit einem Kreuz auf dem Rücken (also ein Priester im Messgewand) zum König der Tiere auf, unterstützt durch die Propagandareden des schlauen Fuchses. Ein andermal geschieht dem Lämmlein durch den Wolf Unrecht, wiederum typisch für den Lauf der Welt: »Ein Wolf und Lämmlein kamen von ungefähr beide an einen Bach zu trinken. Der Wolf trank oben am Bach, das Lämmlein aber weiter unten. Da der Wolf des Lämmleins gewahr ward, lief er zu ihm und sprach: Warum trübst du mir das Wasser, dass ich nicht trinken kann? Das Lämmlein antwortete: Wie kann ich dir's Wasser trüben, trinkst du doch über mir und möchtest es mir wohl trüben? Der Wolf sprach: Wie? Fluchst du mir noch dazu? Das Lämmlein antwortete: Ich fluche dir nicht ... Ei, sprach der Wolf, und wenn du gleich viel ausreden und schwätzen kannst, will ich dennoch heute nicht ungefressen bleiben, und würgte also das unschuldige Lämmlein und fraß es.

Lehre: Der Welt Lauf ist: Wer fromm sein will, der muss leiden ... Denn Gewalt geht vor Recht. Wenn der Wolf will, so ist das Lämmlein im Unrecht.«

Weiter sind von Luther mehr als zweieinhalbtausend Briefe erhalten. Kein deutscher Autor vorher kann einen vergleichbaren Briefwechsel vorweisen. Gemeinsam mit Erasmus von Rotterdam und Philipp Melanchthon ist er einer der großen Briefschreiber der Zeit. Die Briefe sind wichtige Zeugnisse für seine Biografie, aber auch für die Theologie. Nur bei Krankheit diktiert Luther seine Briefe, ansonsten schreibt er mit eigener Hand. Allerdings sind seine Briefe mehrheitlich nur als Abschriften erhalten geblieben. Der gesamte Briefwechsel ist nur unvollständig überliefert, da Luther die an ihn gerichteten Schreiben nicht aufbewahrt. Per Brief tritt der Reformator mit allen Ständen der Gesellschaft in Verbindung, mit Papst, Kaiser und seinem Kurfürsten wie mit einfachen Menschen.

Phasen besonders intensiver Briefwechsel stellen die einsamen Zeiten auf der Wartburg und der Coburg dar. Zentrale Briefpartner sind der kurfürstliche Rat Georg Spalatin, über den er mit dem Hof in Verbindung steht, sein Kollege Philipp Melanchthon und seine eigene Frau, Katharina von Bora. An die beiden zuletzt genannten engsten Vertrauten gehen denn auch die letzten Briefe in den Tagen vor seinem Tode.

In seinen Briefen wirkt Luther auch als Seelsorger. Er schreibt Trostbriefe an Depressive, Kranke und Sterbende, an seine alten Eltern wie an seinen Erzfeind Johannes Tetzel. Immer wieder weist er dabei auf das Evangelium als Trost wie auf die eigene Glaubenserfahrung hin, ohne jedoch das Leid zu bagatellisieren.

> Die schwersten Anfechtungen sind, wenn der Teufel uns dahin bringt, dass wir nach den Ursachen des Wohlergehens und des Unglücks forschen. Keine Anfechtung bringt leichter zu Fall, als danach zu forschen, warum dies oder jenes geschieht. Das »Warum« hat alle Heiligen gequält.
>
> Luther in den Tischreden

Der Mensch Martin Luther besitzt ein erstaunliches Einfühlungsvermögen, eine beachtliche Sensibilität und einen reichhaltigen Schatz an Lebenserfahrung. Dies zeigt sich in vielen seiner Schriften.

Auffällig ist, dass Luther keine »Systematische Theologie« beziehungsweise »Dogmatik«, keine zusammenfassende Darstellung seiner theologischen Grundansichten verfasst hat, kein Lehrbuch der reformatorischen Theologie. Ein solches stammt dagegen von seinem Kollegen Philipp Melanchthon (1521), der von Haus aus Altphilologe war und erst nachträglich einen niedrigen Universitätsgrad auf theologischem Gebiet erworben hatte, also nicht als akademisch ausgewiesener wissenschaftlicher Theologe galt. Luther aber lag das Ausarbeiten umfassender Systeme offensichtlich fern. Einen Überblick über seine grundlegenden Auffassungen finden wir allenfalls in seinen beiden Katechismen (beide 1529) sowie in den »Schmalkaldischen Artikeln« (von 1537/38), doch sind alle drei Werke für kirchliche und erzieherische Zwecke gedacht und genügen keinem wissenschaftlichen Anspruch.

Das umfangreichste und zugleich theologisch wie philosophisch gedankenreichste, bis heute höchst interessante Werk ist das »Über den unfreien Willen«.

Abb. 47: *Tischgespräch mit Luther. Bild des Malers Uwe Pfeiffer (geb. 1947) aus dem Jahr 1983*

Interviewer: *Werter Herr Reformator, was denken Sie über unser menschliches Leben?*
M. L.: *Unser Leben ist gleich wie eine Schifffahrt ... Weil aber das Schiff, in dem wir geführt werden, schwach ist, und große, gewaltige, gefährliche, ungestüme Winde, Wetter und Wellen auf uns einfallen und gern bedecken wollen, so bedürfen wir wahrlich wohl eines verständigen, geschickten Steuermannes, der das Schiff mit seinem Rat und Verstand also regiere und führe, dass es nicht an eine Steinklippe anstoße oder gar versaufe und untergehe. Dieser unser Steuermann ist allein Gott ...*
Interviewer: *Also ist das menschliche Leben eine schwere und ernste Sache?*
M. L.: *Das Leben ist eine gute Gabe Gottes, aber weil es so kurz ist und durch den Tod abgeschnitten wird, beklagen wir unser Unglück mit Recht.*
Interviewer: *Sind Christen also Menschen, die den Kopf hängen lassen?*
M. L.: *Gott will, dass wir fröhlich seien, und hasst die Traurigkeit.*

Lutherpassagen zusammengestellt aus den Reden des Reformators bei Tisch

In seinen Vorlesungen entfaltet Luther ebenfalls kein theologisches System, legt vielmehr Jahr um Jahr treu und schlicht biblische Bücher aus. Luthers Schriften aber entstehen nahezu immer aus einem bestimmten Anlass, sie reagieren auf ein Problem, entfalten einen bestimmten Aspekt seiner Theologie, Zug um Zug, in vielen einzelnen Etappen. Die meisten dieser Programmschriften sind kurz gehalten, nur wenige Bücher im eigentlichen Sinne sind darunter. Die gesamte Schreibleistung Luthers aber ist gigantisch. Sie beläuft sich auf 1800 Druckseiten pro Jahr, 5 Seiten täglich, alle Tage eingerechnet. Eine erste Sammelausgabe von lateinischen Schriften Luthers erscheint bereits im Jahre 1518 und wird gleich zu einem großen internationalen Erfolg. Der erste Band einer Gesamtausgabe seiner deutschen Schriften wird 1539 herausgebracht, der lateinischen Werke dann 1545, im Jahr vor seinem Tode. Im Vorwort zur Sammlung der deutschen Schriften betont er selbstverständlich bescheiden, sein Werk sei nicht wert, erhalten zu bleiben, allein auf Gottes Wort, die Bibel, komme es an. Doch so ganz unlieb wird ihm die Unternehmung nicht gewesen sein, verstand er sein Werk doch als die einzig wahre Interpretation der Heiligen Schrift. Von seinen Schriften hielt er selbst das Buch über den unfreien Willen sowie die beiden Katechismen für die gehaltvollsten Werke. Mitunter aber zweifelte er an Wert und Wirkung von Gedrucktem: »Es steht in den Büchern genug geschrieben. Es ist aber noch nicht alles in die Herzen getrieben.« Die heute vorhandene wissenschaftliche Standardausgabe (die sogenannte Weimarana = WA) der Werke Luthers weist über 100 dickleibige Bände aus und füllt mit mehreren zusätzlichen Registerbänden ein ganzes Bücherregal. Luther ist einer der produktivsten Autoren der Geistesgeschichte.

Dass man Kinder zur Schule halten soll...
Der Politiker und Pädagoge

Als »freien Herrn, niemand untertan« und zugleich als »dienstbaren Knecht, jedermann untertan« hatte Luther im Jahr 1520 den Christen in seiner grundlegenden Reformationsschrift »Von der Freiheit eines Christenmenschen« charakterisiert. Und, um den Widerspruch aufzulösen, den Christen gleichsam zum Bürger zweier Welten erklärt: Innerlich, im Blick auf sein Seelenheil, hat ihn Gott in Christus von der Macht der Sünde befreit, äußerlich, leiblich, aber lebt er wie jeder andere Mensch aus Fleisch und Blut unter den Bedingungen der Welt. Der Christ ist gerechtfertigt und er sündigt zugleich, erklärte Luther, und setzte in einem Brief an den Freund Melanchthon drastisch hinzu: »Sei ein Sünder und sündige tapfer« – aber natürlich weiter: »Glaube noch tapferer an Christus und freue dich in ihm.«

Der Christ also ein Bürger zweier Welten, wie die ganze Welt in zwei Bereiche eingeteilt ist: das Reich Gottes, die Kirche auf der einen Seite, das Reich der Welt, die Obrigkeit auf der anderen, wir könnten heute auch sagen: der Staat.

In seiner »Obrigkeitsschrift« von 1523 hat Luther das Recht, aber auch die Grenze der jeweiligen Bereiche ziemlich genau festgelegt. »Die zum Reich Gottes gehören, das sind alle Rechtgläubigen ... Zum Reich der Welt oder unter das Gesetz gehören alle, die nicht Christen sind ...

Deshalb hat Gott die zwei Regimente verordnet: das geistliche, welches durch den Heiligen Geist Christen und fromme Leute macht, unter Christus, und das weltliche, welches den Unchristen und Bösen wehrt, dass sie gegen

Abb. 48: *Das Bild aus der Werkstatt von Lucas Cranach d. Ä. zeigt den alten Luther (um 1541), ohne Gelehrtenmütze, doch wiederum mit der Bibel zwischen Brust und Händen*

> ihren Willen äußerlich Friede halten und still sein müssen ... Denn wo das nicht wäre, sintemal alle Welt böse und unter Tausenden kaum ein rechter Christ ist, würde eines das andere fressen, dass niemand Weib und Kind aufziehen, sich nähren und Gott dienen könnte, wodurch die Welt wüste würde.«

> In den Sachen, die Gott betreffen, sollen wir niemand ansehen (d. h. mehr respektieren), es sei selbst Vater, Mutter, Fürst oder wen sonst man nennen will. Denn da ist ein anderer Herr und eine höhere Obrigkeit, die heißt: »Ich bin dein Gott.« Dem sollst du gehorchen und tun, was er dir gebietet, und ihm vor allen anderen dienen ... Denn Gottes Wort und Befehl soll stets vorangehen. Wenn der ausgerichtet ist, so soll man danach auch tun, was Vater und Mutter, Kaiser und König haben wollen, damit man nicht den Wagen vor die Pferde spanne.
>
> Luther in einer Predigt über die Erzählung zum zwölfjährigen Jesus im Tempel; Lk 2,41–52

Beide Reiche regiert also Gott, er führt zwei »Regimente«, doch auf unterschiedliche Weise. Unter den Christen gilt Gottes Wort, im Staat aber herrscht das Schwert, wir könnten heute sagen: die ausführende Gewalt (Exekutive), in Verbund mit Gesetzgebung (Legislative) und Rechtsprechung (Jurisdiktion), denn eine deutliche Teilung und Unabhängigkeit der drei Gewalten wie heute gab es damals natürlich noch nicht. Es ist also keinesfalls so, dass die Kirche von Gott, die Welt aber vom Teufel regiert wird, vielmehr sind kirchliche und staatliche Ordnungen beide gute Schöpfungsordnungen Gottes.

Und der Christ gehört beiden Regimenten an: dem Reich Gottes und der Welt. Ein Christ kann daher Fürst, Henker und Soldat sein, wenn er nur seinen Auftrag erfüllt, das Schwert zur Aufrechterhaltung der staatlichen Ordnung zu führen.

Die Pointe der Zwei-Regimenten-Lehre Luthers ist eine doppelte. Auf der einen Seite hat jedes Regiment seine Grenze. Die theologische Rechtfertigungslehre führt keinesfalls dazu, dass dem Gesetzesbrecher nun einfach die gerechte Strafe erlassen würde, wenn er sich der Gnade Gottes anheimstellt; umgekehrt aber darf die weltliche Obrigkeit niemals in Glaubensfragen hineinregieren, diese sind vielmehr ausschließlich eine Angelegenheit des Gewissens des Christen.

Abb. 49: *Die Zehn-Gebote-Tafel, 1516 im Auftrag des Rats der Stadt in der Cranach-Werkstatt (nicht vom Meister selbst) für das Rathaus geschaffen (heute: Lutherhalle Wittenberg), zeigt in einer Reihe von Einzelbildern alle Zehn Gebote. Die zeitgenössischen Interieurs und Bekleidungen laden die Betrachter zur Identifizierung mit dem Geschehen ein, wobei vielfach die Vornehmen die Übertretung begehen. Über allem spannt sich der Regenbogen, das Zeichen für Gottes Bund mit der Menschheit. (6. und 7. Gebot sind miteinander vertauscht.)*

Zum anderen haben beide Bereiche oder »Regimente« ihre Berechtigung und ihre spezifische Aufgabe: »eines, das fromm macht, das andere, das äußerlich Frieden schaffe und bösen Werken wehre«. Hier ist nun auch der Ort des Gesetzes.

Die Zehn Gebote des Alten Testaments sind ebenso wie die staatlichen Gesetze keineswegs überholt, vielmehr gelten sie für alle Menschen, sonst würden die Bosheit und Schlechtigkeit des Menschen vollständig überhand nehmen. Das biblische Gesetz ermöglicht also erst das menschliche Zusammenleben. Zugleich zeigt es dem Menschen, dass er ein Sünder ist, weil er es immer wieder übertritt. Der zwischenmenschliche Bereich ist es denn auch, in dem die guten Werke des Christen ihren Platz haben. Vor Gott nützen sie ihm nichts, hier gilt nur die göttliche Gnade, doch als Folge dieses Geschenks wird der Christ gute Werke tun, wie ein guter Baum genießbare Früchte bringt: »Wie viel du glaubst, so viel du liebst.«

Das Gesetz hat also, in einem Bild Luthers, eine dreifache Bedeutung: Es ist Riegel (für die menschliche Sünde), Spiegel (des sündigen Menschen) und zuletzt Siegel (des gerechtfertigten Christen). Und jeder echte Brief braucht ein Siegel. Luther fördert also keineswegs, wie ihm von Zeitgenossen und auch in der Folgezeit immer wieder vorgeworfen wurde und wird, die Bequemlichkeit und Tatenlosigkeit des Christen, ganz im Gegenteil: keine Bequemlichkeit!

> *Ich will und mag nicht luthrisch sein: /*
> *Ist Trug und Schein /*
> *Sein Freiheit, die er lehret. /*
> *An Gottes Haus sie nur abbricht /*
> *und bauet nicht. /*
> *Das Volk wird mehr verkehret. /*
> *Er lehrt: Glaub! Glaub! /*
> *Macht damit taub*
> *Und werklos Leut.*
> *Am Tag liegt's heut: /*
> *Kein Besserung man höret.*
>
> Sebastian Franck, einer der »Spiritualisten«, die die unmittelbare Wirkung des Heiligen Geistes betonten

»Nein, lieber Mensch, nicht also! Obwohl der Mensch inwendig nach der Seele durch den Glauben genugsam gerechtfertigt ist, so bleibt er doch noch in diesem leiblichen Leben auf Erden und muss seinen eigenen Leib regieren und mit Leuten umgehen. Da heben sich nun die Werke an.«

Die guten Werke, die jeder Christ aus Dank über das Geschenk der göttlichen Gnade tut, können jederzeit praktiziert werden an der Stelle, an die Gott jeden Einzelnen hingestellt hat. In der Schrift »Die Summe christlichen Lebens« schreibt Luther: »Solches kannst du durch alle Stände hindurch sehen, wie ein jeglicher darin sein ihm befohlenes Amt ausrichten und Werke der Liebe üben soll.« Also ist jeder weltliche Beruf, jede Tätigkeit und Arbeit, die sich an die gegebenen Ordnungen hält, als Werk des Glaubens und der Liebe geheiligt. Wie denn durch Luther die menschliche Arbeit ganz allgemein eine ungeheure Aufwertung erfährt: »Von der Arbeit stirbt kein Mensch, aber vom Ledig- und Müßiggehen kommen die

Leute um Leib und Leben; denn der Mensch ist zur Arbeit geboren wie der Vogel zum Fliegen.«

In verschiedenen Schriften bezieht Luther alle Bereiche des öffentlichen, gesellschaftlichen Lebens in seine Analyse ein. Die Obrigkeiten, insbesondere die Fürsten, sollen ihre Untertanen zwar streng, doch gerecht und mit Augenmaß regieren (»Obrigkeitsschrift« von 1523). Die Kaufleute sorgen für den nötigen Warenaustausch unter den Menschen; dabei sollen sie keine überhöhten Preise nehmen, keine Monopole bilden und beim Geldverleih keine Zinsen fordern, zumindest keine Wucherzinsen (»Kaufshandlungs-Schrift« von 1524). Die Soldaten schließlich haben die Aufgabe, Land und Leute zu verteidigen, und müssen dabei auch den Gegner treffen wie ein Arzt, der ein böses Geschwür herausschneidet zum Wohle des Kranken. »Willst du darauf das Glaubensbekenntnis und ein Vaterunser sprechen, kannst du es tun ... Und zieh dann vom Leder und schlage drein in Gottes Namen« (»Kriegsleute-Schrift« von 1526).

Wenn ich den Glauben so sehr betone und solche ungläubigen Werke verwerfe, beschuldigen sie mich, ich verbiete gute Werke, obwohl ich dich gerne rechte gute Werke des Glaubens lehren wollte.

Luther in seinem »Sermon von den guten Werken« von 1520

Gemäß seiner Zwei-Regimenten-Lehre lehnt Luther einen Krieg als Kreuzzug ab, auch gegen die Türken, die 1529 vor Wien stehen und damit das christliche Abendland im Kern bedrohen. Denn der Krieg ist eine weltliche Angelegenheit. Wäre ich ein »Kriegsmann«, sagt Luther, und sähe im Felde »einen Pfaffen oder ein Kreuzpanier«, würde ich davonlaufen, »als jagte mich der Teufel«.

In der Frage eines Widerstandsrechts der Protestanten gegen den Kaiser, der mit der Durchsetzung des Wormser Ediktes droht, ändert Luther seine Meinung. Ursprünglich lehnte er evangelische Verteidigungsbündnisse konsequent ab. Dann aber gelangt er zu der Überzeugung, dass in dieser Frage ein Widerstandsrecht durchaus erlaubt sei: »Gewalt darf mit Gewalt abgewehrt werden.«

Gegen das Geld äußert Luther immer wieder tief greifende Vorbehalte, wird es für viele Menschen doch zu einer Art »Gott«, an den sie ihr Herz hängen, also zum Abgott. »Geld ist das Wort des Satans, durch das er alles in der Welt schafft, wie Gott alles durch das wahre Wort schafft«, sagt er einmal bei Tisch.

Mit Geld kann der Mensch aber auch Gutes tun: »Sieht er jemanden, der keine Jacke hat, sagt er zum Geld: ›Los, Junker Gulden, dort steht ein armer Mann, nackt, hat keine Jacke; dem musst du helfen!‹ Dort liegt einer krank und hat keine Arznei: ›Raus aus dem Portemonnaie, du Goldstück, du musst dich von mir trennen; geh dorthin und hilf ihm!‹ Wer so mit seinem Besitz umgeht, der ist Herr seines Besitzes«, so Luther in einer Predigt zu einem Abschnitt aus Jesu Bergpredigt, Mt 6,24–34.

> Krieg gewinnt nicht viel, verliert aber viel und waget alles. Aber Sanftmut verliert nichts, wagt wenig und gewinnt alles. Darum sagt er Psalm 34, 15 + 15: »Meide Böses und tue Gutes, suche Frieden und jage ihm nach, so wirst du gute Tage haben.«
>
> Luther und Melanchthon in einem Brief an ihren Kurfürsten im Jahr 1528

Durch die Einrichtung von Gemeindekassen entsteht in protestantischen Gebieten eine geregelte Armenfürsorge. Die Reformation betreibt Sozialpolitik. Den Grundstock hierfür bildet eingezogenes Kirchengut, wie der Reformator in der Vorrede zu einer neuen Gemeindeordnung selbst vorschlägt: »Mit den Gütern solcher Klöster, welche die Obrigkeit an sich nimmt, könnte so verfahren werden …, dass man (nach Abfindung der bisherigen Klosterinsassen) alles andere zum allgemeinen Besitz einer Gemeindekasse gelangen lasse, woraus man nach christlicher Liebe allen gebe und leihe, die im Lande bedürftig sind …«

Auf allen Gebieten, den politischen, militärischen und ökonomischen, argumentiert Luther mit einer Mischung aus biblischen Begründungen, sittlichem Empfinden und gesundem Menschenverstand. Vieles davon scheint für uns heute nur vor dem Hintergrund der damaligen Zeit verständlich und sinnvoll zu sein. Grundsätzlich legitimiert Luther die damalige gesellschaftliche Ordnung mit ihren Aufgaben und Berufen. Er zeigt jedoch auch die konkreten Grenzen der jeweiligen Befugnisse auf. Und er fordert die unterschiedlichen Berufsgruppen auf, ethische Standards einzuhalten.

In mindestens einer Hinsicht aber wirkt Luthers Auffassung höchst problematisch. Mit beinahe stupider Beharrlichkeit wiederholt er wieder und wieder, dass man der Obrigkeit Gehorsam schuldig sei – in allen Fragen außer in Glaubensdingen. Die obrigkeitlichen Ordnungen aber identifiziert er schlicht und einfach mit einer mittelalterlichen, feudalen Ständeordnung.

Es kann der deutsche Heide die lutherische Lehre von der Autorität des Staates als christliche Rechtfertigung des Nationalsozialismus gebrauchen, und es kann der christliche Deutsche sich durch dieselbe Lehre zur Anerkennung des Nationalsozialismus eingeladen fühlen.

Der große Schweizer Theologe Karl Barth (1886–1968) im Jahr 1949 – Barth hat die kirchliche Oppositionsgruppierung »Bekennende Kirche« maßgeblich mitgegründet und beeinflusst und verlor seinen Bonner Lehrstuhl 1935, weil er den geforderten Eid auf den Führer verweigerte

Zwar hat der Höherstehende gegenüber den Untertanen nicht immer recht, aber doch absoluten Vorrang. Er ist von Gott in diese Position eingesetzt. Die Untertanen dürfen sich nicht anders wehren als mit friedlichen Mitteln, selbst wenn es sich bei ihm um einen Tyrannen handelt. »Es ist besser, dass ihnen (den Leuten) die Tyrannen hundert Mal Unrecht tun, als dass sie den Tyrannen einmal Unrecht tun.« Denn »der Pöbel hat und weiß kein Maß, in einem jeglichen stecken mehr als fünf Tyrannen«, meint Luther.

Dabei idealisiert Luther die Obrigkeit keineswegs, er weiß um die Bosheit der Herrschenden. »Die Fürsten sind im Allgemeinen die größten Narren oder die ärgsten Buben auf Erden. Denn ein Fürst und nicht bis zum gewissen Grade auch ein Räuber sein ist entweder nicht oder kaum möglich, und das umso weniger, je größer der Fürst ist.« Und er spottet deftig: »Was können sie, denn nur hübsche Hengste und feine Fräulein reiten?« Deshalb gilt: »Ein Fürst ist ein Wildbret im Himmel«, also etwas äußerst Auserlesenes, selten Anzutreffendes. Doch trotz dieser kritischen Einstellung gegen oben bleibt seine Ablehnung jeder gewaltsamen Veränderung von unten radikal: »Alle Aufrührerischen sind des Tods schuldig. Denn das Recht spricht dürre heraus: Aufruhr ist des Tods schuldig, als kriminelle Verletzung der Majestät, als eine Sünde wider die Obrigkeit.« Und, noch problematischer: Gegen Aufrührer ist mit allen Mitteln vorzugehen. Hier scheinen ihm keinerlei Schranken angebracht.

Zur theologischen Rechtfertigung zieht Luther ein ums andere Mal die neutestamentliche Aussage heran: »Jedermann sei untertan der Obrigkeit. Denn es ist keine Obrigkeit ohne von Gott« (Röm 13,1). Diese Stelle avanciert bei Luther – neben dem Hinweis auf die Rechtfertigung allein aus Glauben (u. a. Röm 3,23 ff.) – zu einer zentralen Aussage der Bibel. Einen solchen Stellenwert aber hatte sie dort sicher nicht, überdies besaß sie in einer Situation der Verfolgung einer christlichen Minderheit im Römischen Reich eine völlig andere Bedeutung. Doch dies entgeht Luther, wie er auch wenig reflektiert, dass ganz andere Regierungsformen als feudale möglich sind, auch schon zu seinen Zeiten, etwa die politischen Entscheidungsbefugnisse in freien Reichsstädten durch den Rat der Bürger. Luthers Einstellung aber übt eine fatale Wirkung auf die Ausbildung der deutschen Untertanenmentalität aus.

Umgekehrt erreichen die protestantischen Fürsten durch Einzug des kirchlichen Vermögens sowie durch ihren Einfluss auf die neu entstehenden evangelischen Landeskirchen eine Festigung und Ausweitung ihrer Macht und Herrschaft. Diese Aussicht stellt sicherlich eine nicht unwesentliche Mo-

Luthers berühmte Zwei-Reiche-Lehre wird heute viel kritisiert ... Aber man beachte: Sie war – mit großer Folgewirkung – ein Schritt in einer christlichen Freiheitsgeschichte. Denn sie ist Ideologiekritik gegen eine Unterwerfung des Glaubens unter politische Interessen und gegen eine Tarnung politischer Interessen mit einem religiösen Mäntelchen ... In den Versuchungen der Nazizeit war uns das eine wichtige Wegweisung.

Der Theologe Helmut Gollwitzer (1908–1993) im Jahr 1983 – Gollwitzer war Schüler Karl Barths und Mitglied der Bekennenden Kirche, später Theologieprofessor in Bonn und Berlin

tivation dar für den Übertritt vieler Landesherren zum neuen Glauben.

Der Reformator als öffentliche Person befasst sich mit allen

Abb. 50: *Lateinschule im 16. Jh. (Holzschnitt von 1592). Die Jungen werden in drei Gruppen unterrichtet: Links lernen die Jüngsten lesen, einem wird mit der Rute aufs blanke Gesäß geschlagen. Die mittlere Gruppe befasst sich mit lateinischer Grammatik, der Lehrer droht mit der Rute. Die dritte Gruppe liest bereits selbstständig lateinische Schriftsteller, doch liegt auch für sie (am Boden rechts unten) noch eine Rute bereit.*

Bereichen des gesellschaftlichen Lebens. Er wirkt in Wittenberg und ganz Deutschland nicht nur als Redner, Publizist und Politiker, sondern auch als Pädagoge. In einer Schrift ruft Luther die »Ratsherren aller Städte deutschen Landes« dazu auf, »dass sie christliche Schulen aufrichten und halten sollen«.

In einer Predigt ermahnt er die Eltern eindringlich, »dass man Kinder zur Schule halten solle«. Dabei stellt der Reformator eine Gleichung auf, die äußerst modern und fortschrittlich klingt: Bildung schafft Wohlstand. »Das ist einer Stadt bestes und allerreichstes Gedeihen, Heil und Kraft, dass sie viel feine, gelehrte, vernünftige, ehrbare, wohlerzogene Bürger hat, die könnten danach gut Schätze und alles Gut

Abb. 51: *Das Titelblatt zu Luthers »Ratsherrenschrift« von 1524 (Erfurter Ausgabe) zeigt in idealtypischer Weise ein völlig anderes Schulsystem: Jetzt werden – getrennt von den Jungen – auch Mädchen von Lehrerinnen unterrichtet, und alle ohne Stock oder Rute. Der Unterricht erfolgt aus Büchern (Bibel, aber dann in der Folgezeit vor allem aus Luthers Katechismus).*

sammeln, halten und recht brauchen«, sagt er in seiner »Ratsherrenschrift« von 1524, und bei Tisch äußert er: »Es ist in einer Stadt ebensoviel an einem Schulmeister gelegen wie an einem Pfarrer. Auf Bürgermeister, Fürsten und Adel können wir verzichten; auf Schulen aber kann man nicht verzichten, denn sie müssen doch die Welt regieren.«

So hat die Reformation eine enorme Bildungsoffensive zur Folge.

Entscheidendes leistet hierbei der Mitstreiter Philipp Melanchthon, »Lehrer Deutschlands« genannt. Er macht weithin wirksame Vorschläge zur Reform der höheren Schulen und Universitäten. Die protestantischen Länder bekommen studierte Pfarrer und gut ausgebildete Juristen für die Verwaltung. Eine wirklich breite Volksbildung aber lässt noch lange auf sich warten.

Wir sehen Luther aber nicht nur als pädagogischen Theoretiker und Planer, sondern als Menschen, der mit erzieherischem Geschick mit Jung und Alt umgeht, und als liebenden, fürsorglichen Vater. Luthers Brief an sein vierjähriges Hänschen von der Coburg aus ist wohl der früheste deutschsprachige Brief eines Vaters an sein Kind.

»Ich weiß einen hübschen, lustigen Garten, da gehen viele Kinder innen, haben goldene Röcklein an und lesen schöne Äpfel unter den Bäumen und Birnen, Kirschen, Mirabellen und Pflaumen, da singen die Kinder, springen und sind fröhlich. Haben schöne kleine Pferdlein mit goldenen Zäumen und silbernen Sätteln und ist auch eine feine Wiese, zum Tanzen zugerichtet, da hängen goldene Pfeifen und Pauken. Da fragte ich den Mann, des der Garten ist, wes die Kinder wären. Da sprach er: es sind die Kinder, die gern beten, lernen und fromm sind.«

Durch Luther bildete sich zuerst ein populäres literarisches Publikum in Deutschland und in den angrenzenden Ländern. Jetzt las, was sonst nie gelesen hatte; es lernte lesen, was sonst nicht lesen konnte. Schulen und Akademien wurden gestiftet, deutsche geistliche Lieder gesungen und in deutscher Sprache häufiger als sonst gepredigt. Das Volk bekam die Bibel, wenigstens den Katechismus in die Hände.

Johann Gottfried Herder in seinen »Briefen zur Beförderung der Humanität«

Erstaunlich, welch vielfältige Gesichter dieser Mann seiner Mitwelt zeigt.

Den Würmern einen feisten Doktor zum Schmause geben...
Lebensabend und Tod (1540–1546)

Luthers letzte Lebensjahre sind von einer tiefen Ambivalenz geprägt. In seinen Briefen schlägt er resignierte Töne an: Die Welt ist und bleibt Welt und will nichts von Christus wissen.

Auf der anderen Seite schreibt er selbstbewusst davon, dass er nach seinem Tod blühende Gemeinden mit reiner Lehre und hoch qualifizierten Pfarrern hinterlasse. Der alternde Reformator scheint zwischen Hochstimmung und Niedergeschlagenheit zu schwanken: »Ach, unsere arme Klugheit! Ehe wir recht klug werden, so legen wir uns nieder und sterben ... Gleichwohl ist's ein Wunder, dass wir dennoch so große Dinge ausrichten in einer solchen Schwachheit. Aber unser Herrgott, der gibt's ...«

In seiner letzten Lebensphase wird deutlich, was sich bereits vorher abzeichnete: Bei der Weiterführung der Reformation auf der politischen Ebene gerät Martin Luther mehr und mehr in den Schatten seines Mitstreiters Philipp Melanchthon. Der explosive Aufbruch war noch ganz Sache des revolutionären, jungen Luther gewesen. Bei der Etablierung der neuen Kirche in der zweiten Hälfte der zwanziger Jahre arbeiteten die beiden bereits Hand in Hand. Doch seit dem »Augsburger Bekenntnis« war die Präsentierung des neuen Glaubens auf der politischen Bühne primär Melanchthons, nicht mehr Luthers Sache.

Abb. 52: *Luthers Totenmaske sollte – ebenso wie die Berichte über seine letzten Stunden – zeigen, dass der Reformator in Frieden entschlafen ist und seinem Glauben bis in den Tod treu geblieben war. Damit wollte die reformatorische Seite der altgläubigen Gegenpropaganda den Wind aus den Segeln nehmen, die sich sogar zu der unsinnigen Behauptung verstieg, Luther habe sich am Bettpfosten erhängt.*

Ende des Jahres 1539 verantworten beide noch einmal gemeinsam eine brisante Aktion, die im folgenden Jahr zu einem Eklat führt. Landgraf Philipp von Hessen, nach dem sächsischen Kurfürsten der zweitmächtigste Mann der protestantischen Seite, verlangt nach dem Segen der Reformatoren für seine geplante Doppelehe. Und er schiebt die Drohung nach, falls er den nicht erhalte, werde er »näher an dem Kaiser hangen, denn dem Schmalkaldischen Bund nützlich«. Derart unter Druck gesetzt, geben die beiden Wittenberger Reformatoren den schriftlichen Bescheid, der Landgraf möge, wenn er seine Triebe denn nicht beherrschen könne, in Gottes Namen eine zweite Frau haben, die Sache aber ebenso wie auch ihre Zustimmung geheim halten – es sei ja zur Genüge bekannt, dass sich die Mächtigen Mätressen hielten.

> *Luther, ein unmöglicher Mönch, der aus Gründen seiner »Unmöglichkeit« die Kirche angriff und sie – folglich! – wiederherstellte. Die Katholiken hätten Gründe, Lutherfeste zu feiern, Lutherspiele zu dichten.*
>
> Friedrich Nietzsche

Natürlich wird die Sache publik und führt zu einem Eklat auf der politischen und rechtlichen Ebene. Auf Bigamie stand seit dem kaiserlichen Strafgesetz von 1532, Carolina genannt, die Todesstrafe. Jetzt ist Philipp erst recht von der Gnade des Kaisers abhängig geworden. Als Zugeständnis sieht er sich zu einem Separatabkommen mit der altgläubigen Seite genötigt, was den Schmalkaldischen Bund der Protestanten entscheidend schwächt. Beleidigt aber wendet sich Luther in einem Schreiben an seinen eigenen Landesherrn. Man habe ihn in dieser Sache betrogen. Hätte er gewusst, wie das Ganze laufen würde, wäre er niemals bereit gewesen, seinen Segen dazu zu geben ... Dem Ansehen der beiden Reformatoren wie auch der protestantischen Sache insgesamt hat diese Affäre nachhaltig geschadet.

Seit demselben Jahr 1540 findet eine Reihe von Religionsgesprächen statt, in Hagenau, Worms und Regensburg. Nachdem die Pläne für ein Konzil immer wieder geplatzt waren, verfolgt der Kaiser jetzt die Taktik, zwischen den Altgläubigen und den Protestanten innerhalb Deutschlands einen Konsens ohne unmittelbare Beteiligung des Papstes herbeizuführen. Luther hält von diesen Bemühungen rein gar nichts. Mit Belial, dem Teufel, sei weder zu spaßen noch zu reden ...

Melanchthon aber überarbeitet 1540 im Auftrag des Schmalkaldischen Bundes das »Augsburger Bekenntnis«. In dieser lateinischen Neufassung wird es (als »Confessio Augustana Variata«) zur Basis für die Verhandlungen mit der gegnerischen Seite wie auch zur Grundlage des deutschen Protestantismus für die nächsten zwanzig Jahre. Als dann schließlich nach einer Einigung zwischen Kaiser und Papst 1545 in Trient ein beinahe zwei Jahrzehnte dauerndes Konzil beginnt, in dem sich die katholische Kirche neu formiert und die Gegenreformation geistig fundiert, ist das nicht mehr Luthers Angelegenheit. Er hat sich längst von dieser Kirche verabschiedet. Die protestantische Seite nimmt konsequenterweise an diesem Konzil auch gar nicht teil. Und doch hat die Reformation – wenn auch nur indirekt – die alte Kirche dazu animiert, sich zu reformieren, zu erneuern und sich als »katholische« Kirche neu zu konstituieren.

> Ich halte dafür, es sei in tausend Jahren keiner gewesen, dem die Welt so feind war wie mir. Ich bin ihr auch feind und weiß im ganzen Leben nichts mehr, wozu ich Lust hätte, und bin gar müde zu leben. Unser Herr Gott komme nur bald und nehme mich flugs dahin, und sonderlich komme er mit seinem Jüngsten Tage. Ich will ihn erwarten und gern den Hals hinstrecken, dass er ihn mit einem Donner darniederschlage, dass ich am Boden liege.
>
> Luther in seinen späten Lebensjahren bei Tisch

Luther zieht sich also aus der vordersten Front des unmittelbar politischen und kirchenpolitischen Kampfes mehr und mehr zurück. Einerseits aus tiefster Überzeugung, andererseits, weil er Anfang der vierziger Jahre auf die Sechzig zugeht und damit bereits als alter Mann gilt.

Das heißt aber nicht, dass er ausgelaugt oder gar untätig wäre, ganz im Gegenteil. Theologisch arbeitet er intensiv weiter. Das letzte Jahrzehnt an der Universität füllt eine mammutartige Vorlesung über das erste Buch Mose, die Genesis. Literarisch erntet der Reformator die Früchte seiner Lebensarbeit. Im Vorwort des ersten Bandes seiner »Gesam-

Abb. 53: *Bis zu Luthers Tod breitet sich die Reformation in einem Großteil der Gebiete Deutschlands aus, mit Ausnahme insbesondere der kaiserlichen Gebiete und Bayerns.*

melten lateinischen Schriften« blickt Luther auf die Anfänge der Reformation zurück und strickt mit dem Bericht über sein Turmerlebnis an der eigenen Legende. Mit dieser Rückschau rundet sich sein Leben gleichsam ab, wie auch ganz allgemein die Reformation in Deutschland. Deren triumphale Ausbreitung erlebt der Reformator noch mit. Es scheint, als wende sich ein Großteil Deutschlands, von den kaiserlichen Gebieten und Bayern abgesehen, dem neuen Glauben zu, wie der gesamte Norden Europas, die skandinavischen Länder.

Dass in Deutschland im Verlauf der katholischen »Gegenreformation« bald wieder zahlreiche Regionen vom reformatorischen Glauben abfallen und damit im Endeffekt ein Patt zwischen beiden Seiten entsteht, hat Luther nicht mehr erlebt, vielmehr nur den glanzvollen Siegeszug der Reformation trotz aller Bedrohung durch den Gegner.

Die letzten Lebensjahre aber bringen bei Luther noch einmal eine Verstärkung des apokalyptischen, zur Schwarz-Weiß-Malerei tendierenden, von Gewalt durchdrungenen Weltbildes, das Schattenbild des großen Reformators. Luther scheint den Bösen geradezu körperlich empfunden zu haben, vor allem bei Nacht: »Der Teufel schläft viel näher bei mir denn meine Käthe.« Und er hat mit dem Leibhaftigen gerungen: »Die besten Kämpfe, die ich mit dem Teufel gehabt habe, habe ich in meinem Bett gehabt, an meiner Käthe Seite.« Dieser Teufel aber ist allenthalben am Werk: bei den Papisten, Türken und Juden. Diese drei Gruppen bilden die große antichristliche Trias. In einem seiner Kirchenlieder – es soll gar als Kinderlied gedacht gewesen sein – dichtet Luther:

Erhalt uns, Herr, bei deinem Wort
und steur des Papsts und Türken Mord,
die Jesum Christum, deinen Sohn,
wollen stürzen von seinem Thron.

Im Jahre 1540 findet die erste Hexenverfolgung in Wittenberg statt. Bereits 1526 hatte Luther über die alttestamentliche Aussage »Die Zauberinnen sollst du nicht am Leben lassen« (2. Mose 22,17 f.) gepredigt und dabei erklärt: »Sie können ein Kind verzaubern« und vieles Finstere mehr. »Also sollen sie getötet werden, nicht allein weil sie schaden, sondern auch weil sie Umgang mit dem Satan haben.« Zwar hat sich Luther keinesfalls als eifernder Hexenjäger betätigt. Zudem ist der Hexenglaube zu seiner Zeit eine Alltäglichkeit. Doch sind eben jetzt erst im protestantischen Wittenberg Hexenverfolgungen möglich geworden. Auf der anderen Seite aber findet sich bei ihm auch eine Sensibilität für die Lebensaufgaben und Probleme von Frauen, mit denen er sich in einer Schrift

von 1542 eindrücklich befasst: »Ein Trost den Weibern, welchen es ungerade gegangen ist beim Kindergebären«.
Weit drastischer aber fällt seine Abrechnung mit dem Ju-

> Neben dem Tor der Stadtkirche St. Marien findet sich eine »Judensau« mit der Überschrift »Schem Ha Mphoras« (hebräisch »der unverstellte Name«, der in einer Art Buchstaben-/Zahlensymbolik auf den unaussprechlichen, heiligen Namen Gottes hinweist).
> In seiner Schrift »Vom Schem Hamphoras und vom Geschlecht Christi« nahm Luther im Jahr 1544 dieses antijudaistische, in vielerlei Hinsicht niederträchtige Motiv auf: »*An unserer Pfarrkirche in Wittenberg ist eine Sau in Stein gehauen ... Hinter der Sau steht ein Rabbi, der bückt sich und guckt mit großem Fleiß der Sau unter den Pirzel (= Bürzel, Schwanzwurzel) in den Talmud hinein, als wollte er etwas Scharfes und Sonderliches lesen und ersehen. Von dort her haben sie bestimmt ihren Schem Hamphoras ... Denn also redet man bei den Deutschen von einem, der große Klugheit ohne Grund vorgibt: Wo hat er's gelesen? Der Sau im (grob heraus) Hintern ...*«
> Unter diesem Sandsteinrelief wurde 1988 eine Bronzeplatte in den Boden eingefügt, die eine Inschrift des Berliner Künstlers Jürgen Rennert trägt: »*gottes eigentlicher name / der geschmähte schem-ha-mphoras / den die juden vor den christen / fast unsagbar heilig hielten / starb in sechs millionen juden / unter einem kreuzeszeichen!*«

dentum aus. In seiner Frühzeit, 1523, hatte Luther in der Schrift »Dass Jesus Christus ein geborener Jude sei« noch auf die Herkunft des christlichen Glaubens aus dem Judentum hingewiesen. Allerdings bereits untermengt mit der dann verhängnisvoll wirkenden Hoffnung und Forderung, die Juden müssten sich nach der Wiederentdeckung des wahren Evangeliums durch die reformatorische Botschaft zum wahren Christentum, also zum Protestantismus, bekehren. Nachdem er sich in dieser Hoffnung getäuscht sah, veröffentlichte er 1543 »Von den Juden und ihren Lügen«:

»Ich will meinen treuen Rat geben: Erstens soll man ihre Synagogen oder Schulen mit Feuer anstecken und was nicht verbrennen will, mit Erde überhäufen und zuschütten, dass kein Mensch einen Stein oder eine Schlacke davon sehe ewiglich. Und das soll man unsrem Herrn und der Christenheit zu Ehren tun, damit Gott sehe, dass wir Christen seien. –

Zum anderen soll man auch ihre Häuser desgleichen zerbrechen und zerstören. Denn sie treiben eben dasselbe drin, was sie in ihren Schulen treiben. Dafür mag man sie etwa unter ein Dach oder in einen Stall tun, wie die Zigeuner, damit sie wissen, sie seien nicht Herren in unserem Lande. –

Zum Dritten soll man ihnen alle ihre Betbüchlein und Ausleger ihres Talmud nehmen, in denen solche Abgötterei, Lügen, Fluch und Lästerung gelehrt wird.«

Das Werk ist eine verheerende antijüdische Hetzschrift. Daran ändern auch nichts die Argumente, mit denen der Reformator immer wieder in Schutz genommen wird. Sicherlich gibt es bei Luther auch andere, vorurteilsfreie Aussagen zum Judentum. Wohl ist er in seinen antijudaistischen Tendenzen ein Kind seiner Zeit. Richtig auch, dass Luther nicht zum Mord an den Juden aufruft.

Doch lässt sich zugleich feststellen, dass der Reformator gegenüber Andersdenkenden und -glaubenden, in denen er stets den Teufel am Werk sah, zu ungeheuerlichen, manchmal auch vollkommen maßlosen Gewaltakten aufrufen konnte und damit an entscheidenden Stellen Gewaltexzesse befürwortete, anstatt den Frieden zu fördern. In diesem Punkt waren manche seiner Mitstreiter anders und viele seiner Gegner. Hier rächte sich, darf man wohl folgern, Luthers kritische Distanz zum Humanismus.

Doch auch innerhalb seines eigenen theologischen Denkens muss man wohl fragen, warum er die bei ihm so hoch entwickelte Kunst, Unterscheidungen zu treffen und differenzierte

Überlegungen anzustellen, immer wieder derart konterkarierte. Er wies darauf hin, dass der Teufel nicht vom Menschen, sondern nur von Christus besiegt wird. Er unterschied sehr wohl den Teufel als Macht von den alltäglichen Teufeleien der Menschen oder von den bösen Geistern, an die er freilich glaubte. All diese Differenzierungen aber warf er über den Haufen, wenn er in blindem Eifer alle vermeintlichen Feinde als Teufel nicht nur dem Höllenfeuer, sondern der irdischen Vertreibung oder gar Vernichtung anheimgab. Und wo war hier Gott, den er in seinen Invokavitpredigten von 1522 in einem so kühnen wie befreienden Bild als »Backofen voller Liebe« beschrieben hatte, »der von der Erde bis an den Himmel reicht«? Nein, hier bleibt eine abgründig tiefe Anfrage bestehen an seine Person, vielleicht auch an seine Position, zumindest an sein apokalpytisch-gewalttätiges Weltbild. Für diesen Aufruf zur Gewalt darf es gerade auch angesichts der reformatorischen Botschaft selbst keine Entschuldigung geben, will sie sich nicht selbst in Verruf bringen. Luther, so muss man wohl drastisch sagen, lag mit sich selbst im Streit, und nicht immer hat der Reformator, der von Christus »Befreite«, gesiegt.

Immer wieder ertappte er sich, dass er an etwas anderes dachte: an seine Abhandlung über den Judenhass, die ein riesiges Ausmaß angenommen hatte und die er allen Entmutigungen zum Trotz hartnäckig bei seinem Philosophieprofessor eingereicht hatte ... Er hatte gezeigt, dass der deutsche Judenhass, dessen erste Manifestation in den Schriften von Martin Luther, besonders in der Schrift »Von den Juden und ihren Lügen« und in »Shem Hamphoras« zu finden war, wie Sauerteig die gesamte deutsche Philosophie durchzog. De facto klang in der deutschen Philosophie und letzten Endes auch in »Mein Kampf« das donnernde Echo von Luthers rabiatem Antisemitismus nach.

Der niederländische Schriftsteller Maarten 't Hart in seinem 1996 erschienenen Roman »Die Netzflickerin«

Die Schärfe seiner späten »Judenschriften« sah man im Kreis der führenden Reformatoren denn auch kritisch. Manche lehnten sie rundweg ab. Die Obrigkeiten reagierten unterschiedlich. Im Kurfürstentum Sachsen erneuerte man 1543 das bereits in den dreißiger Jahren erlassene strenge Aufenthaltsverbot für Juden. Immer wieder im Lauf der Geschichte

Lebensabend und Tod (1540–1546) 187

erfolgte eine Berufung auf Luther, vor allem in der antisemitischen Propaganda seit der Gründung des Zweiten Deutschen Reichs 1871 bis hin zu den Verbrechen der Nazis. Obwohl damit Luthers Name missbraucht wurde, bleibt doch eine schwere Hypothek bestehen.

Ähnlich gespalten argumentiert der Reformator gegenüber den Türken. Einerseits bemüht er sich um eine Kenntnis des Koran und um die Förderung des Drucks einer Übersetzung, der dann tatsächlich 1543 in Basel erfolgt. Andererseits aber will er mit seinen Bemühungen beweisen, dass der Islam eigentlich gar keine ernsthafte Religion sei.

> Du arger Heinze, Farzesel, Säurange, unflätiger Sack, Bluthund, Bauchpfaff, Scheißpfaff, Bock, Maulaff, Hanswurst, Jungfernschänder, Hurentreiber, Sudler, Lecker ...
>
> *Aus der langen Liste der Schimpfwörter, die dem Reformator zu Gebote standen, der von sich sagte: Martin Luther ist ein grober Gesell*

Ohnehin ist er davon überzeugt, dass der Teufel in Gestalt des Türken gegen das Christentum und gegen den reformatorischen Glauben kämpfe. Die Türken als Strafe Gottes für Deutschlands Sünde.

Seine letzte große Auseinandersetzung aber galt 1545 seinem intimen und nun ganz persönlichen höchsten irdischen Feind: »Wider das Papsttum zu Rom, vom Teufel gestiftet«. In dieser Kampfschrift stellte er nochmals klar: »Wer Gott reden hören will, der lese die Heilige Schrift, wer den Teufel reden hören will, der lese des Papstes Dekrete und Bullen.« Das letzte große Werk Luthers fand rasche Verbreitung und entfaltete noch einmal eine breite Wirkung. Der Kurfürst äußerte, Luther habe »kein Maß«. Er hat diese Maßlosigkeit und ungebrochene Kampfbereitschaft aber letztlich wohl selbst gutgeheißen und gefördert. Der Reformator, in die Auseinandersetzung mit seinem Erzfeind bis zu seinem letzten Atemzug verbissen, erwog allen Ernstes die Grabinschrift: »Als Lebender war ich deine Pest, Papst, als Toter werde ich dein Tod sein!«

Man muss bei dieser Schrift wie bei anderen Polemiken den Anlass und die Zeit mit in Rechnung stellen. Der Papst hatte in einem Schreiben den Kaiser aufgefordert, nun endlich konsequent gegen Luther vorzugehen. Das Leben des Reformators wie die Existenz der Reformation standen auf dem Spiel. Vor dem Hintergrund der Androhung von Gewalt durch die Gegenseite entfaltete sich Luthers Maßlosigkeit. In gewissem Maße ist der Grobianismus auch ein Zug der Zeit.

Hinzu tritt jedoch Luthers Charakter. Der Reformator sah dies selbst, hat diese Seite jedoch weniger gesteuert als gerechtfertigt: »Der Zorn steckt noch in mir, und der ist meist auch gerecht.«

Das apokalyptische Denken verstärkte sich in Luthers letzten Lebensjahren. Zwar beteiligte er sich nicht an Fantastereien zur exakten Berechnung des Endes der Welt, wie etwa Michael Stifel, der die Wiederkunft Christi auf den 19. Oktober 1533, acht Uhr morgens vorausgesagt hatte. Doch hielt er das Ende für ganz nahe. »Das Ende der Welt steht vor der Tür«, sagte er und fügte hinzu: »Ich hoffe, der Jüngste Tag sei nicht ferne, und wir wollen ihn noch erleben.« In diese Hoffnungen mischen sich aber auch depressive Töne: »Ich wollte, dass ich und alle meine Kinder gestorben wären.«

»Wir sind allesamt zu dem Tod gefordert und wird keiner für den andern sterben. Sondern ein jeglicher wird in eigener Person für sich mit dem Tode kämpfen. In die Ohren können wir's wohl schreien, aber ein jeglicher muss für sich selber bereit sein in der Zeit des Todes: ich werde dann nicht bei dir sein noch du bei mir.« Mit diesen Worten hatte Luther

> *Ruhm dem Luther! Ewiger Ruhm dem teuren Manne, dem wir die Rettung unserer edelsten Güter verdanken und von dessen Wohltaten wir noch heute leben! Es ziemt uns wenig, über die Beschränktheit seiner Ansichten zu klagen. Der Zwerg, der auf den Schultern des Riesen steht, kann freilich weiter schauen als dieser selbst, besonders wenn er eine Brille aufgesetzt; aber zu der erhöhten Anschauung fehlt das hohe Gefühl, das Riesenherz, das wir uns nicht aneignen können. Es ziemt uns noch weniger, über seine Fehler ein herbes Urteil zu fällen; diese Fehler haben uns mehr genutzt als die Tugenden von tausend andern. Die Feinheit des Erasmus und die Milde des Melanchthon hätten uns nimmer so weit gebracht wie manchmal die göttliche Brutalität des Bruder Martin.*
>
> Heinrich Heine, »Zur Geschichte der Religion und Philosophie in Deutschland«, 1834

unmittelbar nach seiner Rückkehr von der Wartburg seine Invokavitpredigten begonnen, mit denen er die Ruhe in Wittenberg wiederherstellte.

Abb. 54: *Die Federzeichnung seines Famulus Reifenstein zeigt Luther bei einer Vorlesung am Professorenkatheder gegen Ende seines Lebens. Die lateinische Beschriftung stammt von Melanchthon. Sie lautet: »Deine Pest war ich als Lebender, tot werde ich dein Tod sein, Papst. Im Jahre 1546 in seinem 63. Lebensjahr, ins 64. gehend, ist er gestorben. Er starb am 18. Februar zwischen der 2. und der 3. Stunde und wurde am 22. desselben Monats in Wittenberg in der Schloss(kirche) beigesetzt. Und als Gestorbener lebt er.«*

Nun ist die Reihe an ihm. Selbst Jesus hatte im Garten Gethsemane vor dem bevorstehenden Tod Angst. Luther weiß, dass mit dem Tod nicht zu spaßen ist. Die Todesangst und deren Überwindung durch den Glauben – dies gehört zu Luthers Theologie und Leben.

In den letzten Lebensjahren hat er verstärkt mit verschiedenen körperlichen Leiden zu kämpfen: Kopfschmerzen und Tinnitus, Harnsteinleiden mit Koliken und Angina Pectoris mit schweren Anfällen.

1542 verfasst der Reformator im Gefühl des drohenden Sterbens bereits sein zweites Testament. Im selben Jahr trifft ihn der Tod seiner Tochter Magdalena schwer. Im Sommer 1545 verlässt er Wittenberg, äußert seinen völligen Überdruss an der Stadt und muss zur Rückkehr erst überredet werden. Trotz der körperlichen Leiden und der seelischen Nöte aber weiß er sein Leben zu genießen. Die Lust am Essen und Trinken behält er auch in seinen letzten Lebensjahren, wie ein Brief an seine Frau zeigt: »Meiner herzlieben Käthe …; ich fresse wie ein Böhme und saufe wie ein Deutscher, das sei Gott gedankt. Amen.« Und er setzt seine Predigttätigkeit an der Stadtkirche, seine Lehrtätigkeit an der Universität sowie seine schriftstellerische Produktion bis kurz vor seinem Lebensende fort.

> Mitten wir im Leben sind
> mit dem Tod umfangen.
> Wen such'n wir, der Hilfe tu,
> dass wir Gnad erlangen?
> Das bist du, Herr, alleine.
>
> Aus einem Kirchenlied Luthers

In einer Predigt aus seinem letzten Lebensjahr ruft er seine Hörer dazu auf, sich von einer kleinen »Erbse« predigen zu lassen: Wie ein Samenkorn in die Erde gelegt wird und dann aufgeht, ist Jesus für uns gestorben und auferstanden. Die letzte Vorlesung endet mit den Worten: »Ich bin schwach, ich kann nicht mehr.« Und er betet: »Lieber Vater, spann mich aus, ich hab mich in der argen Welt müde gezogen …«

Welch ein Leben! Mit welchen inneren und äußeren Kämpfen, in unmittelbarer Auseinandersetzung mit Kaiser und Papst, was für ein Lebenswerk! Doch äußerlich ein umgrenztes Gebiet, auf den thüringisch-sächsischen Raum, die längste Zeit auf Wittenberg beschränkt; nur einige Reisen führten darüber hinaus.

Jetzt, im Januar 1546, bricht Luther zu einer Reise in seine

Der an sich recht vitale Luther litt vor allem in seinen späteren Jahren an
Krankheiten

– zeitlebens: Verstopfung (vor allem auf der Wartburg), Kopfschmerzen, Kreislaufbeschwerden
– immer wieder Depressionen, verstanden als Anfechtungen des Teufels
– Anfälle von Angina Pectoris, zum ersten Mal 1527, zuletzt wohl die Todesursache

Geburtsstadt Eisleben auf, um dort Streitigkeiten der Mansfelder Grafenfamilie zu schlichten. Hier schließt sich der Kreis. Kurz und bündig noch weist er aus der Ferne in einem Brief seine Frau daheim zurecht: »Lass mich zufrieden mit deiner Sorge …« Und er fügt voll Ironie hinzu: »Gestern, ohne Zweifel aus kraft Eurer Sorge, wäre uns beinahe ein Stein auf den Kopf gefallen und hätte uns zerquetscht wie in einer Mausefalle.« Doch ihre Besorgnis ist berechtigt. Das spürt auch er, selbst wenn er es kurz vor seinem Tod nur spöttisch zum Ausdruck bringt: »Wenn ich wieder von Eisleben komme, dann will ich mich in meinen Sarg legen und den Würmern einen feisten Doktor zum Schmause geben … Ich bin der Welt müde.«

> Die Angst vor dem Tod ist der Tod selbst und nichts anderes.
>
> Aus Luthers Reden bei Tisch

Doch er wird nicht mehr lebend nach Wittenberg kommen. Am 18. Februar 1546 stirbt Martin Luther in Eisleben. Das Sterbehaus steht nur einen kleinen Spaziergang weit von seinem Geburtshaus entfernt. Auf dem Sterbebett soll er gebetet haben: »In Deine Hände befehle ich meinen Geist. Du hast mich erlöst, Herr, Du treuer Gott.« Auf einen Zettel gekritzelt findet man die letzten Worte: »Wir sind Bettler, das ist wahr.«

Im Tod ist man allein, mehr noch: der Tod ist die Einsamkeit. Wir wissen, was Alleinsein für Luther bedeutete: die Qualen der Wartburg, Depression, Anfechtung – der An-

— Tinnitus (Ohrgeräusche), von Luther lautmalerisch »sussurrus« genannt bzw. Menière'sche Krankheit (Ohrgeräusche, Drehschwindel, Übelkeit)
— Harnsteinleiden, letzte zehn Lebensjahre, schwere Kolik Anfang 1537 in Schmalkalden

hauch des Teufels. Dies nicht nur psychologisch, vielmehr auch theologisch gemeint: Der Tod ist der Sünde Sold. Noch in seinem Tod lässt die Gegenpropaganda der Papisten ihm keine Ruhe: Mit sich, Gott und der Welt zerfallen sei der Ketzer stracks zur Hölle gefahren. Die reformatorische Seite fühlt sich bemüßigt, als Gegenbeweis Berichte und Bilder herauszugeben, die beweisen: Der große Reformator ist sanft und im Frieden und im Reinen mit seinem Gott entschlafen.

> *Jeder, der ihn genauer gekannt hat und oft in seiner Nähe gewesen ist, muss bezeugen, dass er ein sehr gütiger Mann war, im Verkehr mit anderen in allen Reden milde, freundlich und sanft und gar nicht frech, stürmisch, eigensinnig oder zänkisch. Und doch lag gleichzeitig Ernst und Festigkeit in seinen Worten und Gebärden, wie es einem solchen Manne zukommt ... Daher ist es offenkundig, dass die Härte, die er gegen die Feinde der reinen Lehre anwandte, nicht auf ein zänkisches und boshaftes Gemüt zurückzuführen war, sondern auf ein großes ernstes Streben nach Wahrheit. Das müssen wir und viele andere, die ihn gesehen und gekannt haben, von ihm als Zeugnis ablegen.*
>
> Aus Philipp Melanchthons Rede an der Bahre Luthers vom 22. Februar 1546

Noch im Sterben ist der Reformator eine öffentliche Person, muss gleichsam ein letztes Interview über sich ergehen lassen. Auf die Frage, ob er bei Christum und der Lehre, wie er sie gepredigt hat, bleiben und auf sie hin sterben wolle, soll er noch mit einem klaren »Ja!« geantwortet haben. Christus Satana major – daran hat Luther geglaubt: Christus ist größer als der Teufel.

Die Überführung nach Wittenberg gleicht erneut einem Triumphzug, wie die Reise des Lebenden nach Worms. Tausende von begeisterten Anhängern säumen den Weg. In der Schlosskirche wird Luther beigesetzt. Bugenhagen zeichnet ihn in der deutsch gehaltenen Beerdigungspredigt als Engel der Apokalypse, der den Fall Babylons, d. h. Roms, verkündet (Off. 14,8;18,2). Melanchthon aber stellt den Reformator in seiner lateinischen Ansprache in eine Reihe mit Jesaja und Johannes dem Täufer, mit Paulus und Augustinus, dem bekanntesten der Kirchenväter. »Luther hat die wahre und notwendige Lehre wieder an den Tag gebracht«, nach den Zeiten der dunkelsten Finsternis. Spätestens jetzt ist Luther selbst endgültig zum Kirchenvater erhoben.

Geradezu sachlich bescheiden nimmt sich demgegenüber

Abb. 55: *Ausschnitt aus dem »Triumph des Todes« von Pieter Brueghel d. Ä., um 1562 entstanden*

die Inschrift auf dem Grabstein aus: »Hier ist begraben der Leib des Doktors der heiligen Theologie Martin Luther, der im Jahre Christi 1546 am 18. Februar in seiner Heimatstadt Eisleben starb, nachdem er 63 Jahre, 2 Monate und 10 Tage gelebt hatte.«

An seinem Grab nimmt gut ein Jahr später sein zweiter mächtiger irdischer Feind, den er aber niemals verteufelte, von ihm Abschied: der deutsche Kaiser. Im Schmalkaldischen Krieg (1546/47), der bald nach Luthers Tod ausbricht, sind die Altgläubigen den Protestanten überlegen. Nach der Schlacht bei Mühlberg steht das kaiserliche Heer vor den Toren Wittenbergs. Dem sächsischen Kurfürsten bleibt nichts anderes übrig, als die »Wittenberger Kapitulation« zu unterzeichnen, in der er die Stadt übergibt und auf die Kurwürde verzichtet. Am 23. Mai 1547 reitet der Kaiser in Wittenberg ein und steht in der Schlosskirche am Grabe seines großen Widersachers. Doch bleibt er nobel wie eh und je. Das Ansinnen, Luthers Grab zu schänden, soll der Grandseigneur mit den Worten

zurückgewiesen haben: »Er hat seinen Richter gefunden. Ich kämpfe mit den Lebenden, nicht gegen die Toten.«
»Mitten wir im Leben sind/mit dem Tod umfangen.« Das wusste Luther und betonte es wieder und wieder.

Die Evangelischen haben ihn hoch beklagt, ihn für einen deutschen Apostel gehalten und ihm zugeschrieben, dass er ein heiliger und hoch gelehrter Mann gewesen sei, der das reine Wort Gottes wieder an den Tag gebracht habe und eine Ursache gewesen sei, dass viel Missbrauch des Stuhles von Rom und der Geistlichkeit abgestellt worden sind. Aber die Katholischen hielten ihn für ihren größten Feind, für einen Ketzer, Aufrührer, Eidbrüchigen und Verführer der Menschen ... Was aber hierin zu urteilen ist, befehle ich dem frommen Verständigen.

Aus dem »Buch Weinsberg«

Doch einen alten Spruch über die Unsicherheit des Lebens und Sterbens dichtete er um, auf sehr bezeichnende Weise: »Ich fahr, ich weiß, Gott Lob! Wohin,/mich wundert, dass ich so traurig bin.« In der Zukunft lagen für ihn die Auferstehung von den Toten und das ewige Leben. Teufel, Sünde und Tod behalten nicht das letzte Wort. Christus hat sie besiegt. Er bringt das Leben. So kehrte er den Satz um: »Mitten im Tode sind wir vom Leben umfangen.« Sterben und Auferstehen verstand Luther als kleine Reise, kürzer als die von Wittenberg nach Mansfeld. Nur einen Augenblick. »Es ist um ein Stündlein Schlafs zu tun, so wird's anders werden.« Bereits in seinem Osterlied »Christ lag in Todesbanden« hatte er gedichtet: »Es war ein wunderlicher Krieg,/da Tod und Leben rungen/Das Leben behielt den Sieg,/es hat den Tod verschlungen.«

Und auch in seinen Reden bei Tisch hat er die Szene anschaulich vorweggenommen: »Der Christen Körper ruhen im Grabe und schlafen, bis Christus komme und klopfe an das Grab und spreche: Auf, auf, Martin Luther, komme hervor! Da werden wir in einem Augenblick auferstehen als aus einem sanften, lieblichen Schlaf und ewig mit dem Herrn Christus leben und fröhlich sein.«

...man wolle meines Namens geschweigen
Luther gestern und heute

Luther hat Weltgeschichte geschrieben. In heutigen Porträts berühmter deutscher Männer steht der Reformator in aller Regel an prominenter, mitunter gar an erster Stelle. Einen Wendepunkt der Geschichte stellt sein Auftritt vor Kaiser Karl V. dar. Die Ablehnung des Widerrufs in Worms ist als eine der ganz großen Reden der Weltgeschichte anerkannt und gleichsam aller Kritik enthoben. Luthers Entdeckung des gnädigen, rechtfertigenden Gottes im »Turmerlebnis« wird unter die »Sternstunden der Menschheit« eingereiht (so Robert Leicht 1998 in der ZEIT). Auch seine Kampfansage an die Kirche, die 95 Thesen, sind durch zahllose populäre Auflagen bis heute gleichsam »kanonisiert«.

Wie hätte der Reformator auf seine enorme Wirkung wohl reagiert? Vielleicht in ganz unterschiedlicher Weise. Seine kompromisslose Haltung sah auch er selbst als Heldentat. Die eigenen Werke und Worte hielt er für die Wahrheit, genauer: für die wahre Auslegung der Heiligen Schrift.

Bis heute sind die lutherischen Kirchen weltweit mit gut 70 Millionen Anhängern und einem Zusammenschluss der einzelnen nationalen oder regionalen Kirchen im »Lutherischen Weltbund« lebendig.

Dies hätte Luther einerseits sicherlich geschmeichelt, ihn aber zugleich zu dem verärgerten Kommentar veranlasst, man solle sich »christlich«, aber keinesfalls »lutherisch« nennen. Der Reformator wollte die eine, wahre, christliche Kirche,

Abb. 56: *Michael Mathias Prechtl: »Martin Luther inwendig voller Figur« (Aquarellzeichnung, 1983). Der Titel zitiert Dürer: »Denn ein guter Maler ist inwendig voller Figur.« Die Figuren in Luther weisen auf seine Theologie hin: Christus hat durch seinen Tod am Kreuz und durch sein Blut die dämonischen Mächte der Finsternis besiegt.*

keine lutherische Sonderkirche. »Zum Ersten bitte ich, man wolle meines Namens geschweigen und sich nicht lutherisch, sondern Christen heißen. Was ist Luther? Ist doch die Lehre nicht mein. So bin ich auch für niemand gekreuzigt ... Wie käme denn ich armer, stinkender Madensack dazu, dass man die Kinder Christi sollte mit meinem heillosen Namen nennen? Nicht also, liebe Freunde, lasst uns tilgen die parteiischen Namen und uns Christen heißen, des Lehre wir haben«, ließ er im Jahre 1522 wissen.

Es sollen die kaiserliche Majestät, auch Kurfürsten, Fürsten und Stände des Heiligen Reiches keinen Stand des Reiches der Augsburgischen Konfession wegen gewaltsam überziehen oder sonst gegen sein Gewissen, Wissen und Wollen von dieser Augsburgischen Konfession auf andere Wege drängen, sondern bei dieser Religion friedlich bleiben lassen ...

Aus dem »Augsburger Religionsfrieden« von 1555

Wenn man heute alle protestantischen Kirchen und Freikirchen, die von Luther den ersten, entscheidenden reformatorischen Anstoß erhielten, etwa die reformierten Kirchen sowie die Freikirchen der Baptisten und Methodisten, addiert und dabei auf die Gesamtsumme von etwa einem Drittel Milliarde Mitglieder kommt, hätte Luther diese Rechnung völlig kaltgelassen. Denn alle diese Gruppierungen gingen eigene Wege, besonders bei Taufe und Abendmahl, den beiden Sakramenten. Sie waren darum für ihn nicht besser als die

NEUERE GESCHICHTE DER LUTHERISCHEN KIRCHEN IN DEUTSCHLAND

Auf den Gebieten der Territorialherren bildeten sich Landeskirchen, die auch nach Ende des Staatskirchentums 1918/19 weiter bestehen blieben. Zusammenschlüsse erfolgten in der frühen Weimarer Republik (Deutscher Evangelischer Kirchenbund) und im ersten Jahr der Nazidiktatur 1933 (Deutsche Evangelische Kirche). Gegen den Einfluss der nazitreuen »Deutschen Christen« entstand im folgenden Jahr 1934 die kirchliche Gegenbewegung der »Bekennenden Kirche«, die das »Barmer Bekenntnis«

verhassten »Papisten«. Luther hätte auf jeden Kompromiss, der auf Kosten der Wahrheit ging, verzichtet, auch wenn eine solche Übereinkunft große Vorteile gebracht hätte: »Es kann keine Einheit entstehen«, obwohl wir als »einige Kirche ... ein Schrecken für Papst und Kaiser« wären, lautete sein Urteil.

Dass sich die auf Luther zurückgehenden Kirchen in den skandinavischen Ländern vollständig durchgesetzt und in Deutschland neben der katholischen Kirche immerhin zahlenmäßig etwa auf Augenhöhe behauptet haben, hätte ihm ebenfalls nicht ausgereicht angesichts der konfessionellen Spaltung Deutschlands und Europas. Er wollte den wahren Glauben für alle. Die im Augsburger Religionsfrieden von 1555 gefundene Formel zur reichsrechtlichen Gleichstellung zwischen Altgläubigen und Lutheranern könnte ihm allenfalls als Realpolitiker eingeleuchtet haben; als Theologen aber, als der er sich primär verstand, wäre ihm dieser faule Kompromiss ein Dorn im Auge gewesen.

Noch heftiger aber hätte er sich im folgenden Jahrhundert zur Wehr gesetzt gegen den Dreißigjährigen Glaubenskrieg in Deutschland (1618–1648).

In Glaubensfragen galt für ihn allein das Wort, hier haben Schwert und Gewalt keinen Platz, allenfalls – und da kommt wieder der Realpolitiker zum Vorschein – zur Verteidigung des Lebens der Mitchristen. Allerdings dürfte auch der West-

formulierte. Nach Ende des Zweiten Weltkriegs erfolgte eine Neuordnung unter dem Namen »Evangelische Kirche in Deutschland« (EKD, gegründet 1948).

Heute bestehen innerhalb der EKD zehn selbstständige lutherische, zwei kleine reformierte (auf die Schweizer Reformatoren zurückgehende) sowie zwölf unierte Kirchen (uniert = Verbindung aus lutherisch und reformiert).

fälische Friedensschluss im Jahr 1648 kaum sein Wohlgefallen gefunden haben. Denn dieser erneuerte den Augsburger Religionsfrieden und dehnte ihn neben Katholiken und Lutheranern zusätzlich auf die Reformierten aus. Womit er die Wahrheit nicht nur halbierte, sondern sogar in drei Teile aufbrach.

> Es ist ja wohl kein Zweifel, dass der Menschheit unendliches Blutvergießen und die entsetzlichste Selbstzerfleischung erspart geblieben wäre, wenn Martin Luther die Kirche nicht wiederhergestellt hätte.
>
> Thomas Mann in seinem Roman »Doktor Faustus«

Hätte es dem Reformator gefallen, dass er großes Ansehen genoss bei der Gründung des Zweiten Deutschen Reiches im Jahr 1871? Für den neuen deutschen Nationalstaat wurde eine protestantische Tradition mit der Gründerfigur Martin Luther geradezu erfunden. Der Historiker Heinrich von Treitschke bezeichnete Anfang der achtziger Jahre dieses 19. Jahrhunderts in seiner berühmten Rede über »Luther und die deutsche Nation« den Reformator als Grund »alles Großen und Edlen in der Welt«. Und sein Kollege Friedrich von Bezold fügte einige Jahre später in der Schlusspassage seiner »Geschichte der deutschen Reformation« hinzu: »Spät, aber überreich hat die Reformation ihrem Vaterland Früchte gebracht. Ohne Luther hätten wir keinen Kant und Goethe, ohne die protestantische und

DEUTSCHE GESCHICHTE IM BLICK AUF DIE RELIGIONS- BZW. KONFESSIONSFRAGE

1555	Augsburger Religionsfriede: Weitgehende reichsrechtliche Gleichstellung der Lutheraner (Anhänger der Augsburger Konfession) mit den Altgläubigen (den Katholiken) in Deutschland
1617	Reformationsfeiern auf protestantischer Seite, Aufrufe zur Ausrottung der Ketzerei auf der katholischen
1618–1648	Dreißigjähriger Krieg (zwischen Protestanten und Katholiken in Deutschland)
1648	Friede von Münster und Osnabrück bzw. Westfälischer Friede:

antikaiserliche Herkunft des preußischen Staates nicht unser neues deutsches Reich. Nicht ohne Trauer, aber doch mit dankbarer Erhebung dürfen wir heute auf die gewaltigste Umwälzung unserer nationalen Geschichte zurückschauen.«

Luther hätten alle diese Charakterisierungen missfallen, erklärte er doch beim Wormser Reichstag: »Ich mache mich nicht zu irgendeinem Heiligen, diskutiere auch nicht über mein Leben, sondern über die Lehre Christi.«

1932, im Jahr vor Hitlers Machtergreifung, beschworen die nazitreuen »Deutschen Christen« in ihrer Unterstützung für den Führer eine »heldische Frömmigkeit« und einen »deutschen Luthergeist«, während ihnen Dietrich Bonhoeffer im selben Jahr in seiner Predigt zum Reformationstag zurief: »Lasst dem toten Luther endlich seine Ruhe und hört das Evangelium, lest seine Bibel, hört hier das Wort Gottes selbst ... Lasst uns hingehen und nüchtern die ersten Werke tun. Gott helfe uns. Amen.« Luther wiederum hätte sich eindeutig auf die Seite des Letzteren schlagen müssen und hinzugefügt: Hört das Evangelium, wie ich auf das Evangelium hörte und wie ich es für euch verständlich gemacht habe ...

So wäre Luther auch immun gewesen gegen den abstrusen Vergleich, den der Theologe und Lutherforscher Hans Preuß in der renommierten »Allgemeinen Evangelisch-Lu-

	Gleichberechtigung der drei Konfessionen römisch-katholisch, lutherisch und reformiert (Calvinisten) in Deutschland
1871	Gründung des Zweiten Deutschen Reiches, von vielen preußischen Protestanten als Vollendung der Reformation verstanden und gefeiert
1919	Mit der Weimarer Reichsverfassung erfolgt erstmals in Deutschland eine klare Trennung zwischen Kirche und Staat

> Wir stehen auf dem Boden des positiven Christentums. Wir bekennen uns zu einem bejahenden, artgemäßen Christusglauben, wie er deutschem Luthergeist und heldischer Frömmigkeit entspricht.
>
> Aus den »Richtlinien« der nazitreuen Glaubensbewegung »Deutsche Christen« von 1932

therischen Kirchenzeitung« im Herbst 1933 anstellte: »Man hat gesagt, das deutsche Volk habe drei Mal geliebt: Karl den Großen, Luther und Friedrich den Großen. Wir dürfen nun getrost unseren Volkskanzler hinzufügen. Und das ist wohl die lieblichste Parallele zwischen Martin Luther und Adolf Hitler.« Nein, Martin Luther hat niemals einen Menschen glorifiziert, weder einen Politiker noch sich selbst.

Die Bedeutung des Reformators für die deutsche Schriftsprache, für den Buchdruck und die Bildung steht außer Frage. Luthers Bibelübersetzung und Luthers Sprache blieben in Deutschland für Jahrhunderte lebendig, ja, sie wirken hinein bis in die Gegenwart. Die vom Reformator selbst angestoßene evangelische Lieddichtung und Kirchenmusik gelangten mit den Kirchenliedern Paul Gerhardts (1607–1676) und den Kompositionen Johann Sebastian Bachs (1685–1750) zu einer allerhöchsten Blüte.

Wirkung zeigte zudem Luthers Theologie, die in ihrem ab-

PERSONEN DES PROTESTANTISMUS IN DEUTSCHLAND

Johannes Kepler (1571–1630), zeitweilig kaiserlicher Mathematiker und Hofastronom in Prag, vervollständigte das Kopernikanische Weltsystem. Er erkannte, dass sich die Planeten nicht auf kreisförmigen, sondern auf elliptischen Bahnen bewegen, und stellte deren Gesetze auf (Kepler'sche Gesetze).

Johann Sebastian Bach (1685–1750), Thomaskantor in Leipzig, einer der bedeutendsten deutschen Komponisten, schuf vorrangig Kirchenmusik und bevorzugte bei Choralsätzen Texte aus der Reformationszeit. Er unterschrieb seine Werke mit dem Kürzel S.D.G. (Soli deo gloria = Gott allein die Ehre).

Albert Schweitzer (1875–1965), Theologe, Philosoph, Musiker und Arzt,

solut radikalen Durchdenken der Beziehung zwischen Gott und Mensch bis zur Gegenwart unübertroffen bleibt. Eine gute Theologie wird an Luthers grundlegenden Fragestellungen nicht vorbeigehen können, und dies gilt sicher für jede christliche Konfession. Über alle diese fundamentalen Leistungen war sich Luther durchaus klar und verwies nicht ohne Stolz immer wieder darauf.

Über seine Wirkungen auf einem weiteren Gebiet, dem Feld der kulturellen und geistesgeschichtlichen Errungenschaften, hätte er wesentlich zurückhaltender und zwiespältiger geurteilt. Zwar können auch hier die Folgen der Arbeit des Reformators kaum hoch genug veranschlagt werden. Die kritische Prüfung der kirchlichen Tradition und die Proklamation der

Man fragt sich, warum aus Luthers Tat Folgen entstehen mussten, die genau das Gegenteil von dem waren, was er wollte, und die ihm selbst seine letzten Lebensjahre verdüstert haben und ihm manchmal sogar sein Lebenswerk fraglich werden ließen ... Kierkegaard hat schon vor hundert Jahren gesagt, dass Luther heute das Gegenteil von dem sagen würde, was er damals gesagt hat. Ich glaube, das ist richtig – cum grano salis (mit einem Körnchen Wahrheit).

Der evangelische Theologe Dietrich Bonhoeffer, der wegen seiner Arbeit für den Widerstand von den Nationalsozialisten umgebracht wurde

---

gründete und leitete das Tropenhospital Lambarene. Er prägte den Grundsatz der »Ehrfurcht vor dem Leben« und erhielt 1952 den Friedensnobelpreis.
Dietrich Bonhoeffer (1906–1945), Pfarrer und Privatdozent der Theologie in Berlin, arbeitete seit 1933 in der (kirchlichen) Opposition gegen Hitler und später im (politischen) Widerstand. Er wurde verhaftet und kurz vor Kriegsende im KZ Flossenbürg grausam ermordet.
Dorothee Sölle (1929–2003), Theologin und Lyrikerin, zeitweilig Professorin für Systematische Theologie in New York und Dozentin in Hamburg, war eine Wortführerin der Politischen sowie der Feministischen Theologie in Deutschland. Sie engagierte sich in der Friedens- und Frauenbewegung.

Freiheit des Christen: Dies weist wirkmächtig voraus in die neuzeitliche Freiheitsgeschichte. Auch gab es jetzt zur allmächtigen katholischen Kirche eine rechtmäßige Alternative. Die religiöse Pluralisierung bekam dadurch gewaltig Auftrieb – erst viel später entwickelten sich echte Dialogbereitschaft und Toleranz in Glaubensfragen.

Ablehnend aber müsste sich der Reformator im Grunde gegenüber dem neuzeitlichen Säkularisierungsprozess insgesamt verhalten haben. Zwar lieferte er einer Tendenz zur »Verweltlichung« Munition, wenn er scharf zwischen Glaubensdingen und weltlichen Angelegenheiten unterschied und durchaus der Meinung war, dass die Welt »weltlich« ist und sein soll. Doch einen Abfall von Gott, vom Christentum und Glauben konnte er nur als Werk des Teufels interpretieren. Gewissensfreiheit bedeutete für ihn nicht Loslösung, sondern tiefe Bindung: »Mein Gewissen ist gefangen in Gott.«

Karl Marx und Friedrich Engels würdigten Luther als den Initiator der Reformation und diese als erste Entscheidungsschlacht des europäischen Bürgertums gegen den Feudalismus. Sie zeigten zugleich, dass der Bauernkrieg und Thomas Müntzer, denen sich die revolutionäre Arbeiterbewegung in besonderem Maße verpflichtet fühlt, die notwendige Konsequenz aus den von Luther gegebenen Anstößen verkörperten.

Aus den »Thesen über Martin Luther«, erstellt von einer Arbeitsgruppe von Gesellschaftswissenschaftlern der damaligen DDR aus Anlass des 500. Geburtstags des Reformators im Jahr 1983

Das *Gedenken an den Reformator* im Laufe der Geschichte zeigt eine eigene, für die Erinnerungskultur allerdings recht charakteristische Entwicklung. In der zweiten Hälfte des 16. Jahrhunderts hatten sich örtlich und regional sehr unterschiedliche Gedenktage eingebürgert. In Pommern feierte man den 10. November, Luthers Geburtstag, in Eisleben den 18. Februar, seinen Todestag. Offiziell gab es vielerorts ein jährliches Gedenken an die Einführung der unterschiedlichen Kirchenordnungen. Andernorts fanden Feiern zwischen dem 31. Oktober und dem 2. November statt. Erst 1617 aber wurde der 31. Oktober zum hundertjährigen Gedenken des Thesenanschlags als Reformationstag zum ersten Mal in großem Stil in allen protestantischen Gegenden Deutschlands gefeiert. Die katholische Seite inszenierte ihrerseits ein Jubiläum »zur Ausrottung der Ketzerei«. Im Umfeld dieser Feste und Gedenktage erreichte die Medienschlacht auf beiden Seiten einen Höhepunkt, der den Boden für den im Folgejahr ausbrechenden Dreißigjährigen Krieg mit vorbereitete. Ein

Luthrisch, Päpstisch und Calvinisch. / Diese Glauben alle drei Sind vorhanden; doch ist Zweifel, / wo das Christentum dann sei.

Der deutsche Lyriker Friedrich von Logau (gest. 1655), in einem kurzen Spott- bzw. Sinngedicht (Epigramm) zur Konfessionsfrage

Jahrhundert später, im Jahr 1717, sah sich die Obrigkeit aus Furcht vor Ausschreitungen genötigt, Zensurmaßnahmen zur Vermeidung von wechselseitigen Beleidigungen zu erlassen. Wiederum ein Jahrhundert später, 1817, forderte Goethe die Protestanten dazu auf, der Reformation in solcher Weise zu gedenken, »dass jeder wohldenkende Katholik« mitfeiern könne. Dem fügte er den Vorschlag hinzu, das Reformationsfest am 18. Oktober, dem Jahrestag der Völkerschlacht bei Leipzig, als gesamtdeutsches Fest zu begehen. 1917 dann befand sich Deutschland in einem seiner furchtbarsten Kriege. Der hatte nun zwar mit Religionsfragen nichts mehr zu tun, ließ sich aber dennoch an allen Fronten und von allen Konfessionen religiös legitimieren und absegnen. Vor diesem Hintergrund bietet das große fünfhundertjährige Gedenken im Jahr 2017 die Gelegenheit, sich der Person sowie des Werkes von Martin Luther in differenzierter Weise zu erinnern. Wobei klar ist, dass »die Gegenwart die Geschichte« verändert (Brady).

»*Den* Luther also werden wir nicht kennenlernen, nur stets denjenigen, der im je zeitgebundenen Gedächtnis der Nachwelt lebt« – so die Historikerin Luise Schorn-Schütte. Und dieses Lutherbild der Um- und Nachwelt ist je nach Zeit und Position sehr unterschiedlich, ja geradezu widersprüchlich. Messianische Züge trägt seine Verehrung durch seine zeitgenössischen und späteren Anhänger. Er wird als »Elias der Endzeit« und als »Prophet Gottes« betrachtet. Die »Ratschläge Luthers« gelten als »heilig« und haben gleichsam Gesetzeskraft. In der protestantischen Orthodoxie gilt er als unfehlbarer Lehrer mit einer unhinterfragbaren Autorität.

> Luther heute: Ein Test
>
> *Wo könnte eine solche Person wie Martin Luther heute ihren Platz finden?*
> *Falls es heute noch eine Universität in Wittenberg gäbe – sie wurde im Jahre 1815 mit der Universität Halle vereint –, so wäre er einer Berufung dorthin keineswegs sicher ...*
> *Er wäre zu konservativ, viel zu fromm und obendrein »katholisierend« und dem Mittelalter arg verpflichtet, nicht auf der Höhe der Zeit. Was seinen Lehrerfolg betrifft, gäbe es allerdings kaum Bedenken. Er wäre aber als Kollege zu unbequem, unwillig auch, sich Mehrheiten zu fügen ... Was den Teufel betrifft, so hat er die Aufklärung noch nicht hinter sich und müsste sich ernsthaft fragen lassen, »was er ohne Teufel angefangen hätte« ... Wie befremdlich hört sich seine Antwort an, dass es ihm ohne Teufel sogar noch schlechter gehen würde, denn auch Gott wäre ihm dann ferngerückt! ...*
> *Eine psychoanalytische Analyse würde Luther um den Rest seiner Chancen bringen, an einer heutigen Universität lehren zu können. Das Ergebnis des psychologischen Gutachtens würde überzeugen: Paranoia reformatorica (Reformwahn).*
>
> Der Kirchenhistoriker Heiko Oberman in seiner Lutherbiografie mit dem Titel »Luther – Mensch zwischen Gott und Teufel« (1982)

Die Aufklärung dann sieht in ihm einen Vorkämpfer für Vernunft und Gewissens- beziehungsweise Religionsfreiheit.

Die katholische Seite hält dagegen. Sie verweist auf sein angeblich »ausschweifendes« Leben. Bereits zu seinen Lebzeiten wird Luther als »Narr«, als Ausgeburt des Teufels und Antichrist verdammt, seine Mutter als »Hure« verunglimpft. Die wenigen Jahre nach dem Tod des Reformators erscheinende polemische, vorurteilsbehaftete »Kommentierung der Taten und Schriften Martin Luthers« des altgläubigen Johannes Cochläus (zuerst 1549) prägt das feindselige, verzerrte Lutherbild auf katholischer Seite für Jahrhunderte. Luther ist für ihn ein »lausiger, ausgelaufener Mönch und bübischer

Nonnenfetzer«. Ähnlich drastisch charakterisieren im Jahr 1640 die Jesuiten in der Festschrift zum hunderjährigen Jubiläum ihres Ordens Luther als »Deutschlands Schandfleck«, »das unseligste Ungeheuer des Erdkreises«, kurzum als »Schwein«.

Legt man die alte Epocheneinteilung Altertum – Mittelalter – Neuzeit zugrunde, lässt sich fragen, ob Luther »ein Mann des Mittelalters oder der erste moderne Mensch« (Schilling) gewesen ist. Der junge Luther ist ein »religiöses Genie«, ein Revolutionär,

> Wenn ich wüsste, dass morgen die Welt untergeht, würde ich heute noch ein Apfelbäumchen pflanzen.
>
> Eines der am häufigsten zitierten Lutherworte; es stammt aber nicht vom Reformator selbst, wurde ihm vielmehr erst nach dem Ende des Zweiten Weltkrieges zugeschrieben, trifft aber dennoch sein Verhältnis zu Natur und Weltuntergang recht gut.

urteilte der große französische Lutherforscher Lucien Febvre und sah ihn in seiner Anfangszeit als einen ganz großen Neuerer. Der niederländisch-deutsche Kirchenhistoriker Heiko Oberman hielt dem entgegen: »Wenn nur Martin Luther nicht wäre, dann ließe sich die Reformationsgeschichte als die Geschichte von Deutschlands Aufbruch in die Neuzeit schreiben.« Luther ist für ihn gerade nicht modern.

Die Epochenzuschreibung scheint heute problematisch, weil es »das Spezifische an Luther gerade verfehlt«; denn Luthers Denken ist »dem Geist des Mittelalters und dem Geist der Neuzeit im Entscheidenden gleichermaßen fremd« – so urteilte jüngst der Kirchenhistoriker Albrecht Beutel. Wir können diese Sichtweise nochmals erweitern. Luther zeigt uns drei Gesichter. Zum einen ist er dem Mittelalter verhaftet, etwa in seinem starren Festhalten an der feudalen Ständeordnung. Zum andern führt er hinein in die Neuzeit, etwa in der Befreiung von kirchlicher Bevormundung und Tradition. Drittens aber radikalisiert er die christliche Rechtfertigungsbotschaft in einer Weise, die zu allen Epochen wie überhaupt zum üblichen menschlichen Denken grundlegend quersteht. Gerade hierin liegt seine die Epochen überdauernde Bedeutung.

Noch *heute* können wir uns ganz unmittelbar *auf Luthers Spuren* begeben und uns ihm zu nähern versuchen. Vier Museen und zwei Kirchen der Lutherstädte Wittenberg und Eisleben gehören zum UNESCO-Weltkulturerbe. Weitere Luthergedenkstätten finden sich etwa in Mansfeld, Erfurt und Eisenach, auf der Wartburg und der Veste Coburg. Wichtige Lutherdenkmäler stehen in Wittenberg und Eisleben, in Worms, Eisenach und Erfurt sowie an weiteren Orten. Alle atmen den monumentalistischen, historisierenden, der Geschichte ergebenen Geist des 19. Jahrhunderts. Sie zeigen den Kirchenvater, einen Heiligen und Helden. Zum Glück aber gibt es bei den Protestanten keine Heiligen.

Wir müssten sonst fragen, ob die inoffizielle Heiligsprechung im Falle Luther nicht rückgängig gemacht werden müsste. Denn Luther war nicht nur groß in der Liebe, sondern auch im Hass, nicht nur ein scharfer und konsequenter

> *Der Einzige, dem ein Durchbruch gelang, der die Welt veränderte, war Martin Luther. Darin besteht seine Größe, die man nicht würdigen kann, wenn man ihn mit dem Luthertum identifiziert ... Luther hat damit nichts zu tun. Er ist einer der wenigen großen Propheten der christlichen Kirche.*
>
> Paul Tillich, einer der bedeutendsten protestantischen Theologen des 20. Jahrhunderts

---

Die **Luthergedenkstätten in Eisleben und Wittenberg** gehören seit 1996 zum UNESCO-Weltkulturerbe, da sie – so die Begründung – »einen bedeutenden Abschnitt in der menschlichen Geschichte repräsentieren und als authentische Schauplätze der Reformation von außergewöhnlicher universeller Bedeutung sind«.
In Eisleben Geburtshaus und Sterbehaus Luthers, beide als Museen zugänglich, in Wittenberg Lutherhaus und Melanchthonhaus, beide zu Museen ausgebaut, dazu die Stadtkirche mit Lutherkanzel und die Schlosskirche mit der Türe des Thesenanschlags und dem Grab Luthers und Melanchthons.
info@martinluther.de / www.martinluther.de (Stiftung Luthergedenkstätten in Sachsen-Anhalt) / www.wittenberg.de / www.eisleben-tourist.de / www.unesco-welterbe.de

Denker, sondern auch ein blind wütender Hetzer. Wenn er im Papst den Antichristen, in radikaleren Reformatoren, Türken und Juden den Teufel nicht nur am Werk, sondern leibhaftig verkörpert sah, verfiel er da nicht gerade dem Geist, den er bekämpfte? Luthers Hass, seine radikale Aufspaltung des Seins in Gut und Böse, Himmel und Hölle, Teufel und Gott, konnte verheerend im wahrsten Sinne des Wortes wirken. Er spürte das selbst und kam doch nicht davon los. Und das Gift wirkte weiter, jahrhundertelang. Wir können ihn auch nicht dadurch entschuldigen, dass er sich einfügt in einen breiten Strom von Vorurteil, Verfolgung und Vernichtung in Deutschland.

> *Das Evangelium von der bedingungslosen Gnade Gottes, die uns in Jesus Christus erschienen und zuteil geworden ist ..., ist eine neue Sprach- und Verstehensform des Glaubens an das Evangelium ... Wir werden von der unbemerkten, aber höchst wirksamen Gegenwart Luthers im heutigen katholischen Denken zu sprechen haben ... Und so mag dieses Buch mit dem einfachen Rat schließen, Luther zu lesen – ein Rat an katholische und evangelische Christen.*
>
> Der katholische Theologieprofessor Otto Hermann Pesch in seinem Buch »Hinführung zu Luther«, 3. Auflage 2004

Denn zum einen gab es ja auch die anderen, Philipp Melanchthon, Johannes Reuchlin und Erasmus von Rotterdam. Sie suchten das Gespräch, auch mit dem Gegner, sehr zum Verdruss des großen Vernichters. Zudem war eben dieser große Kämpfer ja auch selbst zu ganz anderen, weit differenzierteren Haltungen fähig.

Doch greift unser Urteil nicht doch noch ein wenig zu kurz? Genügt es, mit dem Finger auf das große Denkmal zu zeigen? Spiegelt sich in Luthers großen Gegensätzen vielmehr nicht die – vielleicht kleiner dimensionierte – Ambivalenz in jedem Menschen, auch in uns Nachfahren? Wohl denen, die nicht alle ihre Möglichkeiten hinausschreien oder gar ausleben. Doch müssen wir hier nicht mit Luther radikal weiter nachfragen, ob der menschliche Wille ausreicht, das menschliche Wohl zu sichern? Oder ob nicht etwas mehr dazu gehört – ob dieses Wohl und das, was wir als Lebenssinn bezeichnen, nicht auch, vielleicht zuerst und hauptsächlich oder gar ganz grundsätzlich und darum letztlich ausschließlich, ein Geschenk ist, theologisch gesprochen: eine Gnade? Dann würden wir gut daran tun, aus und in dieser Gnade zu leben. Dies hat Luther erkannt und weitergegeben wie vor und nach ihm kein Zweiter. Darum hat die Welt Luther gebraucht. Deshalb ist Luther heute so aktuell wie damals, vor fünfhundert Jahren. Heben wir ihn nicht auf den Sockel, dort wäre er ja mundtot gemacht. Lassen wir ihn wieder und wieder den einen Satz sagen, der ihm nach seinen eigenen Worten alle Seligkeit bedeutete: Gott rechtfertigt den sündigen Menschen und ermöglicht ihm so das Leben.

> Das ist der vornehmste Artikel, dass uns Gott in all seiner Herrlichkeit umsonst Vergebung der Sünden gewährt.

Anhang

Glossar

Abendmahl: Das Abendmahl geht auf Jesu letztes Mahl mit seinen Jüngern zurück. Es ist in allen großen Kirchen ein (→) Sakrament. Die Reformatoren erhoben die Forderung nach dem Abendmahl »in beiderlei Gestalt« (die Gläubigen bekommen Brot und Wein und nicht nur das Brot wie in der katholischen Kirche)
Ablass, Ablasshandel: nach der katholischen Lehre der von der Kirche gewährte Nachlass zeitlicher Sündenstrafen (= Fegefeuer-Strafen)
Absolution: → Buße
Acht, Reichsacht: Ausschluss eines Rechtsbrechers (auch eines Ketzers) aus der Gemeinschaft und dem Rechtsverband des Deutschen Reiches, wodurch der Betroffene als »vogelfrei« galt und straffrei getötet werden konnte
Augsburger Konfessionsverwandte: Der im Deutschen Reich offiziell und in amtlichen Dokumenten verwendete Begriff für die Anhänger Luthers seit dem Reichstag zu Augsburg von 1530. Hier hatten die Anhänger Luthers das von Philipp Melanchthon verfasste »Augsburger Bekenntnis« (»Confessio Augustana«) vorgelegt
Augustiner-Eremiten: ein im 12./13. Jh. aus ursprünglich einzeln lebenden Eremitengruppen entstandener Reform- bzw. Bettelorden (→ Mönchtum), in den Luther 1505 eintrat
Bannbulle (Bann): päpstliche Bulle (= Erlass) über die Verhängung des Kirchenbannes, den Ausschluss aus der Gemeinschaft der Gläubigen (also insbesondere von der Teilnahme an Messe und Empfang der Sakramente); später als »Exkommunikation« bezeichnet
Beichte: → Buße
Bekenntnisschriften (lutherische): Schriften Martin Luthers und Philipp Melanchthons, die in den lutherischen Kirchen den Rang eines Bekenntnisses (verbindliche Zusammenfassung der Glaubenslehre) erhielten und – gemeinsam mit den altkirchlichen Bekenntnissen (→ Glaubensbekenntnis) – in die Sammlung der Bekenntnisschriften der evangelisch-lutherischen Kirche (1580) aufgenommen wurden. Von Luther stammen hierbei drei Werke: »Kleiner« und »Großer Katechismus« (beide 1529) sowie die »Schmalkaldischen Artikel« (Fassung von 1537)
Bibelübersetzung: Luther übersetzte auf der Wartburg in wenigen Wochen das Neue und dann in Wittenberg in jahrelanger Arbeit (gemeinsam mit weiteren Mitstreitern) das Alte Testament ins Deutsche. Im September 1522 erschien das Neue Testament (deshalb »Septembertestament« genannt), 1534 die ganze Bibel auf Deutsch.
Buße: Der biblische Begriff für Buße (griechisch: metanoia) meint Umkehr, Sinnesänderung und bezeichnet in der katholischen Kirche als eines der sieben (→)

Sakramente den Weg von der Sünde hin zur Vergebung (über Reue, Beichte = Bekennen der Sünde, Bußübungen, (→) Ablass, Absolution = Lossprechung usw.). Für Luther und die reformatorischen Kirchen sind Buße und Beichte zwar keine Sakramente mehr, behalten jedoch eine wichtige Funktion im Leben des Christen

Erbsünde: → Sünde

Evangelisch: Bezeichnung, die Luther 1521 für seine Bewegung vorschlug. Als »evangelisch« verstand er das, was mit der Lehre des Evangeliums übereinstimmt. Den Begriff verwendeten dann auch radikalere reformatorische Richtungen für ihre Auffassungen. Erst nach der Reformationszeit hat sich der Name als Sammelbegriff für die Kirchen der Reformation durchgesetzt

Gegenreformation: Auf dem (→) Konzil von Trient (1545–1563) formulierte die römisch-katholische Kirche ihre Glaubenslehre noch einmal neu und unternahm damit eine Erneuerung und Gegenoffensive gegen die Reformation

Glaube: → Rechtfertigung

Glaubensbekenntnis: In der Alten Kirche entstanden verschiedene Formulierungen der Grundlagen des christlichen Glaubens, sogenannte »Bekenntnisse« (oder »Symbole«), von denen drei verbindlich wurden (das Apostolische, Nicänische bzw. Nicänisch-Konstantinopolitanische sowie das Athanasianische Glaubensbekenntnis). Diese gewannen durch die Reformation ihre fundamentale Bedeutung zurück (→ Bekenntnisschriften)

Gnade: → Rechtfertigung

Gottesdienst: Im Zentrum des evangelischen bzw. lutherischen Gottesdienstes steht die Verkündigung und Auslegung des Wortes Gottes in der Predigt, während in der römisch-katholischen Messe die Feier des Abendmahls (= Eucharistie) das Kernstück bildet

Heiliges Römisches Reich Deutscher Nation: Der Name taucht in dieser Form erstmalig in der »Wahlkapitulation« (der urkundlichen Einverständniserklärung bei der Wahl) Karls V. im Jahr 1519 auf. An der Spitze des Reiches stand der Kaiser (Wahlkaisertum), ihm zur Seite aber – in einer Art Gewaltenteilung – die im (→) Reichstag vertretenen (→) Reichsstände

Humanismus: Bildungsbewegung mit intensivem Studium nicht nur des Lateinischen, sondern auch des Griechischen und Hebräischen und der Lektüre der antiken Klassiker und der Bibel in der Ursprache. Luther nutzte die Erkenntnisse des Humanismus (Alte Sprachen), stand jedoch dem humanistischen Denken, insbesondere auch dessen Hauptvertreter Erasmus von Rotterdam zunehmend distanziert und kritisch gegenüber

Kaiser: → Heiliges Römisches Reich Deutscher Nation

Katechismus (von griechisch katechein = unterrichten, lehren): Unterricht in der christlichen Lehre, auch ein Unterrichtsbuch als Zusammenfassung dieser Lehre (in Frage- und Antwortschema); von Luther stammen der »Kleine« und der »Große Katechismus« (beide 1529)

Glossar 217

Katholisch: Bezeichnung für die Allgemeinverbindlichkeit des christlichen Glaubens, wie im Glaubensbekenntnis formuliert (von griechisch »katholos« = »allgemein, alle einschließend«). Luther nannte die alte Kirche nie »katholisch«, vielmehr »papistisch« oder »römisch«. Erst seit dem 18. Jh. von allen Seiten als konfessionelle Bezeichnung für die römisch-katholische Kirche akzeptiert (→ evangelische Konfession auf der anderen Seite)

Ketzer: ältere Bezeichnung für Personen, die öffentlich eine von der offiziellen (Glaubens-)Lehre abweichende Auffassung vertraten und in Mittelalter und früher Neuzeit von kirchlichem (→) Bann und staatlicher (→) Acht bedroht waren

Kirche: Luther übersetzte das griechische Wort »ekklesia« (»Kirche«) am liebsten mit »Gemeinde«

Klerus: der geistliche (→) Stand in der römisch-katholischen Kirche, dem die Leitung der Kirche und das Lehr- und (→) Priesteramt ausschließlich vorbehalten sind

Konfession (von lateinisch confessio = Bekenntnis): ursprünglich das Einstehen für die eigene (Glaubens-)Überzeugung bis hin zum Märtyrertod; dann auch für eine zusammenfassende schriftliche Darstellung der eigenen (Glaubens-)Lehre verwendet (z. B. Augsburger Konfession/Confessio Augustana von 1530); zuletzt allgemeine Bezeichnung für eine bestimmte Glaubensrichtung (→ evangelisch, → katholisch u. a.)

Konzil (von lateinisch concilium = Versammlung, Beratung; ähnlich der griechischen Bezeichnung »Synode«): ein kollegiales, nicht ständiges Organ der Kirche, eine Bischofsversammlung mit beratender, teilweise aber auch beschlussfähiger Funktion

Kurfürsten: diejenigen sieben Fürsten, die zur Wahl des deutschen Kaisers berechtigt waren, u. a. Luthers Landesherr, der Kurfürst von Sachsen, und einer seiner zentralen Gegenspieler, Albrecht von Brandenburg, als Erzbischof von Mainz; bildeten als oberster Reichsstand die erste Gruppe im Reichstag (→ Reichsstände)

Landeskirche, Landesherrliches Kirchenregiment: Die Landesherren, von Luther ursprünglich nur als »Notbischöfe« gedacht, übernahmen die Leitung und Herrschaft in den neu entstehenden lutherischen Landeskirchen

Lutheraner, lutherisch: Luther hat den Begriff »lutherisch« bzw. »die Lutherischen« für seine Bewegung, der von seinen Gegnern als eine Art Schimpfwort verwendet wurde, abgelehnt. Heute bezeichnet der Begriff »Lutheraner« die evangelischen Kirchen in der Tradition Martin Luthers

Messe: → Gottesdienst

Mönchtum (Orden, Mönche, Nonnen): In der mittelalterlichen Kirche galt das Leben der Mönche mit den drei Gelübden von Armut, Gehorsam und Keuschheit als besonders gottgewollt und fromm. Gegen die zunehmende Verweltlichung entstanden immer wieder neue Reformorden, u. a. die (→) Augustiner-Eremiten, denen Luther angehörte, bis er im Verlauf der Reformation die Mönchsgelübde für unwirksam erklärte und damit für die lutherische Kirche das Mönchtum grundsätzlich abschaffte

Obrigkeit: in der Reformationszeit alle Formen der staatlichen Gewalt, von Luther (unter Hinweis auf Röm 13,1) als von Gott eingesetzt angesehen, in einer feudalen Gesellschaft in (→) Stände gegliedert

Orthodoxie (aus griechisch »orthodoxia« = »richtiger Glaube«): nach der Reformationszeit entstehende theologische Schulen in der (→) lutherischen, (→) reformierten und römisch-katholischen (→ katholisch) Kirche, die vorrangig auf die Formulierung der richtigen Glaubenslehre Wert legten (im negativen Sinne auch für: Starrheit, Unduldsamkeit)

Papisten: Für die traditionelle Kirche verwendete Luther nicht den Begriff (→) »katholisch«, da er sie nicht als die »allgemeine«, d. h. legitime und allgemein »verbindliche« Kirche betrachtete, vielmehr den Begriff »papistisch« bzw. die »Papisten« oder auch »Romanisten« (nach ihrem Haupt, dem Papst zu Rom)

Papst, Papsttum: in der katholischen Kirche oberster Bischof, in unmittelbarer Nachfolge des Jüngers Petrus gedacht, mit eigener oberster Kirchenverwaltung (Kurie) und eigenem Staat in Rom und Mittelitalien (Kirchenstaat); lange Zeit wichtiger politischer Machtfaktor in Europa. Luther wurde zum zentralen religiösen Gegenspieler des Papstes und bezeichnete diesen als »Antichrist«

Pfarrer: Für die evangelische Kirche stellen die Pfarrer lediglich eine besonders ausgebildete Berufsgruppe dar und sind in der Gemeinde nur die Leitenden unter prinzipiell gleichgestellten Christen (primus inter pares), im Gegensatz zu den (→) Priestern der römisch-katholischen Kirche

Priester: In der römisch-katholischen Kirche ist die Ausführung der zentralen religiösen Handlungen dem eigenen Stand der Priester vorbehalten (geistlicher Stand). Priester wird man durch das Sakrament der Weihe. Dem setzte Luther in seiner Frühzeit die Lehre vom »Priestertum aller Gläubigen« entgegen (→ Pfarrer)

Protestanten: Bezeichnung für die Anhänger Luthers, die auf dem zweiten Reichstag zu Speyer im Jahr 1529 gegen den Mehrheitsbeschluss zur strengen Durchführung des (→) Wormser Edikts, das auf dem ersten Reichstag zu Speyer 1526 ausgesetzt worden war, förmlichen Protest einlegten

Rechtfertigung: Luthers Theologie mit dem Kern der Rechtfertigungslehre baut ganz auf die Gnade Gottes (sola gratia = allein die Gnade), die den Sünder gerecht macht. Davon berichtet die Heilige Schrift (sola scriptura = allein die Schrift) vorrangig im Christusgeschehen, dem Kreuzestod Jesu für unsere Erlösung (solus Christus = Christus allein). Dies ergreift der Christ durch den vom Heiligen Geist bewirkten und geschenkten Glauben (sola fide = allein durch Glauben). Damit wird jede menschliche Mitwirkung bei seinem Heil, etwa durch gute Werke (= Werkgerechtigkeit), radikal abgelehnt

Reformation: In der Zeit um 1500 war der Ruf nach Reformen bzw. einer Reformation (reformatio = Verbesserung, Erneuerung) auf staatlichem, vor allem aber auch auf kirchlichem Gebiet in Deutschland sehr populär. Auf diesem Boden gedieh die vom Reformator Martin Luther ausgelöste Reformation (Beginn mit den 95 Thesen vom 31. Oktober 1517), die mit der rechtlichen Anerkennung der

lutherischen Kirchen (Anhänger der → Augsburger Konfession) auf dem Reichstag in Augsburg im Jahr 1555 ihren Abschluss fand
Reformiert: Bezeichnung für die evangelischen Kirchen in der Schweizer Tradition (Ulrich Zwingli in Zürich und dann insbesondere Johannes Calvin in Genf)
Reichstag: Die Reichstage der Reformationszeit, bei denen der Kaiser oder seine Vertreter gemeinsam mit den (→) Reichsständen (Kurfürsten, Fürsten und Reichsstädte) wichtige politische Entscheidungen fällten, fanden im Süden des Reichs, am häufigsten in Augsburg und Regensburg, statt
Reichsstände: Bezeichnung für die rechtlich nur dem Kaiser unterstellten, ja ihm faktisch zur Seite gestellten politischen Akteure des Alten Deutschen Reiches, die in einem der drei Kollegien des (→) Reichstages (Kurfürstenkollegium, Reichsfürstenrat und Reichsstädtekollegium) Sitz und Stimme hatten
Römisch-katholisch: → Katholisch
Sakramente (von lateinisch sacer = heilig): kirchliche Handlungen mit besonderer, zentraler (Heils-)Bedeutung. Von den sieben Sakramenten der römischen Kirche (Taufe, Firmung, Eucharistie (Abendmahl), Buße, Priesterweihe, Ehe, Letzte Ölung) ließ Luther nur Taufe und Abendmahl bestehen
Scholastik (von lateinisch scholasticus = zur Schule gehörend): die christliche Theologie und Philosophie des Mittelalters mit ihrer charakteristischen Verbindung von Vernunft und Glauben, von christlicher Offenbarungslehre mit philosophischem Denken und der Methode der klaren, logischen Beweisführung und Diskussion (Disputation)
Schwärmer: lautmalender Begriff, den Luther für die radikaleren Reformatoren verwendete, die er allesamt als vom Teufel verführte Gegner betrachtete
Stand: Die mittelalterliche Unterscheidung zwischen übergeordnetem geistlichem (→ Priestertum) und dem nachgeordneten weltlichen Stand (Laien) lehnte Luther radikal ab, hielt aber – im weltlichen Bereich – zugleich an den Strukturen der feudalen Ständegesellschaft fest (hierarchisch aufgebaute Ständegesellschaft mit dem Kaiser an der Spitze → Reichsstände)
Sünde (Erbsünde): Sünde ist bei Luther zum einen die einzelne Verfehlung, zum anderen aber und mehr noch eine Macht, unter der der Mensch seit dem Sündenfall (Gen 3) steht, von Generation zu Generation (sogenannte »Erbsündenlehre«, neben Paulus besonders beim Kirchenvater Augustinus)
Taufe: Die Taufe ist neben dem (→) Abendmahl das zweite (bzw. erste) weiter bestehende Sakrament für die Reformatoren. Gegen die (→) (Wieder-)Täufer hielt Luther wie andere Reformatoren an der Kindertaufe fest, da die Taufe für ihn eine Zusage, ein Werk, ein Geschenk Gottes ist
Täufer, auch: Wiedertäufer: breite und vielgestaltige religiöse Bewegung, die die (freiwillige, bewusst gewollte) Erwachsenentaufe als Voraussetzung für die Zugehörigkeit zur christlichen Gemeinde erklärte und damit eine Freiwilligkeitskirche entschiedener Christen erstrebte; von Luther wie von den Altgläubigen, die an der Volkskirche mit der Kindertaufe (→ Taufe) festhielten, vehement bekämpft

Willensfreiheit: Gegen die Auffassung der römischen Kirche und des zu ihr gehörenden Humanisten Erasmus von Rotterdam lehnte Luther die Existenz des freien Willens beim Heilsgeschehen (nicht bei alltäglichen Handlungen) radikal ab, also auch die Möglichkeit, sich für dieses Heil zu entscheiden

Wormser Edikt: die gegen Luther und seine Anhänger im Mai 1521 erlassene (→) Achterklärung einschließlich des Verbots der Veröffentlichung und Verbreitung seiner Werke

Zwei-Regimenten-Lehre: gegen die im Mittelalter weithin übliche Vermischung von kirchlichen mit politischen Ämtern und Aufgaben von Luther entwickelte Lehre von den beiden streng getrennten Regimenten (Regierungsweisen) oder »Reichen« Gottes, dem geistlichen und dem weltlichen Regiment, also von Kirche und Staat; durch die Entstehung des Landesherrlichen Kirchenregiments (→ Landeskirche) in den lutherischen Kirchen allerdings wieder faktisch unterlaufen

Personen

Kaiser und Großfinanziers

Maximilian I. (1459–1519), dt. Kaiser 1493–1519, aus dem Haus Habsburg
Karl V. (1500–1558), dt. Kaiser 1519–1556, aus dem Haus Habsburg, Enkel von Maximilian I., herrschte über ein Imperium in Europa und Lateinamerika, bekämpfte die Reformation und verhängte über Luther 1521 die Reichsacht
Jakob II. Fugger (1459–1525), genannt der Reiche, einflussreicher Großkaufmann aus Augsburg, Bankier der deutschen Kaiser, der Päpste und weiterer hoher Würdenträger; finanzierte 1519 die Wahl Karls V. zum deutschen Kaiser

Römische Kirche: Würdenträger und Theologen

Leo X., eigentlich Giovanni de' Medici (1475–1521), Papst seit 1513, Ausweitung des Ablasshandels zum Neubau des Petersdoms, verhängte 1521 gegen Luther den Kirchenbann
Albrecht von Brandenburg (1490–1545), Erzbischof von Magdeburg und Mainz, Administrator von Halberstadt, Kardinal (seit 1518) und Erzkanzler des Reichs, bestellte Tetzel zum Ablassprediger
Eck, Johannes (eigentlich Mayr oder Maier; 1486–1543) aus Egg (Eck), Theologieprofessor in Ingolstadt, theologischer Hauptgegner Luthers auf Seiten der Altgläubigen
Staupitz, Johann von (um 1468–1524), Augustiner-Eremit mit zahlreichen Ämtern, Professor an der Universität Wittenberg, Beicht- und Ziehvater Luthers vor der Reformation
Tetzel, Johannes (um 1465–1519), Dominikanermönch, Ablassprediger, ab 1517 General-Subkommissar für Ablasspredigt in Albrecht von Brandenburgs Kirchenprovinz Magdeburg

Reformatorische Landesherren bzw. Fürsten (Kursachsen und Hessen)

Friedrich III., genannt der Weise (1463–1525), Kurfürst von Sachsen 1486–1525, gründete 1502 die Universität Wittenberg; unterstützte und schützte Martin Luther
Johann, genannt der Beständige (1468–1532), Kurfürst von Sachsen 1525–1532, Bruder und Nachfolger Friedrichs III., führte die Reformation in Sachsen auf institutioneller Ebene ein
Johann Friedrich I., genannt der Großmütige (1503–1554), Kurfürst von Sachsen 1532–1547, Sohn und Nachfolger Johanns, vollendete die Reformation in Sachsen

Philipp I., genannt der Großmütige (1504–1567), Landgraf von Hessen (1509/18–1567), früher Anhänger Luthers und der Reformation (neben den sächsischen Kurfürsten)

Reformatoren

Bora, Katharina von (1499–1552), Nonne, seit 1525 Ehefrau Martin Luthers, führte das Hauswesen; das Ehepaar bekam sechs Kinder
Bucer, Martin (eigentlich Butzer; 1491–1551), Theologe, seit 1523 in Straßburg; bedeutendster deutscher Reformator nach Luther und Melanchthon
Bugenhagen, Johannes (1485–1558), Stadtpfarrer und Professor in Wittenberg; Freund, Berater und Beichtvater Luthers; Reformator vieler norddeutscher Gebiete
Calvin, Johannes (Jean; 1509–1564), Reformator der Stadt Genf (endgültig seit 1541), (Haupt-)Begründer der sich von Genf und der Schweiz aus weltweit verbreitenden reformierten Kirche
Karlstadt, Andreas (eigentlich Bodenstein; um 1480–1541) aus Karlstadt am Main, zeitweilig Theologieprofessor in Wittenberg und hier 1521/22 Führer der reformatorischen Bewegung, dann Bruch mit Luther; starb in Basel
Luther, Martin (ursprüngl. Luder, 1483–1546), Initiator der Reformation (95 Thesen von 1517) und zentraler Reformator in Deutschland und darüber hinaus; 1521 vom Papst mit dem Bann und vom Kaiser mit der Acht belegt
Melanchthon, Philipp (eigentl. Schwarzerdt, 1497–1560), Humanist, Professor für Griechisch an der Universität Wittenberg, Freund Luthers und neben ihm der bedeutendste Reformator in Deutschland
Müntzer, Thomas (auch: Münzer, um 1489/90–1525), Theologe, zuerst Anhänger, dann Gegner der Wittenberger Reformation; 1525 Anführer im Bauernkrieg, nach der Schlacht bei Bad Frankenhausen gefangen, gefoltert und getötet
Zwingli, Ulrich (Huldrych; 1484–1531), Reformator der Stadt Zürich, mit Luther vor allem in der Abendmahlsfrage zerstritten

Weitere Wissenschaftler (Humanisten) und Künstler

Erasmus, Desiderius von Rotterdam (1466/69–1536), aus Rotterdam stammender, in Basel lebender Theologe und bedeutendster europäischer Humanist, der u. a. eine wissenschaftliche Ausgabe des griechischen Urtextes des Neuen Testaments herausgab
Cranach, Lukas d. Ä. (1472–1553), Maler und Grafiker, neben Dürer wichtigster Vertreter der Renaissancemalerei in Deutschland, Besitzer von Malerwerkstatt und Druckerei in Wittenberg; zeitweilig Bürgermeister der Stadt; Freund Luthers
Cranach, Lukas d. J. (1515–1586), einer der Söhne von Lukas Cranach d. Ä., der dessen Werkstatt weiterführte

Albrecht Dürer (1471–1528), Maler, Zeichner und Kupferstecher, führender Vertreter der Renaissancemalerei in Deutschland, Ratsherr in Nürnberg, Anhänger Luthers und der Reformation

Hans Sachs (1494–1576), der Meistersinger von Nürnberg, Dichter und Liedermacher aus der Welt des handwerklich-städtischen Bürgertums, der Luther 1523 im Gedicht »Die Wittenbergisch Nachtigall« feierte

Zeittafel

(kursiv: wichtige Schriften Martin Luthers)

1483	Am 10. November wird Martin Luther (eigentlich Luder) in Eisleben in der Grafschaft Mansfeld geboren und dort am 11. November getauft
1484–97	Martin wächst in Mansfeld auf und verbringt dort seine erste Schulzeit
1497–1501	Martin besucht Lateinschulen am Dom in Magdeburg und in Eisenach
1501–1505	Der junge Luther absolviert in Erfurt das philosophische Grundstudium
1505	Im Frühjahr beginnt Luther ein Jurastudium in Erfurt Am 2. Juli gelobt er in einem Gewitter beim Dorf Stotternheim, Mönch zu werden; sechs Wochen später tritt er ins Kloster der Augustiner-Eremiten in Erfurt ein
1507	Im Frühjahr wird Luther zum Priester geweiht; er hält seine erste Messe (Primiz) und beginnt ein Theologiestudium
1508/09	Für ein Jahr studiert Luther an der vom sächsischen Kurfürsten Friedrich dem Weisen erst ein paar Jahre zuvor gegründeten Universität Wittenberg und erhält dort zugleich einen Lehrauftrag für Philosophie; im Herbst kehrt er nach Erfurt zurück
1510/11	Luther reist in Angelegenheiten des Ordens nach Rom (Spätherbst bis Frühjahr)
1511	Luther wird im September wieder ins Wittenberger Kloster versetzt
1512	Mitte Oktober promoviert Luther zum Doktor der Theologie. Er wird Professor für Theologie an der Universität Wittenberg und stellvertretender Leiter (Subprior) seines Klosters
Ab 1513	Luther hält Vorlesungen, zuerst über die Psalmen, dann über Briefe des Paulus (Römer- und Galaterbrief)
1513	Leo X. wird zum Papst gewählt (gest. Ende 1521)
Um 1514	Der Rat der Stadt Wittenberg beruft Luther zum Prediger an der Stadtkirche
1515–18	Luther ist Distriktsvikar seines Ordens, mit der Aufsicht über ca. zehn Klöster. Etwa in diesem Zeitraum »entdeckt« Luther den Kern seiner später ausgearbeiteten Rechtfertigungslehre (sogenanntes »Turmerlebnis«)
1517	Ab dem 31. Oktober versendet und veröffentlicht Luther seine *95 Thesen zum Ablass*

1518	Gegen Luther wird vor Jahresmitte in Rom ein Ketzerprozess eröffnet; im Herbst verhört ihn Kardinal Cajetan in Augsburg Im Sommer kommt Philipp Melanchthon als Professor nach Wittenberg und wird bald Luthers Mitstreiter
1519	Luthers Kollege Andreas Karlstadt und Martin Luther diskutieren im Sommer in Leipzig öffentlich mit dem altgläubigen Theologen Johannes Eck (Leipziger Disputation) Am 28. Juni wählen die Kurfürsten Karl V. zum deutschen Kaiser (1519–1556)
1520	Am 15. Juni lässt Papst Leo X. die Bannandrohungsbulle gegen Luther ausgehen Drei reformatorische Hauptschriften: *Adels-, Kirchen- und Freiheitsschrift (August, Oktober und November)*, weitere Werke, u.a.: *Von den guten Werken* Am 10. Dezember verbrennen Luther und seine Anhänger demonstrativ u.a. die Bannandrohungsbulle öffentlich
1521	Am 3. Januar wird die päpstliche Bannbulle gegen Luther in Kraft gesetzt Am 17. und 18. April verweigert Luther auf dem Reichstag zu Worms vor dem Kaiser und den Ständen den geforderten Widerruf seiner Schriften 8./26. Mai: Kaiser Karl V. verhängt im Wormser Edikt die Reichsacht über Luther und seine Anhänger Ab dem 4. Mai weilt Luther inkognito, als Junker Jörg verkleidet, auf der Wartburg bei Eisenach; dort übersetzt er das *Neue Testament* ins Deutsche (Erstdruck September 1522: *Septembertestament*)
1522	Anfang März kehrt Luther nach Wittenberg zurück und wendet sich in einer Predigtreihe (sogenannte »Invokavitpredigten«) gegen radikalere Reformen (u. a. die Entfernung der Bilder aus den Kirchen)
1523	Mitte des Jahres werden zwei Ordenskollegen und Anhänger Luthers in Brüssel als Ketzer verbrannt *Obrigkeitsschrift* (entfaltet die Zwei-Regimenten-Lehre)
1524	Auseinandersetzungen mit radikaleren Reformern, insbesondere Andreas Karlstadt und Thomas Müntzer *Kaufshandlungs-Schrift; Ratsherrenschrift*
1524/25	Bauernaufstand: Gegen die Zwölf Artikel der Bauernschaft in Schwaben richtet Luther seine *Ermahnung zum Frieden*; Ergänzung: *Wider die räuberischen Rotten der Bauern* (Mai) Am 15. Mai werden die aufständischen thüringischen Bauern in der Schlacht bei Frankenhausen vernichtend geschlagen Am 13. Juni heiratet Luther die ehemalige Nonne Katharina von Bora

	Vom unfreien Willen (De servo arbitrio) (gegen Erasmus' Schrift: *Vom freien Willen/De libero arbitrio* von 1524) Obwohl Luther bei den einfachen Leuten viel Sympathie verspielt hat, breitet sich die Reformation in Deutschland weiter aus
1525/26	*Deutsche Messe und Ordnung (des) Gottesdiensts*
1526	*Kriegsleute-Schrift*
1527/28	Auseinandersetzung zwischen Luther und Ulrich Zwingli ums Abendmahl
1528	*Vorwort* zu Melanchthons »Unterricht der Visitatoren«
1529	*Kleiner und Großer Katechismus. Schriften zur Türkenfrage* Am 19. April protestieren die evangelischen Stände auf dem 2. Reichstag zu Speyer gegen die erneute Inkraftsetzung des Wormser Edikts (Name »Protestanten«) Im Oktober endet das Marburger Religionsgespräch mit Luther, Melanchthon, Zwingli u. a. ohne Einigung in der umstrittenen Abendmahlsfrage
1530	Während des Augsburger Reichstages lebt Luther von Frühjahr bis Herbst auf der Veste Coburg Melanchthon: »Augsburger Bekenntnis« (»Confessio Augustana«)
1530er Jahre	Weitere Ausbreitung der lutherischen Reformation in Deutschland und in den nordischen Ländern. Aufbau von evangelischen Landeskirchen
1531	Militärisches Schutzbündnis der Lutherischen unter Führung Kursachsens und Hessens: Schmalkaldischer Bund
1534	*Erste Gesamtausgabe der Deutschen Bibel*
1536	Wittenberger Konkordie (Einigung) in der Abendmahlsfrage zwischen den Wittenberger und den oberdeutschen Theologen, insbesondere Martin Bucer aus Straßburg *Schmalkaldische Artikel* (geschrieben Ende 1536, zwei Fassungen von 1537 und 1538)
1538	Ein Teil der altgläubigen Fürsten schließt sich im Nürnberger Bund gegen die Protestanten zusammen
1539	*Erster Band einer Gesamtausgabe von Luthers deutschen Schriften*
1540er Jahre	Luthers Lebensende wird von Krankheiten und Depressionen überschattet
1543	*Von den Juden und ihren Lügen*
1545	*Erster Band einer Gesamtausgabe von Luthers lateinischen Schriften; Wider das Papsttum zu Rom, vom Teufel gestiftet*
1546	Anfang des Jahres reist Luther zur Schlichtung von Rechtsstreitigkeiten des Grafen von Mansfeld zum letzten Mal in sein Heimatterritorium Am 18. Februar stirbt Luther in seiner Geburtsstadt Eisleben

	Am 22. Februar wird er in der Wittenberger Schlosskirche beigesetzt
1546/47	Im Schmalkaldischen Krieg besiegt der Kaiser die Protestanten
1555	Im Augsburger Religionsfrieden werden die Lutheraner (Anhänger der »Augsburger Konfession«) als gleichberechtigte Konfession neben den Altgläubigen (Römisch-katholischen) anerkannt: Der Landesherr entscheidet über die Konfession seiner Untertanen (cuius regio, eius religio = wessen Gebiet, dessen Religion)

Bildquellenverzeichnis

akg-images: Abb. 1, Abb. 2a, Abb. 7, Abb. 12, Abb. 21, Abb. 27, Abb. 32, Abb. 33, Abb. 35, Abb. 39, Abb. 46

akg-images/Nimatallah: Abb. 8

© **Berthold Steinhilber, Stuttgart:** Abb. 4

© **Ruth Hartmann, Rosenfeld:** Abb. 9

cinetext: Abb. 18

Werner Tübke: Bauernkriegspanorama (Ausschnitt) © VG Bild-Kunst, Bonn 2008/ akg-images: Abb. 23

Werner Tübke: Bauernkriegspanorama (Ausschnitt) © VG Bild-Kunst, Bonn 2008: Abb. 24

© **Stiftung Luthergedenkstätten in Sachsen-Anhalt:** Abb. 37, Abb. 41, Abb. 52, Abb. auf S. 2

Heinz Zander: Martin Luther © VG Bild-Kunst, Bonn 2008: Abb. 44

Uwe Pfeiffer: Tischgespräch mit Luther (Mittelteil) © VG Bild-Kunst, Bonn 2008: Abb. 47

Hermann Kinder/Werner Hilgemann: dtv-Atlas Weltgeschichte Bd. 1. Grafische Gestaltung der Abbildungen: Harald und Ruth Bukor. © 1964 Deutscher Taschenbuch Verlag, München: Abb. 53

Michael Mathias Prechtl: Martin Luther inwendig voller Figur (1983) © Frydl Prechtl-Zuleeg: Abb. 56

Kommentiertes Literaturverzeichnis

Jahr für Jahr erscheinen über fünfhundert neue Veröffentlichungen über Martin Luther und die Reformation – in beinahe allen Weltsprachen.

Quellentexte von Martin Luther

Drei *handliche mehrbändige Auswahlausgaben* in heutigem Deutsch sind von allgemeinem Interesse:

Calwer Luther-Ausgabe (in 10 Bänden). Hg. von W. Metzger. Neuhausen-Stuttgart: Hänssler 1996. (Lizenzausgabe des Calwer Verlags Stuttgart)
Luther, Martin: Ausgewählte Schriften. 6 Bände. Hg. von K. Bornkamm und G. Ebeling. Frankfurt/Main: Insel Taschenbuch, 2. Aufl. 2000.
Luther Deutsch. Die Werke Luthers in Auswahl. (10 Bände, zudem Registerband und Lutherlexikon.) Hg. von K. Aland. Göttingen: Vandenhoeck & Ruprecht 1991.

Die wissenschaftliche Standardausgabe, die sogenannte Weimarana (WA), ist eine sehr schwere Kost und nur für wissenschaftlich Interessierte von zentraler Bedeutung – ihres Umfangs und der Sprache wegen (lateinisch, Lutherdeutsch). Drei neuere Auswahlausgaben auf wissenschaftlichem Niveau wurden von Otto Clemen, von Hans-Ulrich Delius und von Wilfried Härle u.a. herausgegeben.

Einzel- und einbändige Auswahlausgaben von Lutherschriften

gibt es in großer Zahl und werden mit verschiedenen Schwerpunkten und in unterschiedlichen Zusammenstellungen immer wieder aufgelegt. Sie lassen sich hier nicht alle auflisten. Als ein Beispiel sei eine handliche Zusammenstellung von Tischreden Luthers genannt:

Luther, Martin: Tischreden. Hg. von K. Aland. Stuttgart: Reclam 1986.

Allgemein verständliche, erzählerisch gehaltene Biografien über Martin Luther

Diwald, Hellmut: Luther. Eine Biografie. Bergisch-Gladbach: Lübbe 3. Aufl. 1986.
  (Gut lesbare Biografie, die auch nach der bleibenden Bedeutung Luthers fragt)
Friedenthal, Richard: Luther. Sein Leben und seine Zeit. München: Piper 13. Aufl. 2005. (Sehr spannend geschriebene, allgemein verständliche, aber auch umfangreiche Darstellung Luthers und seiner Zeit)

Gronau, Dietrich: Luther. Revolutionär des Glaubens. Kreuzlingen: Hugendubel 2006. (Eine knappere, gut verständliche Darstellung)
Herrmann, Horst: Martin Luther. Eine Biografie. Berlin: Aufbau Taschenbuch 4. Aufl. 2006. (Spannend und allgemein verständlich geschriebene Biografie)
Lilje, Hanns: Martin Luther. Reinbek: Rowohlt Monografie 24. Aufl. 2003. (Gut geschriebene, schwarz-weiß bebilderte, etwas veraltete Biografie)
Schorlemmer, Friedrich: Hier stehe ich – Martin Luther. Berlin: Aufbau 2. Aufl. 2003. (Reich bebildert, teilweise mit Szenen aus dem Lutherspielfilm)
Steinwede, Dietrich: Martin Luther. Düsseldorf: Patmos 2006. (Eine bereits für ältere Kinder und Heranwachsende geeignete, schön gestaltete und reich bebilderte, allerdings nicht besonders spannend geschriebene Biografie)
Wehr, Gerhard: Luther. Kreuzlingen: Hugendubel 2004. (Gut lesbare, übersichtliche und kompakte Darstellung)
Zitelmann, Arnulf: Widerrufen kann ich nicht! Die Lebensgeschichte des Martin Luther. Weinheim, Basel: Beltz 5. Aufl. 2008. (Spannend geschriebene Biografie, auch für Jugendliche geeignet)

Biografien Martin Luthers im Kontext weiterer Reformatoren

Dieterich, Veit-Jakobus: Die Reformatoren. Reinbek: Rowohlt Monografien 2002.
Kaufmann, Thomas: Reformatoren. Göttingen: Vandenhoeck & Ruprecht 1998.

Bücher über Luther als Mensch – Auf Luthers Spuren heute

Dithmar, Reinhard: Auf Luthers Spuren. Ein biografischer Reiseführer. Leipzig 2006.
Heling, Antje: Zu Haus bei Martin Luther. Ein alltagsgeschichtlicher Rundgang. Wittenberg: Stiftung Luthergedenkstätten 2003.
Joestel, Volkmar: Legenden um Martin Luther und andere Geschichten aus Wittenberg. Berlin 1998.
Treu, Martin: Martin Luther in Wittenberg. Ein biografischer Rundgang. Wittenberg: Stiftung Luthergedenkstätten 2003.
Wolf, Manfred: Eine Frage noch, Herr Luther ... Interview mit einem Ketzer. Leipzig: Evangelische Verlagsanstalt 2004.
Wolf, Manfred: Thesen und andere Anschläge. Anekdoten – Essays – Episoden um Martin Luther. Leipzig: Evangelische Verlagsanstalt 2005.

VHS-Video, DVD, CD-Rom

Junghans, Helmar: Martin Luther. 1483–1546. Multimedia-CD-Rom. Neuhausen-Stuttgart: Hänssler 1998.
Till, Eric: Luther. Spielfilm. BRD 2003. Als VHS-Video und DVD erhältlich.

Literarisches

Forte, Dieter: Martin Luther & Thomas Müntzer oder Die Einführung der Buchhaltung (1971). Frankfurt/Main: Fischer 4. Aufl. 2002.
Opitz, Detlef: Klio, ein Wirbel um L. Roman. Göttingen 1996.
Osborne, John: Luther (1961). London: Faber & Faber 1988 (Reprint).

Von gegenwärtigen Lutherforschern verfasste Biografien mit wissenschaftlichem Anspruch, für Interessierte dennoch zum Lesen oder Nachschlagen geeignet

Beutel, Albrecht: Martin Luther. Eine Einführung in Leben, Werk und Wirkung. Leipzig 2. verb. Aufl. 2006 (gut lesbar).
Brecht, Martin: Martin Luther (3 Bände). Stuttgart 1987 (wissenschaftlich fundiert, aber sehr ausführlich und umfangreich).
Kaufmann, Thomas: Martin Luther. München: Beck'sche Reihe 2006 (kurz und übersichtlich gefasst).
Leppin, Volker: Martin Luther. Darmstadt 2006 (ausführliche, anspruchsvolle Darstellung).
Schwarz, Reinhard: Luther. Studienausgabe. Göttingen 3. Aufl. 2004 (ein prägnanter Überblick auf wissenschaftlichem Niveau).

Gesamtdarstellungen von Martin Luthers Werk (insbesondere der Theologie) auf wissenschaftlichem Stand

Bayer, Oswald: Martin Luthers Theologie. Eine Vergegenwärtigung. Tübingen 3. Aufl. 2007.
Lohse, Bernhard: Luthers Theologie in ihrer historischen Entwicklung und in ihrem systematischen Zusammenhang. Studienausgabe. Göttingen 1995.
Maurer, Ernstpeter: Luther. Freiburg: Herder Spektrum Meisterdenker 1999.

Neuere Darstellungen der Reformationsgeschichte

Decot, Rolf: Kleine Geschichte der Reformation in Deutschland. Freiburg 2005.
Mörke, Olaf: Die Reformation. Voraussetzung und Durchsetzung. (Enzyklopädie deutscher Geschichte, Band 74.) München 2005.
Reinhard, Wolfgang: Probleme deutscher Geschichte 1495–1806. Reichsreform und Reformation 1495–1555. (Gebhardt Handbuch der deutschen Geschichte. 10., völlig neu bearb. Aufl. hg. von Wolfgang Reinhard.) Stuttgart 2001.
Schnabel-Schüle, Helga: Die Reformation 1495–1555. Politik mit Theologie und Religion. Stuttgart 2006.

Personenregister

A
Äsop 162
Agricola, Johann 123
Albrecht von Brandenburg 54ff., 68, 112, 131
Aleander 12, 68
Alexander VI. Borgia 29
Augustinus 48f., 192

B
Bach, Johann Sebastian 202
Baldung-Grien, Hans 12
Barth, Karl 173f.
Berlichingen, Götz von 84
Beutel, Albrecht 207
Bezold, Friedrich von 200
Bodenstein, Andreas > Karlstadt, Andreas
Bonhoeffer, Dietrich 201, 203
Bora, Katharina von 89ff., 118f., 125f., 128f., 131, 141f., 163, 183, 190f.
Bornkamm, Heinrich 157
Bosch, Hieronymus 32
Brueghel, Pieter (d. Ä.) 193
Bruno, Giordano 120
Bucer, Martin 117
Bugenhagen, Johannes 87, 90, 122, 141, 192

C
Cajetan (Kardinal) 24, 57f.
Calvin, Johannes/Jean 105, 117
Casimir von Brandenburg 88
Cochläus, Johannes 206
Cordatus, Conrad 135
Cranach, Barbara 109
Cranach, Lucas (d. Ä.) 9, 15, 18, 39f., 42, 50, 74, 76, 90, 97, 100, 109, 111, 139, 141f., 167
Cranach, Lucas (d. J.) 50, 62, 122, 146
Cruciger, Caspar 122

D
Dieckmann, Christoph 142
Dietrich, Eduard 129
Dürer, Albrecht 40, 72, 101, 197

E
Eck, Johannes 57, 159
Elisabeth von Thüringen 74
Engels, Friedrich 204
Erasmus von Rotterdam 33f., 91ff., 122, 162, 188, 209

F
Faust, Heinrich 132
Febvre, Lucien 94, 207
Feuerbach, Ludwig 149
Fontane, Theodor 58
Forte, Dieter 17, 36
Franck, Sebastian 170
Franz I. 22f., 68
Friedrich der Große 202
Friedrich III. von Sachsen, der Weise 25, 47, 53, 55f., 67f., 97, 100, 129f.
Fugger, Jakob 35f., 56, 68, 89

G
Gerhardt, Paul 202
Goethe, Johann Wolfgang von 10, 200, 205
Gollwitzer, Helmut 174
Gutenberg, Johannes 34

H
Hadrian VI. 30
Hart, Maarten 't 186
Heine, Heinrich 188
Heinrich VIII. 22, 65
Helt, Georg 128
Herder, Johann Gottfried 158, 177
Hitler, Adolf 202f.
Holbein, Hans (d. J.) 21
Hopfer, Daniel 64
Hus, Johannes/Jan 33, 58
Hutten, Ulrich von 29, 58, 83

Personenregister

J
Jens, Walter 70
Johann von Sachsen, der Beständige 97, 100, 102f.
Johann Friedrich I. von Sachsen, der Großmütige 100, 187, 193
Jonas, Justus 90, 122
Julius II. 29

K
Kant, Immanuel 200
Karl der Große 202
Karl V. 21–25, 28f., 31, 36, 68, 70, 73, 111, 114, 193, 197
Karlstadt, Andreas 57, 80
Kehlmann, Daniel 49
Kepler, Johannes 202
Kierkegaard, Sören 203
Kohl, Helmut 65
Kohlhase, Hans 132
Kopernikus, Nikolaus 34
Küng, Hans 59

L
Leicht, Robert 197
Leo X. 23, 28f., 53, 58f., 67
Lessing, Gotthold Ephraim 136
Lilje, Hans 89
Logau, Friedrich von 205
Luder, Hans 15–18, 39, 41, 75
Luder, Margarete 15, 17f.
Lufft, Hans 97, 153, 155f.

Luther, Elisabeth 126, 135, 139
Luther, Johannes (Hans, Hänschen) 11, 91, 126f., 135, 139, 141, 177
Luther, Magdalene (Lenchen) 11, 126, 135, 189
Luther, Margarethe 127, 135
Luther, Martin (jr.) 127
Luther, Paul 127

M
Machiavelli, Niccolò 30
Mann, Thomas 10, 17, 63, 200
Marx, Karl 204
Maximilian I. 21, 68
Melanchthon, Philipp 46, 54, 75, 80f., 90, 97, 105, 109, 111–115, 117–122, 162f., 167, 172, 176, 179, 181, 188f., 192, 208f.
Mendelssohn-Bartholdy, Felix 17
Menzel, Adolph von 125
Michelangelo 150
Miltitz, Karl von 58
Müntzer, Thomas 80, 82f., 86, 88f., 204
Muhme Lene 127

N
Nietzsche, Friedrich 180

O
Oberman, Heiko 206f.
Orley, Bernaert van 22

P
Paracelsus 34
Paulus 47ff., 145, 161, 192
Pesch, Hermann Otto 209
Pfeiffer, Uwe 164
Philipp von Hessen 100–104, 180
Prechtl, Michael Mathias 197
Preuß, Hans 201

R
Raffael 28
Reifenstein 189
Rennert, Jürgen 184
Rörer, Georg 139, 141
Roth, Gerhard 94

S
Sachs, Hans 17, 48, 101
Schorn-Schütte, Luise 205
Schweitzer, Albert 202
Seberger, Wolfgang 132
Sickingen, Franz von 83f.
Sölle, Dorothee 203
Spalatin, Georg 136, 163
Staupitz, Johann von 43, 49
Stifel, Michael 188
Suleiman II. 23

T
Tetzel, Johannes 55f., 163
Thumann, Paul 67

Till, Eric 17, 53
Tillich, Paul 208
Treitschke, Heinrich von 200
Tübke, Werner 79, 86

V
Vetter, Konrad 135
Vollmer, Antje 45

W
Wyclif, John 33

Z
Zander, Heinz 153
Zwingli, Ulrich 103–108, 112

Ortsregister

A
Augsburg 24f., 35, 57, 72, 111f., 114f., 154, 198ff.

B
Bad Frankenhausen 79, 86, 89
Balkan 23
Baltikum 117
Basel 154, 156, 187
Bayern 182
Berlin 174, 203
Böhmen 21, 33
Bonn 173f.
Brandenburg 116
Burgund 22f.

C
Coburg, Veste
 Coburg 25, 111, 135, 163, 177, 208

D
Dänemark 117
Damaskus 48
Dresden 132

E
Eisenach 17, 19, 72, 74f., 208
Eisleben 15f., 18, 25, 191, 193, 204, 208
Elsass 84
England 22, 29, 65
Erfurt 19, 39, 41, 46, 176, 208

Europa 9f., 12, 21, 23, 29, 46, 117, 121, 182, 199, 204

F
Finnland 117
Flossenbürg 203
Franken 84
Frankfurt 72, 117
Frankreich 22f., 29, 103, 117

G
Genf 117

H
Hagenau 180
Halberstadt 55
Halle 206
Hamburg 203
Heidelberg 24, 57, 60
Hessen 100, 116

I
Ingolstadt 57
Italien 21, 23, 30, 62

K
Köln 24
Konstanz 58, 103

L
Landau 83
Leipzig 80, 125, 154, 202, 205

M
Mähren 33
Magdeburg 17, 56
Mainz 56
Mansfeld 15ff., 19, 25, 27, 191, 194, 208
Mantua 117, 119
Marburg 25, 103ff., 112
Mexiko 22
Mittelamerika 22
Mühlberg 193
Münster 73, 109, 200

N
New York 203
Niederlande 22, 117
Nordamerika 117
Nürnberg 30, 48, 72, 101, 103, 106, 112, 116f., 154

O
Österreich 21
Osnabrück 73, 200
Ostpreußen 127

P
Paris 65
Peru 22
Pommern 116, 122, 204
Prag 202
Preußen 116

R
Regensburg 180
Rhein 84
Rom 23f., 29, 44f., 56, 67, 187

S

Sachsen 27, 46, 83, 97, 100f., 106, 116, 120, 186, 190
Schmalkalden 25, 116, 118
Schottland 117
Schwaben 84f.
Schweden 117
Schweiz 105f., 117, 148
Skandinavien 182, 199
Spanien 22
Speyer 72, 102f., 112
Stotternheim 39, 47
Straßburg 103, 106, 113, 117, 154
Stühlingen 84
Südamerika 22

T

Thüringen 84, 87, 190
Torgau 25, 46
Trient 119, 181
Trier 31, 84
Tübingen 70
Tunis 23

U

Ungarn 21

W

Waldshut 84
Wartburg 72, 74, 81, 111, 163, 189, 191, 208
Wien 23
Wittenberg 9, 12, 19, 24f., 45ff., 53, 55, 57, 59, 61, 75, 79ff., 83, 87, 102, 105f., 111, 117, 119–123, 128–132, 139f., 144, 147, 149, 153ff., 169, 175, 180, 183f., 189–194, 206, 208
Worms 21, 24f., 33, 67–72, 80, 88, 102, 111, 116, 171, 180, 192, 198, 201, 208
Württemberg 84, 116, 125

Z

Zürich 103
Zwickau 80, 89, 135

Stichwortverzeichnis

A
Abendmahl 25, 60f., 63, 80, 97, 99, 103ff., 140f., 143f., 146, 198
Ablass, Ablasshandel 32f., 54–58, 60ff.
Absolution 40, 44, 62
Acht > Reichsacht
Altes Testament 109, 123, 144, 160, 169, 183
Altgläubige, s.a. Katholiken 12, 50, 79, 104f., 107f., 113f., 153, 179f., 193, 199f., 206
Augsburger Bekenntnis > Confessio Augustana
Augsburger Religionsfriede 73, 198ff.
Augustiner-Eremiten 21, 41, 125, 129

B
Bann 59, 67, 72
Bannbulle 58f.
Baptisten 198
Bauern 25f., 36, 79, 84–89, 107
Bauernkrieg 79, 84, 86, 94, 154, 204
Beichte 32, 40, 42, 44, 99, 141, 144
Bekennende Kirche 173f., 198
Bekenntnisschriften, lutherische 120f.

Bibel, s.a. Heilige Schrift 34, 47f., 63, 75f., 89, 99, 120, 123, 149f., 154–158, 160f., 165, 174, 176f., 202
Bibelausgaben
- Bibel in gerechter Sprache 157
- Lutherbibel 123, 150, 155ff., 159, 161, 201
- Mentelinbibel 158
- Volxbibel 157
Buße 32f., 40, 43f.,49, 55f., 61, 144

C
Confessio Augustana 93, 112–115, 118, 120, 179, 181, 198, 200

D
„Deutsche Christen" 198, 201f.
Dreißigjähriger Krieg 73, 199f., 205

E
evangelisch 15, 25, 80f., 83, 94, 102f.,107, 139ff., 144, 146, 171, 174, 194, 202, 209
Evangelium 47f.,72, 76, 82, 85, 98, 104, 107f., 121, 136, 140, 142f., 149, 161, 163, 184, 201, 209
Ewiger Landfriede 25, 82

F
Frankfurter Religionsfriede 72, 117

G
Gegenreformation 181
Gesangbuch 98
- Klug'sches 102
- Wittenberger 99
Glaube 47f., 55, 60f., 64f., 71, 73, 81ff., 97ff., 103, 105f., 108f., 111–116, 118f., 134, 139–144, 147f., 153, 156, 159, 161, 163, 167, 169ff., 173ff., 179, 182ff., 189, 199, 202, 204f., 209
Glaubensbekenntnis 11, 98f., 114, 121, 126, 137, 140, 171
Glaubensfreiheit 82
Gnade 47, 49f., 56, 68, 76, 87, 91, 108, 113f., 123, 142, 149, 168, 170, 209f.
Gottesdienst 17, 41, 80f., 83, 87, 97f., 100f., 114, 140, 146

H
Heilige Schrift, s.a. Bibel 9, 11, 64, 69, 139, 142, 145, 155, 159, 165, 187, 197
Heiliger Geist 12, 50, 98, 108, 131, 143, 161, 167, 170

Sichwortverzeichnis

Heiliges Römisches Reich
Deutscher Nation
116, 198
Hexen 183

J
Juden, Judentum
183–186, 209
„Junker Jörg" 73f.,
83, 97

K
Katechismus, Großer und
Kleiner 98ff., 120,
127, 137, 176
Katholiken, s.a. Altgläubige 59, 73, 104,
115, 180, 194, 200
katholisch > römischkatholisch
Ketzer 57ff., 64, 67f.,
70ff., 115f., 119, 132,
192, 194
Ketzerei 23, 71, 109,
119, 200, 205
Kirche
- evangelisch-lutherische 9, 104, 109,
112, 120, 141, 197ff.
- Freikirche 198
- reformierte 73, 117,
198–201
- römisch-katholische 29, 45, 56, 59f.,
67, 116, 118f., 181,
187, 192, 199f., 204ff.
- unierte 199
Konfession 73, 199ff.,
203, 205
Konzil von Konstanz 58
Konzil von Trient 119,
181

L
Lutheraner 73, 115,
199f.
Lutherischer Weltbund 115, 197
Lutherrose 134f.

M
Methodisten 198
Mönch, Mönchtum 9,
29f., 32, 39–44, 53,
59f., 69, 75, 81, 91f.,
125, 129f., 180, 206

N
Nationalsozialismus 173f., 187, 198,
201ff.
Neues Testament 34, 63,
75, 140, 145, 174
Nürnberger Religionsfriede 72, 117

O
Osmanisches Reich 23

P
Papisten 59, 108, 131,
143, 159, 183, 192,
199
Papst, Papsttum 30, 43,
56f., 59f., 62, 69, 76,
79f., 118ff., 144, 162,
181, 183, 187, 189f.,
194, 199, 209
Pfarrer 87, 90, 98, 101,
104, 120, 139, 141,
176, 179
Priester 39f., 44f., 63,
104, 157, 162
Priestertum aller Gläubigen 60, 63, 109

Protestanten 72f., 103,
111, 115, 118, 171,
180, 193, 200f., 205,
208

R
Rechtfertigung 48, 98,
113ff., 118f., 123,
142, 174, 207
Rechtfertigungslehre 50,
59, 79, 115, 119, 140,
156, 161, 168
Reichsacht 70ff.
Reichstag
- von Augsburg 25, 57,
72, 111f., 114f.
- von Nürnberg 30, 72
- von Speyer (1526) 72,
102
- von Speyer (1529) 72,
103
- von Worms 21, 24f.,
33, 67–70, 201
Ritter, Rittertum 25, 28,
36, 74, 83f., 107
römisch-katholisch 73,
104, 201, 209

S
Sakrament, Sakramentenlehre, s.a. Abendmahl, Taufe 60f., 63,
99, 109, 144, 146,
198
Schmalkaldischer
Bund 116, 180f.
Schmalkaldischer
Krieg 73, 193
»Septembertestament«
75
Sünde, Sünder 32f., 43f.,
47, 50f., 55, 61, 76,

Stichwortverzeichnis **239**

91, 104, 113, 119, 127, 137, 142f., 146f., 149, 167, 169f., 174, 187, 192, 194, 210

T
Täufer (Bewegung) 107ff.
Taufe 60f., 63, 98f., 108f., 140f., 144, 146f., 198
Tetrapolitana 113
Thesen 32, 49, 53–57, 60f., 147f., 154, 197, 204, 208
Türken 30, 171, 183, 187, 209
Turmerlebnis 49f., 93, 182, 197

V
Vaterunser 45, 99, 137, 140, 143, 171

W
Weimarana 165
Westfälischer Friede 73, 199f.
Wiedertäufer > Täufer
Wormser Edikt 71f., 102f., 116f., 171

Z
Zehn Gebote 11, 98f., 123, 169
Zwei-Regimenten-Lehre 82, 101, 167ff., 171